A Sabedoria do Coração

A Sabedoria do Coração

Um Guia Prático para Você Evoluir Através do Amor

JOYCE E BARRY VISSELL

Prefácio de
HUGH e GAYLE PRATHER

Tradução
SAULO KRIEGER

EDITORA CULTRIX
São Paulo

Título do original: *The Heart's Wisdom*.

O primeiro número à esquerda indica a edição, ou reedição, desta obra. A primeira dezena à direita indica o ano em que esta edição, ou reedição, foi publicada.

Edição	Ano
1-2-3-4-5-6-7-8-9-10	01-02-03-04-05-06-07

Direitos de tradução para o Brasil
adquiridos com exclusividade pela
EDITORA PENSAMENTO-CULTRIX LTDA.
Rua Dr. Mário Vicente, 368 — 04270-000 — São Paulo, SP
Fone: 272-1399 — Fax: 272-4770
E-mail: pensamento@cultrix.com.br
http://www.pensamento-cultrix.com.br
que se reserva a propriedade literária desta tradução.

Impresso em nossas oficinas gráficas.

Dedicamos este livro a nossos filhos, Rami, Mira e John-Nuriel, por nos refletirem uma imagem de amor e aceitação incondicional. Esperamos ter feito o mesmo por eles.

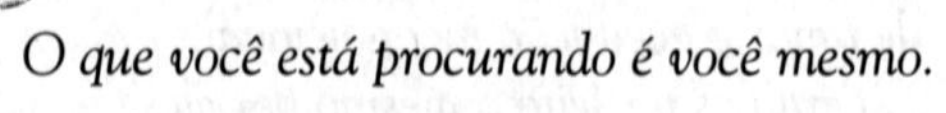

O que você está procurando é você mesmo.

– São Francisco

Sumário

Prefácio

Barry e Joyce: Os Amáveis Professores

Prefácio por Hugh e Gayle Prather

Lendo este livro, você estará em boas mãos. Temos mantido uma relação estreita com Joyce e Barry já há muitos anos. Eles tem três filhos, nós temos três filhos. Eles cometeram erros em seu casamento, nós cometemos erros ainda mais graves no nosso. No decorrer dos anos, nós quatro comparamos comentários sobre nossos filhos, sobre nossas finanças, casamentos, esforços espirituais e sobre nosso amor a Deus. Tantas vezes fizemos isso que podemos assegurar-lhes que Barry e Joyce têm um coração de ouro e pensamentos de pura luz.

Dentre todas as grandes forças dos Vissells como professores, a maior delas talvez esteja na capacidade de voltar sua atenção diretamente para o que está bloqueando a consciência do casal com relação ao amor que há entre eles. Uma abordagem espiritual da relação começa com o reconhecimento de que todos os corações estão ligados. A unidade é um estado preexistente. Na maior parte dos livros sobre relacionamentos, o casal recebe instruções sobre como colocar no lugar algo que está fora do lugar. Sua tarefa é reconstruir o que foi perdido ou criar o que estava faltando desde o início.

O problema dessa abordagem está no fato de que cada parceiro tem que se responsabilizar sozinho pelo amor que existe entre o casal. E numa determinada conjuntura, ao fraquejarem os esforços de um dos companheiros, o relacionamento sofre uma queda instantânea, e o único remédio para essa pessoa é voltar a dar tudo de si. Segundo esse modelo, o amor é como duas pessoas puxando cada qual uma das pontas de uma corda e tateando o seu caminho na escuridão. Se uma das partes afrouxa, a ligação termina e ambos se perdem numa noite sem amor.

Os Vissells têm a visão clara de que, uma vez que todos carregamos um ao outro no coração, a correção de qualquer erro que tenhamos feito já se encontra dentro de nós. Não estamos sozinhos para resolver o dilema, impossível, que é unir duas pessoas diferentes em todos os aspectos. Muito pelo contrário, cercamo-nos sempre de uma ajuda ilimitada, e qualquer esforço que façamos para amar o parceiro, não importando o quanto seja sutil, é sustentado pelo Amor em si mesmo e por todas as hostes celestes.

Mas os Vissells não param por aí. Eles não instruem os casais com meros chavões espiritualistas, a lutar contra os pequenos infernos nos quais eles costumam viver. Os Vissells apontam com precisão o modo como os casais ficam cegos para o fato de que já se amam, e indicam passos simples e eficazes para corrigir essa cegueira.

A intimidade — a satisfação que sentem na companhia um do outro, o sentimento de descontração e paz que ambos têm na presença um do outro — não precisa ser criada. A unidade é nossa herança divina. Tudo o que precisamos é remover o que bloqueia a nossa consciência desse fato. O amor é o reconhecimento da familiaridade com o outro. É saber que somos uma coisa só e sentir a essa unidade. Mas para fazer isso temos de olhar, sem hesitação, para as imperfeições do nosso parceiro e para as nossas próprias. Se vemos a luz de seu coração, não é para negar seu lado sombrio. Aqueles que tentam incitar sentimentos positivos massageando o próprio ego com meros conceitos espirituais não chegarão a nada que não seja passageiro.

As crenças que temos de nós mesmos e do nosso parceiro têm de ser reconhecidas e aceitas. Todo pensamento negativo precisa ser observado com calma. Só assim nossa atenção poderá se desviar naturalmente para nossas percepções mais profundas. A bondade do coração já está em seu devido lugar. Não há nada para se fazer a respeito. A chave para a união é não afirmar verbalmente o divino em nosso parceiro. É ver e aceitar o seu ego e também o nosso. À medida que vemos com detalhes os nossos demônios, eles perdem o poder de bloquear nossa visão da bondade que existe no coração.

Os Vissells observam que não existem nem companheiros perfeitos nem filhos perfeitos. Cada um de nós tem uma mente que duvida. Casais que chegaram ao que Joyce e Barry chamam de "terceiro estágio" não são seres humanos de primeira linha. São pessoas comuns, que conseguiram reconhecer e aceitar o fato de que são comuns, mas que se sentem bem sendo assim. Conhecem bem a fraqueza um do outro e não se incomodam com ela. "Se, volta e meia, lhe ocorre o mesmo pensamento (de dúvida), olhe para ele com atenção...", dizem os Vissells. "Todo bom jardineiro sabe como é importante arrancar as ervas daninhas à medida que aparecem."

Você simplesmente não conseguirá ver a perfeição, o caráter justo e correto de seu parceiro enquanto o estiver negando enquanto ego. Sua visão estancará fria a qualquer camada de negação. Se você sentir que está criticando seu parceiro, poderá ter a certeza de que está negando o fato de que vocês são semelhantes, de que seus jardins tanto podem produzir flores quanto ervas daninhas. No momento em que se sentir à vontade com os pensamentos do ego de seu parceiro — por reconhecer que também você tem pensamentos egóicos —, você começará a ver o relacionamento que sempre tiveram, que sempre envolveu a ambos. Nessa hora você não precisará mais de palavras para evocar o divino, pois já será parte dele.

HUGH E GAYLE PRATHER, pastores e autores de *Spiritual Parenting, I Will Never Leave You* e *Spiritual Notes to Myself.*

1

O Desígnio da Nossa Vida

A única coisa que você tem a oferecer
a outro ser humano é o seu estado de ser.

— Ram Dass

Enquanto estávamos escrevendo este livro, houve ocasiões em que gostaríamos de poder ir para o topo de uma montanha e ali nos concentrar inteiramente no que estávamos escrevendo. Se pelo menos pudéssemos deixar de lado as nossas atividades diárias, pensávamos, poderíamos escrever com mais clareza sobre a arte de viver de acordo com o coração.

Mas não havia como isso acontecer. Nossos três filhos — Rami, de 18 anos, Mira, de 13 e John-Nuriel, de 5 — precisavam de nós, cada um à sua maneira. Além disso, nosso compromisso de ajudar os outros e nossas responsabilidades financeiras (construíramos uma casa nova e um centro) não podiam ser abandonados. Para escrever este livro foi preciso, portanto, fazer malabarismos para conciliar as tarefas domésticas, a direção de uma instituição sem fins lucrativos, de utilidade pública, os ensaios de uma peça, o aconselhamento de clientes, as reuniões da pré-escola, as partidas de Uno, os preparativos para mandar um jovem para a universidade, as brincadeiras de esconde-esconde e as palestras que dávamos por todo o país. Algumas vezes é impossível não ter inveja de outros autores que podem se dedicar exclusivamente à tarefa de escrever.

Nos estágios finais, contudo, percebemos que escrever um livro ao mesmo tempo que nos dedicávamos às tarefas domésticas, à família e aos compromissos profissionais era algo que dava ao nosso texto uma qualidade peculiar. Não precisávamos abandonar nossa interação com o mundo para sentir amor em nós mesmos e um pelo outro. Em vez disso, percebemos que a espiritualidade mais elevada é algo que se conquista pelo amor que sentimos por nós mesmos e pelo outro, em meio a todas as interrupções e responsabilidades do dia-a-dia. Conhecer o nosso verdadeiro propósito aqui na Terra — realizar o desígnio da nossa alma, se preferirem — requer nossa disposição para contemplar duas coisas: a beleza de nossos entes queridos e de todos os seres e coisas fora de nós *e* a beleza de nosso próprio ser refletida no grande espelho da vida.

Enquanto nós dois viajávamos por todo o país, compartilhando nosso trabalho, era freqüente ouvirmos pessoas descrevendo o mesmo anseio espiritual — um anseio por uma ligação mais profunda não só com as outras pessoas, mas também com o próprio coração. Muitos dos que temos encontrado estão tentando se ligar mais profundamente consigo próprios e com os outros. Independentemente de serem solteiras ou casadas, essas pessoas buscam um sentido espiritual na sua vida e um sentimento mais profundo de paz interior.

Encontramos algumas pessoas que, em seus esforços para buscar Deus, a luz de toda a criação, têm evitado completamente as relações íntimas. Acreditam que o único meio de atingir um verdadeiro despertar espiritual é fugir do mundo e de suas complexidades. Muitas vezes essas pessoas estão convencidas de que permanecendo solteiras e solitárias chegarão mais perto da mais elevada compreensão espiritual. Além disso, encontramos muitos casais que passam por dificuldades de relacionamento e não acreditam que esse relacionamento possa estar ajudando em seu crescimento espiritual.

É bem verdade que durante todo o curso da História a espiritualidade freqüentemente foi mantida à parte dos relacionamentos. Aqueles que seguiam uma disciplina espiritual não raro sentiam que precisavam evitar os relacionamentos para despertar. Na mente dessas pessoas, o relacionamento era uma atividade "mundana", considerada um desvio do caminho espiritual.

No decurso de nossa própria união — uma jornada de 35 anos até o presente momento —, aprendemos algo bem diferente sobre a natureza do crescimento espiritual e dos relacionamentos. Acreditamos que a essência de todo indivíduo é uma vasta energia espiritual, uma luz radiante que nos ajuda a crescer e a abrir as pétalas de uma flor magnífica. Essa flor, essa magnífica luz interior, somos nós — nossa verdadeira identidade. Só mesmo pelo conhecimento dessa parte mais profunda de nós mesmos é que podemos conquistar a verdadeira sabedoria, a verdadeira felicidade e "a paz que está além de todo entendimento".

Temos aprendido também que o processo de união com a outra pessoa pode ser um caminho sagrado. Longe de ser um obstáculo ao nosso desenvolvimento espiritual, os relacionamentos podem, na verdade, servir como catalisadores do desabrochar dessa flor interior. Trilhar o caminho do relacionamento é algo que aprofunda a capacidade da alma para sentir compaixão e a capacidade do coração para se entregar ao amor, ajudando-nos a compreender os ciclos de dar e receber que caracterizam o amor. Quanto mais nos aproximamos um do outro, mais aprendemos sobre nós mesmos e, assim, mais perto chegamos de Deus, e do amor e da luz que sempre existem dentro e em torno de nós.

Neste livro você poderá encontrar muitas idéias novas, mas para nós elas não são inteiramente novas — são tão antigas quanto o próprio amor. Infelizmente, muito da sabedoria do amor foi simplesmente perdido em nossa cultura. Escrevemos este livro para recuperar essa sabedoria perdida, e esperamos poder ajudá-la a se enraizar novamente no mundo de hoje.

Uma das idéias que está no cerne deste livro e pode parecer nova aos olhos de alguns leitores é a visão do relacionamento como um espelho da alma. Por meio dessa metáfora, esperamos mostrar às pessoas que todos os relacionamentos — não importando a sua duração ou configuração — são um espelho em que podem ser vistas e compreendidas as partes mais profundas e ocultas de nós mesmos. Ninguém pode crescer espiritualmente sem introspecção, uma viagem pelo nosso mundo interior. O espelho desvia nossa atenção de nós mesmos, e nos mostra as partes de nós que são mais difíceis, se não impossíveis, de se ver sem algum auxílio. Todos os relacionamentos nos oferecem justamente essa imagem refletida de nós mesmos, se estivermos dispostos a ver, a aprender e a crescer. No entanto, mais do que meramente nos revelar nossos defeitos, limitações e o modo como precisamos crescer, o espelho do relacionamento pode, e por isso é tão importante, ajudar-nos a ver nossa beleza e amabilidade. Pelo processo de amar e ser amado, podemos recuperar nossa verdadeira grandeza espiritual.

As três fases do caminho

Aprendemos que o caminho do despertar espiritual tem muito em comum com o do relacionamento. Tanto um como o outro apresentam três fases principais. O primeiro é "o relance celestial". Seja um relance da luz de Deus (em nós) ou um relance da luz de uma pessoa amada (fora de nós), temos uma visão momentânea da mesma luz. Tão edificante quanto ver a luz no nosso próprio coração é vê-la no coração de alguém que amamos. A primeira fase é a da "lua-de-mel", plena, com seu frêmito de novidades e com a excitação da descoberta.

A segunda fase tanto do despertar espiritual quanto do relacionamento é a jornada em que ultrapassamos os obstáculos que se interpõem no caminho do amor. A "lua-de-mel" já terminou (embora aspectos dessa novidade possam ser sentidos de tempos em tempos), e é chegada a hora de aprender as muitas lições necessárias sobre a vida e sobre o amor. No caminho espiritual pessoal, é tempo de nos confrontarmos com o lado sombrio da nossa personalidade, com as partes de nós mesmos que nos roubam a paz. No caminho do relacionamento, é hora de entender o modo como nosso lado sombrio se relaciona com o nosso parceiro ou parceira.

A terceira fase do caminho espiritual e do relacionamento é o serviço. À medida que enchemos o nosso cálice de amor, é nosso desejo natural doar o que recebemos em excesso, oferecer alegremente ao mundo o amor e a ajuda que nós próprios recebemos. Servir é compartilhar os frutos do nosso crescimento espiritual pessoal e de nosso relacionamento.

Além disso, as jornadas espirituais e de relacionamento não são lineares, do tipo "uma fase depois da outra". Todas as três fases podem estar acontecendo ao mesmo tempo. Servir ao próximo e ajudá-lo é algo que pode nos ensinar ainda mais sobre o amor incondicional que, por sua vez, pode criar uma novidade maior e uma alegria típica de "lua-de-mel". Pode parecer que estamos completando um círculo, que estamos terminando num lugar semelhante àquele em que começamos, mas jamais ficamos no mesmo lugar. Estamos no nível seguinte da espiral, talvez próximos do ponto de partida, mas com mais entendimento e sabedoria.

Escrevemos *A Sabedoria do Coração* com a intenção de fazer uma espécie de guia para ajudá-lo a integrar ambos os caminhos: o do crescimento espiritual e o do relacionamento. Ao longo deste livro, esperamos deixar claro que ambos os caminhos estão sempre se sobrepondo e que o crescimento espiritual enriquece os relacionamentos tanto quanto os relacionamentos enriquecem o crescimento espiritual. Embora nós, que o escrevemos, cultivemos um relacionamento bastante duradouro, acreditamos que este livro seja útil a todos, não importando as circunstâncias da sua vida afetiva. Solteiros, casados, divorciados, em fase de namoro ou em busca de alguém especial, estamos sempre nos relacionando — com nós mesmos e com aqueles que nos cercam.

Que este livro possa ajudá-lo a aprender a aceitar e a amar em todas as partes do seu eu e a assimilar todas as lições que a alma nos ensina sobre a vida e sobre relacionamentos. Essa é a nossa maior esperança.

2

Parceiros de Outros Tempos

Os amantes não se encontram em algum ponto ao longo do caminho. Eles estão, desde o começo, no coração um do outro.

— Rumi

Meu relacionamento com Barry parece ter começado antes que nos encontrássemos, quando tínhamos 18 anos. Ele fora um dos temas principais de minhas brincadeiras e fantasias de infância: unir-me ao homem que eu haveria de amar. Quando nos encontramos, era como se tivéssemos nos amado durante toda a vida.

Lembro-me das ocasiões, na infância, em que me mandavam para o quarto por eu estar chorando ou contrariada. Talvez os meus pais estivessem tentando compreender os meus sentimentos, mas, na infantilidade da minha mente e do meu coração, eu me sentia sozinha. Lembro-me claramente do dia em que, numa dessas ocasiões, ouvi uma voz interior que falou comigo. Jamais eu tivera uma experiência desse tipo, e ouvi atentamente a mensagem. Ela me dizia que eu, quando crescesse, encontraria um homem que compreenderia meus sentimentos, e que eu o reconheceria como um médico alto e de cabelos negros que se tornaria o meu melhor amigo. Desde a mais tenra infância eu confiei nessa mensagem, que me vinha à lembrança sempre que eu me sentia incompreendida.

Eu e Barry nos conhecemos de uma forma canhestra e bem adolescente. Lembro-me de quando o vi pela primeira vez no meu primeiro ano de faculdade e do turbilhão de energia que me envolveu quando ele disse que era calouro em medicina. Nós nos olhamos nos olhos e fomos tomados por sentimentos contraditórios. Nenhum de nós sentiu grande atração física pelo outro e, no entanto, não havia como negar a energia que fluía entre nós.

Encontramo-nos dois dias depois. Saímos juntos pela primeira vez para assistir a um filme. Voltamos correndo para o meu alojamento na universidade, obedecendo ao toque de recolher. A sra. Peabody, a inspetora idosa do alojamento, estava me esperando junto à porta de vidro.

— Você tem dois minutos para entrar — grunhiu para mim, continuando a me perscrutar por detrás dos óculos.

Sem se importar com o comentário duro da sra. Peabody, beijamo-nos pela primeira vez. Nesse momento, abriu-se uma porta para um outro mundo e foi como se reconhecêssemos um ao outro. Em estado de completo deslumbramento, ouvi a sra. Peabody abrir a porta. Ela puxou-me para dentro e bateu a porta na cara de Barry.

Aquele beijo mudou para sempre a minha vida. Nossos jovens corações certamente não estavam prontos para a força da nossa ligação, mas nosso primeiro beijo revelou um amor que parecia ter existido por toda a eternidade. Barry, meu namorado de 18 anos, alto, magricela e desajeitado, parecia mesmo ter sido o meu amado de todo o tempo que passou e que estava por vir. Tínhamos nos encontrado, e ainda assim não conseguíamos compreender plenamente essa bênção. Sou imensamente grata por ter encontrado Barry tão cedo na minha vida e por ainda estar vivendo ao lado dele.

Em muitas religiões, existe a crença de que as pessoas que se amam se conheceram antes de vir para este mundo e que voltarão a se conhecer — de que nosso amor tem um propósito que em muito transcende as limitações do nosso próprio entendimento.

No passar dos anos, tem-me ocorrido com freqüência uma imagem tão vívida a ponto de me fazer pensar que é, na verdade uma lembrança. *Recordo-me de estar num círculo com muitas almas. Eu e Barry estamos separados um do outro. Há um grande amor e união entre todas essas almas. Somos guiados por uma grande luz e energia espiritual, e estamos nos preparando para vir à Terra. Cada um de nós recebe um desígnio ou dom, para realizar enquanto estiver na Terra. Cada uma dessas almas é chamada, e a ela se pede que espalhe a luz e o amor de Deus de diversas formas. Eu e Barry somos chamados ao mesmo tempo e nos perguntam sobre se gostaríamos de trabalhar juntos para trazer mais luz às relações humanas. Sentimos um amor profundo um pelo outro e pelo nosso Criador. Nossa finalidade na Terra tem a bênção da luz, e recebemos uma instrução: amar um ao outro completamente e deixar que esse amor transborde para as outras pessoas em forma de cura e orientação. Outras almas recebem o mesmo desígnio. Sabemos que toda a ajuda de que necessitarmos virá do nosso contato com a luz.*

Eu e Barry sentimos que essa luz está presente em todas as ligações que partem do coração. Entendemos que o mais elevado trabalho que podemos fazer é amar um ao outro completamente, mas há vezes em que o ego de cada um de nós se encolhe, para que possamos continuar juntos. Cada um de nós vive momentos em que gostaria de desistir do relacionamento e simplesmente ficar sozinho. Também nós temos lições a aprender e personalidades que às vezes se chocam, causando dor uma à outra. Trabalhamos muito em nosso relacionamento, e há ainda muito mais que fazer. Já chegamos ambos a desejar que nosso relacionamento fosse um pouco mais fácil. A exemplo do que ocorre com muitas pessoas, nossa mente busca o caminho mais fácil: fugir. Contudo, nosso coração, que tem uma visão geral de nosso propósito juntos, anseia por estar com alguém que nos ajudará em nossa viagem espiritual, não importando o quanto ela seja difícil.

Acreditamos que o que a nossa história pode ensinar às outras pessoas é o seguinte: quando estiver buscando o seu companheiro espiritual, o relacionamento que já foi abençoado "nos céus", mantenha aberto o seu coração. O seu parceiro ou parceira pode não se parecer com aquilo que sua mente pensa que quer. Você poderá ter uma grande surpresa! Se você ouvir o seu coração, você reconhecerá o seu parceiro. Se ouvir a sua cabeça no que diz respeito ao que você quer, é possível que você perca essa pessoa especial para sempre.

Depois de nosso primeiro beijo, Barry e eu começamos a conhecer um ao outro. Imaginamos um meio de evitar a vigilância da sra. Peabody. Nós nos encontrávamos na lanchonete, e então eu voltava para o meu quarto pelo subsolo. Sabíamos que estávamos violando as regras, mas havia tanto para conversar! Barry contou-me tudo sobre as fases mais embaraçosas, confusas ou vergonhosas da vida dele — tudo isso na nossa segunda conversa. E, ao conversarmos sentíamos um bem-estar como nunca antes em nossa vida. Era como se a pressão fosse diminuindo à medida que compartilhávamos tudo o que havíamos passado em nossos dezoito anos de vida sobre a Terra. E víamos tudo isso com amor e aceitação. Nós nos sentíamos realmente em casa.

Então chegou a noite em que Barry contou-me que era judeu. Foi um choque! Eu pensava que ele fosse de família protestante, como eu, uma vez que ambos tínhamos freqüentado o Hartwick College, uma pequena escola protestante. E ele pensara que o meu sobrenome, Wollenberg, fosse judeu. A revelação entristeceu-nos e levou-nos a pensar que jamais nos casaríamos. Teríamos de ser "apenas bons amigos". Antes, nossos corações estavam abertos para que amássemos um ao outro. Agora, sabendo que éramos de religiões diferentes, nosso pensamento era o de nos protegermos contra uma perda aparentemente inevitável, pois tanto ele como eu sentíamos que jamais poderíamos nos casar fora da nossa religião. Nessa época, 1964, isso parecia um obstáculo intransponível. Mas nossos corações nos diziam que havíamos encontrado o parceiro espiritual perfeito. Nossa mente, contudo, já rejeitava um ao outro por sermos de religiões diferentes. Ainda assim, nossos lábios continuavam a se unir e a nos ajudar a trazer de volta à consciência nossa união e propósito espirituais.

Nossos primeiros quatro anos de relacionamento foram uma mistura agridoce de amor e confusão. Enquanto tentávamos nos afastar um do outro, porém, o amor e o respeito que sentíamos se aprofundavam, assim como a paixão física da nossa juventude. As tentativas de nos afastarmos um do outro foram tão inúteis quanto seria a tentativa de mudar nossa imagem refletida num espelho. Assim, sempre voltávamos para os braços um do outro.

Depois que percebemos o quanto seria difícil uma separação, nossas mentes maquiavélicas passaram a planejar estratégias para mudar o outro e torná-lo mais parecido com a imagem que fazíamos de companheiro ideal. Porém, nós dois éramos (e somos) extremamente teimosos; qualquer esforço para mudar o outro era encarado com resistência e mesmo hostilidade. Ao final havia ainda algo que podíamos fazer: desistir das idéias de como o outro deveria ser. Felizmente para nós, a mente foi vencida pelo coração. Aceitamos um ao outro, com todas as nossas diferenças, e casamos em 21 de dezembro de 1968. Sentíamos que, ao casar, estávamos simplesmente reforçando a união que já havia entre nós, em minhas lembranças celestiais. Embora estivéssemos nos primeiros estágios do despertar espiritual, cada qual sentia uma forte presença da luz que nos abençoava. As lágrimas em nossos olhos durante a cerimônia pareciam remover o véu que ocultava a memória profunda de uma união e benção anteriores.

Hoje dedicamos nossa vida a recordar essa ligação e servir às pessoas por meio do amor que existe entre nós. Temos uma distância a percorrer e dedicação para chegar lá. Cada vez que o nosso trabalho ou as nossas palavras servem de ajuda a alguém, nós também somos lembrados com mais força da nossa finalidade. Cada vez que nosso relacionamento chega num impasse, conseguimos superar as dificuldades com um amor renovado e percebemos que estamos dando uma dádiva às outras pessoas. O amor que sentimos um pelo outro e pela "tarefa" que nos foi dada é a nossa maior prioridade na vida. Acreditamos na beleza de todos os relacionamentos e na imensa luz que uniu nossas almas.

Se o seu coração abriga o desejo de ter um companheiro espiritual, é porque você está sentindo o que já faz parte de seu destino, o que já faz parte de um plano maior do que qualquer coisa que sua mente possa conceber. Você pode encontrar essa pessoa ainda na juventude ou mais tarde na vida, quando talvez já tenha passado por vários outros relacionamentos. Independentemente de quando vier a encontrá-la, preze-a, estime-a, com todo o seu coração. Esse espelho anímico lhe foi dado para que você realize o seu propósito na Terra. Amar essa pessoa tanto nas horas boas como nas ruins lhe proporcionará realização e amor no nível mais profundo do seu ser.

A VISÃO DO NOSSO TRABALHO

No começo, não foi fácil trazer para o trabalho a nossa mais elevada visão da espiritualidade. Mesmo antes de nos casarmos, tanto Barry quanto eu sabíamos que queríamos ajudar as pessoas. Barry entrou para a escola de medicina e eu iniciei minha carreira como enfermeira. Nos primeiros quatro anos de casamento, dedicamo-nos inteiramente à medicina, tornando-nos profissionais competentes, mas conscientes de que faltava algo. Faltava em nosso trabalho um toque do "coração".

Posteriormente especializei-me em psiquiatria infantil e Barry em psiquiatria para adultos. Enquanto Barry fazia estágio, eu praticava ludoterapia com crianças, no mesmo departamento, e treinava médicos e estudantes de medicina para trabalhar com elas. Ambos tínhamos a oportunidade de treinar toda uma variedade de técnicas terapêuticas holísticas, o que era um alívio bem-vindo com relação ao modelo clínico altamente estruturado da psiquiatria tradicional. Ao final desse período, sentíamo-nos prontos para iniciar o trabalho que viéramos fazer ali. Sabíamos que nossa vontade era trabalharmos juntos, ajudando as pessoas com seus relacionamentos.

Em 1973, formamos nosso primeiro grupo de terapia. Em muitos sentidos, tudo correu bem. Não faltaram momentos sublimes e tocantes, mas tivemos a dolorosa consciência de que, mais uma vez, algo estava faltando — um sentimento mais consistente, centrado no coração. Éramos ainda excessivamente racionais e dependentes dos métodos que havíamos aprendido — até mesmo dos holísticos. Esses métodos não estavam nos levando aos locais de cura e compreensão profunda que intuitivamente já conhecíamos. Sabíamos que só ficaríamos satisfeitos quando aprendêssemos a seguir o coração no nosso trabalho com as pessoas. Percebemos que o treinamento de que precisávamos era diferente de tudo o que já havíamos recebido.

Assim, enquanto nossos amigos e colegas se dedicavam à práticas lucrativas e progrediam em suas carreiras, nós "pulamos fora" completamente. Equipamos nosso ônibus Volkswagen para uma longa viagem, juntamos nossos escassos recursos, reunimos todo o dinheiro que havíamos economizado e poupado, e partimos para aquilo que se revelaria uma "busca pelo coração" de dois anos.

Voltamo-nos para a prática oriental da yoga, a fim de tornar nosso corpo mais flexível, além de explorar dimensões mais elevadas e espiritualistas. Aprendemos técnicas para acalmar nossa mente inquieta. Iniciando nosso estudo de meditação com vinte minutos diários de meditação transcendental, logo mergulhamos de cabeça num curso de dez dias de meditação Vipassana budista, alternando entre práticas de meditação e caminhadas, desde cedo pela manhã até tarde da noite. Ao término dos dez dias, percebemos os benefícios que uma mente tranqüila traz para cada aspecto da nossa vida.

Pesquisando antigos livros sufistas, bem como os princípios interiores e esotéricos de nossa própria herança judaica e cristã, praticamos métodos de abertura e centramento no coração — cultivando sentimentos de amor, de devoção e de compaixão. Buscávamos, sequiosos, a essência do amor em cada tradição com que nos deparávamos. Sempre que nos recomendavam algum mestre espiritual, viajávamos para encontrá-lo. Conhecemos alguns professores memoráveis e também uma legião de "figuras". Procuramos aprender com todos eles.

Aprendemos sobre a luz que preenche e envolve toda a criação e que parece ser uma parte central da maior parte das tradições espirituais, se não de todas. Especialmente em nossas meditações mais profundas, sentimos essa luz como sendo a base de toda a espiritualidade, como o próprio âmago e substância de Deus. A cada experiência que tínhamos dessa luz, fosse vizualizando-a com nossa visão interior ou sentindo-a aquecer nosso corpo, éramos levados a uma consciência mais elevada e descobríamos uma paz e uma felicidade mais profundas. Cercar-nos conscientemente dessa luz, fosse na quietude de uma meditação ou em meio aos afazeres do dia-a-dia, era algo que fazia aflorar em nosso coração um sentimento de amor, bem-estar e aceitação daquilo que é, em vez do que deveria ser.

Depois desses dois anos, eu e Barry passamos a apreciar a meditação. Aprendêramos uma ampla variedade de práticas espirituais e encontramos muitos alunos e professores sinceros. Tivemos o privilégio de nos relacionar íntima e pessoalmente com Leo Buscaglia, Ram Dass, Pir Vilayat Khan, Pearl Dorris, Hari Das Baba, Ylana Hayward e Joan Hodgson, do White Eagle Lodge, da Inglaterra, além de outros. Cada um deles, à sua própria maneira, apontou-nos a direção da luz. Cada qual nos revelou o topo da mesma montanha, como muitos caminhos convergindo para esse mesmo ponto. Se nos propúnhamos a seguir um desses caminhos, víamos o quanto era difícil visualizar os demais quando ainda estávamos no sopé da montanha. Os caminhos estavam separados por uma distância maior e o próprio topo muitas vezes se ocultava de nossas vistas. Contudo, à medida que subíamos ao longo de cada caminho, o objetivo se dava a conhecer com uma freqüência cada vez maior — e era possível ver cada vez mais os outros caminhos, todos convergindo para o mesmo ponto.

Depois da nossa peregrinação, e prontos para estabelecer uma base doméstica onde começar nosso trabalho, mudamo-nos para Santa Cruz, Califórnia, e formamos nosso segundo grupo. Os progressos foram notáveis, em comparação com nosso primeiro grupo. Meditávamos e orávamos no início de cada sessão, de modo que esses encontros sempre eram iniciados com um sentimento de enlevo. Mesmo assim, quando começávamos a trabalhar com alguém, esse clima mudava sutilmente. Nossa formação em psiquiatria e psicologia passava para o primeiro plano, e acabávamos voltando aos domínios da mente. Como se não bastasse, quando emoções como tristeza ou raiva vinham à tona, ficávamos perdidos, sem saber o que fazer com elas nem como elevar a energia emocional para dar lugar também a uma perspectiva do coração e do espírito. Iniciávamos no coração e passávamos rapidamente para uma perspectiva psicológica — onde ficávamos.

Depois de passar seis meses facilitando grupos, ainda nos sentíamos insatisfeitos. Percebemos que não sabíamos como permanecer "ligados" ao nosso coração. Para nós era evidente que nenhuma pessoa ou relacionamento poderia crescer ou se curar se o coração ou a alma, sedes mais profundas da verdade, fossem ignorados. Recordamos nossa visão e inspiração originais, ou seja, ajudar as pessoas em suas vidas e relacionamentos, e sentimos que nosso trabalho deveria se centrar no coração. Mas mesmo assim não sabíamos como manter essa energia.

Nossa cultura glorifica a mente. No entanto, a verdadeira sabedoria só pode ser encontrada num lugar muito mais profundo dentro de nós, o coração. O coração detém os sentimentos de amor e abertura que nos expandem e, por essa razão, o sentimento de um poder verdadeiro. A mente pode ser um grande instrumento, mas pode também visar ao controle à guisa de poder. O coração é sempre poderoso e conhece tudo intuitivamente, razão pela qual não tem necessidade de controlar coisa alguma.

Decidimos parar completamente com os grupos, concentrando-nos em viver segundo as diretrizes do nosso coração. Esse período acabou durando sete anos. Nesse meio-tempo, simplificamos enormemente nossa vida e nossas despesas. Passamos a viver isolados, no campo. Viver a partir do coração e ouvir a nossa intuição era nossa prioridade. Enquanto médicos amigos nossos estavam se estabelecendo profissionalmente, Barry trabalhava apenas o suficiente para nos manter, recebendo um ordenado mínimo em algumas clínicas. Em casa, com exceção de uma prática esporádica de aconselhamento, estávamos totalmente concentrados em integrar o que sabíamos intelectualmente ao que sentíamos no âmago do nosso ser. Meditávamos durante longos períodos todos os dias, e pouco a pouco aprendíamos a ouvir interiormente a sabedoria que vem do coração. Nossa primeira filha nasceu nesse ambiente de tranqüilidade e simplicidade. Aproveitamos o nascimento e a presença dela na nossa vida para aprofundar nossa busca pelo nosso centro de amor. Rami, aliás, foi uma professora perfeita.

Durante esse período de tranqüilidade, tivemos o privilégio de ter Ram Dass (o professor da Harvard que se tornou buscador e mestre espiritual) como nosso vizinho. Sua voz esteve entre as primeiras a ajudar na nossa iniciação no caminho para uma consciência mais elevada. Foi uma bênção para nós a possibilidade de nos aconselharmos com ele num período de dois anos, e graças à sua ajuda conseguimos olhar para o lado sombrio da nossa personalidade e ficar profundamente em paz com nós mesmos. No final desse período, eram poucas as pedras que continuavam no mesmo lugar.

Muitos de nossos professores nos ajudaram a compreender a verdadeira natureza da cura, e o fato de que toda cura vem da compreensão da alma e é resultado do crescimento interior. A cura real acontece à medida que assimilamos as lições que viemos aprender aqui. A cura é mais um processo interior do que exterior.

Estudamos também com uma professora chamada Pearl Dorris, que morava perto do monte Shasta, na Califórnia, e que nos ensinou a ouvir nossa voz interior antes de falar, escrever e agir. Sem esforço, ela transmitiu sua sabedoria de que toda a felicidade, cura, paz e espiritualidade vêm de dentro. Bastou que Pearl fosse ela mesma para nos ajudar a entrar em sintonia com a sede interior de todo o nosso conhecimento, o Eu Superior.

Embora estivéssemos empenhados em seguir um caminho espiritual, tanto individualmente quanto como casal, Pearl costumava achar graça ao ver o quanto ainda agíamos de acordo com a nossa cabeça, e não com o coração. E gracejava conosco, fazendo com que ríssemos de nós mesmos. Um dia, ela decidiu trabalhar com nossa preocupação mental, intelectual. Fez conosco uma visualização orientada para que entrássemos no coração que agora compartilhamos, e deixando que outros se beneficiassem de sua técnica simples, mas extremamente eficaz.

VIAGEM AO CORAÇÃO

Feche os olhos e imagine-se num escritório desarrumado: papéis por toda a parte, pilhas de coisas para fazer. Agora olhe em torno e note uma porta nos fundos do escritório. Vá em frente, aproxime-se e abra essa porta. Você se vê de frente para uma escada, que leva ao andar de baixo. Desça essa escada. Ali embaixo, no fim da escada, há uma outra porta. Abra-a e entre num cômodo amplo e cheio de luz, que não parece estar nem dentro nem fora do edifício. É um lugar amplo e sagrado, como um lindo templo ou catedral. É cheio de luz e calor, equilíbrio de cores, provido de uma simplicidade rústica e de grande beleza. Bem, tudo o que você fez foi deixar a sua mente e entrar no seu coração. Deleite seus sentidos com tudo o que estiver ali...

Então ela pediu que abríssemos os olhos. Sentimos-nos transbordar de amor e gratidão pela nossa vida e por termos um ao outro. Não havia dúvida, estávamos no nosso coração. Desde então, tem sido mais fácil para nós perceber a diferença entre a cabeça e o coração. Obrigado, Pearl, por essa profunda lição.

O nosso maior professor foi o nosso amor e a ligação gradativa que estabelecemos com o nosso propósito original de termos vindo à Terra. Começamos, mais uma vez, a sentir o círculo de luz que nos fez chegar aqui e a instrução para vivermos ligados a essa luz e ajudarmos as pessoas a fazer o mesmo. Tão logo a ligação com a luz se fortaleceu dentro de nós, soubemos que poderíamos tentar formar outro grupo de terapia.

Assim, em 1981, organizamos novamente um grupo. Dessa vez, tudo transcorreu conforme havíamos imaginado. Conseguimos manter a "ligação com o coração". Aprendemos a nos ater às lições da alma das pessoas, sem nos perder em dramas psicológicos. Dessa vez estávamos prontos.

Nossa ligação com o coração tem crescido desde então. O trabalho que fazemos com as pessoas em cursos e aconselhamentos, por meio dos nossos livros e na nossa vida consiste em ouvir nossa voz interior e sentir a ligação que todos temos com a luz. Sentimos que esse é o melhor modo de ajudarmos as pessoas. É a sabedoria simples do coração que nos concede o poder e o propósito de tudo o que fazemos. Ironicamente, os sete anos em que aparentemente nada acontecia em nossa vida profissional provaram ser o maior dos treinamentos, que poderíamos ter feito, pois foi pelo fato de aprendermos a ouvir nosso eu interior que nosso trabalho ganhou propósito e significado. Podemos dar apoio a outras pessoas na mesma medida em que podemos nos ouvir interiormente e valorizar a sabedoria que há dentro de todos nós.

Finalmente, estamos começando a cumprir o propósito de estarmos aqui na Terra. Valeu a pena a longa e por vezes confusa preparação para nos ligarmos à nossa Fonte. Na verdade, além de procurarmos ajudar as pessoas com seus relacionamentos, agora nos esforçamos para ajudá-las a estabelecer essa ligação com o próprio coração. Só quando tiverem feito essa ligação é que estarão cumprindo o seu propósito aqui na Terra, pois uma coisa depende da outra.

Todos nós podemos aprender a nos ligar ao nosso coração, à nossa alegria, ao propósito da nossa existência. E não importa o tempo necessário para chegarmos lá. Como disse Lao-Tsé, "a viagem de milhares de quilômetros começa com o primeiro passo". O que importa é que daremos esse primeiro passo, e depois daremos outro, e mais outro. E todos eles valerão a pena.

3

A Luz no Espelho

Ao olhar para o espelho à sua frente, pense no que está por trás dele.

— Wu Wang

Hoje, mais do que nunca, eu e Joyce vemos muitas pessoas sofrendo com seus relacionamentos afetivos. Para muitos, o ritmo de vida é febril e os níveis de *stress* cada vez mais altos. Ao mesmo tempo, muitos têm tomado dolorosamente a consciência da falta de um vínculo verdadeiro com outras pessoas.

Nesses nossos vinte anos de prática da psicoterapia e de cursos sobre relacionamentos, tivemos a oportunidade de estudar muitos casais por um tempo relativamente longo. Em muitos desses casais, observamos a plenitude inicial de sua paixão. Com o tempo, alguns deles acabaram por aprofundar esse amor e o relacionamento floresceu. Mas, no caso de muitos outros casais, o amor e o entusiasmo foi diminuindo com o tempo. Se todos querem continuar amando, por que alguns relacionamentos perduram e outros não? Por que o amor floresce em alguns relacionamentos, enquanto é sepultado em outros? Quais são os segredos de um relacionamento saudável e gratificante?

Chegamos à conclusão de que, nos relacionamentos que dão certo, os parceiros se dispõem a fazer da relação uma prioridade, nela investindo tempo e energia e cultivando-a. Ambos vêem o relacionamento como uma planta adorada, que se desenvolve graças aos cuidados e a atenção que recebe.

Além disso, as pessoas que têm um relacionamento bem-sucedido estão dispostas a olhar não só para o companheiro ou companheira, mas para o interior de si mesmas, buscando crescimento e aprendizado. Estão dispostas a ver o outro como um espelho — *um espelho da alma* —, que reflete qualidades que elas mesmas têm e precisam continuamente reconhecer como suas. Elas estão aprendendo a assumir a responsabilidade por suas próprias lições e questões, e tomado consciência de que o amor em si é um pequeno lago que reflete nossa imagem, assim como um espelho. Se numa situação difícil, os seus sentidos exteriores acusam o outro de "ter errado", elas se predispõem a olhar mais a fundo e buscar as próprias motivações que teriam contribuído para o problema. Da mesma forma, se os seus sentidos lhe revelam a beleza, a força e a bondade da pessoa amada, eles não hesitam em buscar em si mesmas essas qualidades.

A descoberta de que a pessoa que você ama é um espelho da sua alma, que sempre reflete o que você precisa aprender sobre si mesmo, fará a diferença entre um bom relacionamento e um grande relacionamento. Esse é o reconhecimento do espelho.

Mas ainda é preciso dar outro passo. Você tem de ver a *luz* no espelho. Isso é mais do que meramente aceitar ou tolerar o seu reflexo no espelho. Significa aproveitar esse reflexo e encará-lo com assombro e reverência. *Aceitar que o seu ente querido é o espelho da sua alma contribuirá para que vocês tenham um grande relacionamento. Amar e celebrar o espelho da alma criará um relacionamento sagrado, em que não há limites para amar.*

No cerne deste livro encontram-se três crenças compartilhadas por mim e por Joyce: a crença de que o amor está sempre nos trazendo de volta a nós mesmos; a de que cada um de nós está principalmente relacionando-se consigo mesmo; e por último, a de que o relacionamento interior é o caminho espiritual escolhido pela maioria de nós, na nossa cultura ocidental. Nossos relacionamentos podem nos favorecer ou nos prejudicar, mas o caminho que trilhamos somos nós que escolhemos.

Nós, seres humanos, podemos facilmente nos perder em nossos relacionamentos. Eles podem se tornar uma armadilha sedutora que nos lança para fora de nós mesmos, nos fazendo pegar um longo desvio em nossa vida. Mas também podem ser um meio poderoso de nos despertar para *quem* somos e para a *razão* de termos nascido. Nossa vida não será plena enquanto não descobrirmos o seu propósito mais profundo, que é o de dar e receber amor, desfrutar da beleza deste mundo, ajudar a criar mais beleza e lembrar que somos uma parte integrante do todo. Cada um de nós está ligado a toda a criação. Cada um de nós é amparado por uma luz, um amor e uma consciência onipresentes. Estar consciente dessa ligação e agradecer por ela é viver no mais elevado estado de alegria, de paz e de realização espiritual.

Para fora e para dentro

Todos temos o que é preciso para trazer mais amor à nossa vida. Esse é um direito divino, de nascimento. Merecemos amar e ser amados. Mas para isso é preciso olhar em duas direções — para fora *e* para dentro. Nossa cultura nos ensina a olhar só para fora, a olhar para os outros em busca de aprovação e realização, vendo somente a superfície de nós mesmos e dos outros. Precisamos olhar para dentro, cultivar o hábito de ver a beleza nos outros. No entanto, é também justo e importante que cultivemos o hábito de ver a nossa própria beleza, para que nos consideremos pessoas belas, capazes e merecedoras de amor. Isso exige disposição para nos encararmos de modo diferente e ver além das tantas coisas limitadoras que as pessoas dizem de nós. Em nossa alma, não somos garotas ou garotos levados, burros ou feios. Somos seres humanos *e* seres espirituais, capazes do mais alto grau de amor e criatividade.

Não faz muito tempo, em vez de gravar simplesmente uma mensagem na secretária eletrônica de nosso escritório, gravei a seguinte canção, escrita por Libby Roderick:

Como algum dia alguém pôde lhe dizer
Que você é menos do que belo.
Como algum dia alguém pôde lhe dizer
Que você é menos do que o todo.
Como alguém pôde deixar de perceber
Que o seu amor é um milagre.
E o quanto você está ligado à minha alma.

Nosso desejo e anseio é que cada um de nós descubra a sua própria beleza interior. De muitas maneiras, esse é o trabalho mais sublime que podemos fazer para aprofundar todos os nossos relacionamentos. Quando nos dermos o tempo necessário para sentir quem somos interiormente, em nossa alma muito mais do que em nossa personalidade, veremos a pureza, a inocência e a ternura de um bebê recém-nascido. Quando pudermos ver essas qualidades em nós mesmos, conseguiremos vê-las também nos outros. Eu, pessoalmente, sempre que faço uma pausa para respirar tranqüila e profundamente e aquietar minha mente agitada, consigo recordar com facilidade quem eu realmente sou. Isso sempre me ajudará em minha vida. Uma visão mais profunda de mim mesmo possibilita-me uma visão mais profunda de qualquer outra pessoa. Com isso, passo a perceber em Joyce aspectos de seu amor que eu não havia percebido antes. Vejo qualidades especiais em nossos filhos que não pareciam estar ali até então. Assim, amar a mim mesmo permite-me amar os outros. Quando me vejo mais claramente, consigo ver as outras pessoas com a mesma clareza.

Assim como é importante trabalhar os relacionamentos interiormente — ver as profundezas de nossa própria alma —, também é importante o trabalho externo de ver as profundezas da alma do outro. Quando eu e Joyce estávamos em nossos vinte e poucos anos, tínhamos uma amiga, Lila, cujo *hobby* era ver a beleza das pessoas. O entusiasmo dela era contagiante. Às vezes nos sentávamos juntos e, durante horas, examinávamos um ao outro (e a quem quer que estivesse conosco). Quando fazíamos isso, atingíamos níveis cada vez mais elevados de alegria.

Certa vez, estávamos os três num posto de gasolina. Enquanto abastecíamos, comecei a lavar o pára-brisa. Olhei de relance para dentro do carro. Joyce e Lila estavam conversando, apontando para mim e sorrindo, radiantes. Eu soube na mesma hora o que elas estavam fazendo. Tive uma estranha sensação de saber que elas estavam me irradiando amor e me apreciando, ainda que eu não pudesse ouvir uma só palavra do que diziam. Comecei a ficar constrangido. Até então eu não me sentira particularmente amoroso. E eu me encontrava num momento bastante comum, lavando os vidros do carro. Mas esse comum foi, para elas, naquele momento, parte da minha beleza e do meu amor. Quando o percebi isso, pude sentir o que elas estavam vendo, e o brilho de um sorriso parecido ao delas estampou-me o rosto.

Ver a beleza de outra pessoa pode ser algo absolutamente contagiante. Isso ajuda as pessoas a verem-se como você as vê. Você se torna um espelho para elas. E elas também passam a ser um espelho para você, pois ver a bondade no outro nos ajuda a descobrir essa mesma bondade em nós mesmos. Admiramos e apreciamos a generosidade de alguém, e nesse instante também ficamos mais generosos.

A beleza dos relacionamentos está em nos fazer aprender as lições da nossa alma, os ensinamentos interiores que precisamos dominar. Os relacionamentos, especialmente os mais íntimos e duradouros, deixa-nos poucos esconderijos. Por isso, para quem está tentando fugir ou se esconder de si próprio, o relacionamento é um espelho cristalino que está bem à frente.

Nossos relacionamentos nos oferecem uma imagem como o reflexo de um espelho, do que acontece dentro de nós. Às vezes, aquilo pelo que sentimos atração ou aversão é um aspecto de nós mesmos que precisamos cultivar ou trabalhar de modo mais apropriado. Assim, dependendo de como estamos nos sentindo, as qualidades nos outros podem parecer belas ou não. Por exemplo, eu ficava encantado com a facilidade com que Joyce expressava seus sentimentos. Por quê? Porque eu estava precisando desenvolver essa qualidade em mim mesmo. Eu realmente adorava a sua expressão de alegria e amor. Por quê? Porque eu estava em paz com a minha expressão de alegria e amor. Contudo, eu não gostava do modo como ela manifestava raiva. E, de novo, por quê? Porque eu não estava em paz com o meu próprio sentimento de raiva. Com o passar dos anos, aprendi a ver a expressividade emocional de Joyce como uma qualidade admirável, não importando como ela fosse canalizada. Tendo feito isso, minha própria expressão emocional floresceu, pois, quando aprendemos a apreciar uma qualidade no outro, atraímos essa mesma qualidade para nós.

Quanto mais nos aproximávamos, mais nos víamos refletidos um nos olhos do outro. Num de nossos últimos seminários, um casal se colocou na frente do grupo para apresentar um ao outro. Havíamos sugerido que as pessoas fizessem isso, descrevendo em poucas palavras o que apreciavam no parceiro. A mulher sorriu e descreveu o companheiro como "a personificação do amor". Então, lançou para o parceiro um olhar que dava a entender a todo o grupo que ela possuía sentimentos conflitantes a esse respeito. Parte dela sentia aconchego na intimidade do amor que sentiam um pelo outro. Outra parte queria fugir de um espelho que estava excessivamente próximo e refletia as suas fraquezas bem como as suas forças, o seu medo bem como o seu amor, a sua dor bem como a sua alegria.

A profundidade de nossos relacionamentos íntimos depende diretamente da disposição para reconhecermos esse reflexo da nossa imagem. Quando nos recusamos a aceitar que nosso companheiro está segurando um espelho diante de nós, passamos a fazer uma projeção inconsciente, atribuindo a ele qualidades que na verdade são nossas. Quando Joyce não parece muito carinhosa e isso me deixa magoado, logo vou criticá-la. Mas é freqüente que me passe despercebido o fato de que eu também não estou carinhoso com ela nesse momento. É fácil ver quando Joyce fecha o seu coração para mim; difícil é ver quando eu fecho o meu coração para ela.

Por outro lado, às vezes eu olho para ela e a vejo como a mulher mais bela do mundo (e o que ela de fato é!). Se eu ignorar o fato de que, ao amar estou olhando num espelho, estarei deixando de aproveitar a experiência de minha própria beleza. Para que o relacionamento seja pleno, temos de estar dispostos a olhar além da separação que existe entre nós e fazer um reconhecimento mais profundo um do outro. E isso, não há dúvida, é algo que exige grande coragem.

É importante reconhecer o espelho porque a projeção, que inconscientemente atribui ao outro nossas próprias qualidades (sejam elas boas ou ruins), pode ser destrutiva para o relacionamento. Esse processo pode ser sutil e inconsciente. Nossas sessões de aconselhamento e nossos seminários estão repletos de pessoas que insistem em dizer que o seu companheiro tem um problema e eles não. Elas continuam com essa visão distorcida até que consigam admitir esse fato e olhar no espelho que é o rosto do companheiro para ver como e o que estão projetando nele. Este livro contém muitos exemplos de projeção e dicas do que é preciso para perceber a luz no espelho e se realizar espiritualmente.

Até que cada um de nós assuma a responsabilidade por tudo o que há dentro de nós e pare de acusar os outros, não estaremos abertos para a plenitude do amor. Temos de reconhecer que somos a fonte de *todos* os nossos sentimentos, incluindo nossas reações, em vez de olhar para o que nosso companheiro fez para "provocar" a nossa reação. Quando achamos que foi o outro que causou a nossa reação, não assumimos a responsabilidade por nossos próprios sentimentos. Quando estivermos dispostos a assumir essa responsabilidade, poderemos dar asas ao nosso coração. Nosso crescimento pessoal e espiritual depende da nossa disposição para assumir total responsabilidade por nossos pensamentos, sentimentos, ações, e por tudo o que somos e fazemos.

Por isso, na verdade, nossos relacionamentos têm importância secundária. São panos de fundo para as lições importantes da alma, que precisamos aprender como indivíduos. *Quando consideramos o relacionamento com o parceiro mais importante do que nossa relação com nós mesmos, adiamos o aprendizado dessas lições tão importantes.* Muitas vezes tendo a fazer isso com Joyce. Tenho consciência de que uma de minhas maiores lições na vida é cuidar de mim mesmo da maneira mais elevada possível. Eu faço isso voltando-me para o meu mundo interior, orando, meditando, respirando e sentindo a abundância de energia de amor dentro e em torno de mim. Quando estar com Joyce é mais importante do que estar com Barry, eu estou fora de meu centro. Além disso, não posso estar de fato com Joyce se eu não estiver com Barry. Quanto mais profundamente estou com Barry, mais profundamente posso estar com Joyce.

A promessa de crescimento da alma

Todo obstáculo ou problema que se apresenta no relacionamento acena com a promessa de crescimento espiritual — isso *se* estivermos dispostos a olhar para *dentro*, em vez de buscarmos a solução no relacionamento. A reação imediata diante de uma dificuldade ou desarmonia no relacionamento é a vontade de rompê-lo. Mas com um pouco de paciência e aceitação, aprendemos a descobrir uma dádiva por detrás de cada dificuldade que surge na nossa ligação. E, na verdade, quanto maior o desafio, maior a dádiva.

No nosso caso, a diferença entre as minhas crenças religiosas e as de Joyce ameaçou acabar com nosso relacionamento dois anos depois que nos conhecemos. Trilharíamos nossos caminhos separadamente, em faculdades sediadas em cidades diferentes. No entanto, o fato de termos religiões diferentes e a dor que sentimos por causa dessa diferença nos conduziu a uma viagem interior para descobrir a essência do judaísmo e do cristianismo. Descobrimos que, nos recônditos do nosso coração, acreditávamos nas mesmas verdades, e isso nos aproximou mais do que nunca. Esse problema, esse obstáculo, nos levou a crescer espiritualmente, pois, ao buscar uma solução, nos dispusemos a olhar mais para dentro, e não para fora.

Aqui segue outro exemplo de um problema que se revelou. Há alguns anos, eu e Joyce percebemos, consternados, o quanto culpávamos um ao outro. Passávamos por um período estressante em nossa vida, mas não tínhamos por que culpar um ao outro. A dor que sentimos nessa época, porém, transformou-se em dádivas. Uma delas foi tomar consciência do padrão nocivo de culpar o outro, um hábito que começamos a cultivar desde cedo em nossa relação. Outra dádiva foi a determinação de finalmente fazer algo contra isso. Aprendemos meios mais profundos de assumir a responsabilidade por nossos sentimentos. Se não fosse por esse período de sofrimento em nossa relação, podíamos não ter encontrado motivação para fazer alguma coisa contra a negatividade que há anos vinha corroendo nosso relacionamento. Explicaremos mais sobre esse tema no Capítulo 12, "A Raiva no Espelho".

Quando refletimos sobre nosso relacionamento, cada dificuldade, cada obstáculo que aparece vem nos abençoar com uma dádiva. Trata-se de experiências que nos dão mais fé. Sabemos que haverá mais provas, mais desafios, mas confiamos que haverá uma dádiva por trás de cada um deles.

Essa fé nos aproxima ainda mais, nos torna ainda mais vulneráveis aos olhos do outro. No início do nosso relacionamento, cada discussão séria ameaçava nos separar. Quando compreendemos que somos espelhos um para o outro, e que há dádivas por trás de cada desafio, fugir do outro deixou de ser uma opção. Percebemos que, se não olhássemos no espelho que estava diante de nós, teríamos de encontrar outro espelho e começar de onde havíamos parado. Percebemos que simplesmente não haveria lugar para onde correr, nem onde pudéssemos nos esconder.

Nesses momentos de pura projeção, em que não conseguíamos apreciar um ao outro, nossa fé no processo amoroso acabava por brilhar através do espelho, e o sorriso voltava a iluminar nosso rosto. Essa é a graça do relacionamento, ainda que obtida por meio de esforço, compreensão e fé. A graça, dádiva do Espírito, de Deus, do nosso Criador, do amor (qualquer que seja o nome que você queira usar) é o privilégio de compartilhar nosso coração com a outra pessoa. Pois a ligação profunda com outra alma é um dos tesouros mais preciosos da vida.

Será que algum de nossos relacionamentos chegará um dia a ser perfeito? Não, enquanto estivermos encarnados neste planeta. Sempre haverá mais a aprender, a descobrir e a dominar. Mas é isso que torna o relacionamento uma viagem tão excitante. Estamos aqui neste planeta para crescer e aprender o maior número possível de lições.

Eu não trocaria esses 34 anos passados com Joyce por nada neste mundo. Há momentos em que estamos tão apaixonados que nos sentimos como deuses, cercados e envolvidos pela luz brilhante do cosmos. Isso acontece às vezes, quando estamos fazendo amor; outras vezes, basta estarmos sentados um ao lado do outro, para nosso coração transbordar de gratidão, tão-somente pelo privilégio de estarmos juntos nesta vida.

Há alguns anos, num retiro que estávamos fazendo no Havaí, durante a cerimônia de celebração de nossos 25 anos de casamento, ficamos parados olhando nos olhos um do outro, enquanto Charley Thweatt e mais cinqüenta pessoas cantavam para nós. Sentimo-nos alçados acima de tudo o que é mundano por braços invisíveis de um amor extasiante. Tivemos um vislumbre mais profundo do que todos os outros, da dádiva que oferecíamos a este planeta, pelo simples fato de nos amarmos. Reverenciando o sagrado privilégio de estarmos juntos, tornamos a nos dedicar ao serviço da Luz. Nossa esperança é que todas as pessoas do mundo possam passar por essa experiência — e muitas outras!

PARA VER A LUZ NO ESPELHO

Respire profundamente por alguns instantes, para aquietar a sua mente. Imagine que você está sentado sobre uma relva macia, num lindo jardim. Uma brisa cálida acaricia seu rosto com o doce aroma das flores.

Na sua frente há um pequeno lago de águas cristalinas, cuja superfície reflete a paisagem circundante. Você se debruça sobre o lago e vê na água um nítido reflexo do seu rosto. Olhe no fundo dos seus olhos, olhos esses que você pensava conhecer tão bem e que, no entanto, parecem estar sendo descobertos agora pela primeira vez. Há muito ainda para ver. Procure perceber tudo o que o seu rosto revela. Perceba a dor, a tristeza, o desgosto pelas perdas. Perceba também o calor, a felicidade, o carinho. Tudo isso está ali, para ser descoberto nesse reflexo cristalino.

Mas agora respire mais profundamente. Perceba uma luz que sempre esteve presente nessa água tão clara... um brilho radiante que confere tal luminosidade a essa água que você não sabe mais se está olhando para a água ou para a própria luz.

Perceba o fulgor do reflexo em seu rosto, especialmente nos olhos. Seu rosto se parece com o que você tinha aos 20 anos e, no entanto, ele também parece não ter idade nem tempo em seu semblante de pureza e paz profunda. É o rosto mais belo que você já viu.

Será que esse rosto ainda é você? Ou é outra pessoa que você está contemplando? Não, esse definitivamente não é você, mas um você mais profundo e mais real. A luz radiante na quietude desse lago está revelando o seu eu essencial.

Observe esse reflexo do seu eu verdadeiro. Deixe seus olhos sorverem profundamente sua essência natural. Observe a luz no espelho! Ela lhe mostra uma realidade da qual você se lembra vagamente, e que pertence a outro tempo e lugar. Mas quando ou onde não importa. Só importa o aqui e o agora.

Desvie os olhos do lago. Alguém que você ama está se aproximando pelo jardim. Essa pessoa senta-se ao seu lado, convidando-o(a) calidamente a olhar dentro dos olhos dela. E esses olhos parecem radiantes de amor. Olhá-los não demanda esforço algum.

É como se você já conhecesse esse rosto, esses olhos, que lhe são tão familiares. À medida que você contempla os olhos desse seu amigo ou amiga, lembranças e experiências boas de tempos que vocês passaram juntos afloram na sua consciência. Nesse momento, a bondade e a beleza do relacionamento entre vocês ofuscam os conflitos e os tempos difíceis.

De novo respire profundamente e olhe fixamente esses olhos. Uma luz bem conhecida fica cada vez mais brilhante, iluminando todo o rosto dessa pessoa, revelando a você cada vez mais beleza, sabedoria e paz. Sim, é essa mesma luz que estava no lago, irradiando do seu reflexo e através dele. De novo você não tem certeza se é o rosto de seu(sua) amigo(a) que você está vendo, ou o seu próprio. Esse rosto parece radiantemente belo, brilhante como um sol, e no entanto está claro que você está olhando num espelho. O rosto desse ente querido e aquele refletido no lago são muito parecidos.

Você sente o amor jorrando do seu coração enquanto anseia por se unir, se fundir, com esse ser amado que é você e ao mesmo tempo não é. Diante desse grande amor, não importa se você está olhando para a pessoa amada ou para um espelho de luz, que reflete o seu próprio coração. Existe somente uma luz, uma energia espiritual radiante, brilhando de maneiras diferentes, revelando diferentes qualidades.

Sinta esse momento por inteiro. Absorva a luz no espelho. Fique em paz.

4

"Ser" a Vontade de Deus

Para ver o que poucos vêem, é preciso ir aonde poucos foram.

— Buda

"Como Viver neste Mundo e Ainda Assim Ser Feliz" — esse era o título de um evento beneficente em Santa Cruz, na escola Waldorf local. Eu e Barry começaríamos o programa, que incluía Gayle e Hugh Prather, Jerry Jampolsky, Diane Cirincione e Wally "Famous" Amos. Mais de três mil pessoas lotavam o auditório. Nossa palestra foi simples e direta; nela expressamos o quanto amamos e valorizamos os filhos e a família.

Encerradas todas as palestras, estávamos nos bastidores com os demais palestrantes. Fora um evento importante e bem-sucedido, e os aplausos foram sonoros e entusiasmados. Nos bastidores, a sensação era de vitória e iluminação. Sentia-me despreocupada como uma criança.

Subitamente, os aplausos esvaíram-se de minha consciência. Senti uma luz envolvendo o meu ser, e uma voz doce falou-me de dentro: *você está grávida de seu quarto filho. Você deve se sentir abençoada e honrada por carregá-lo em seu ventre.*

A luz diminuiu e voltei a ouvir os aplausos. Poderia ter sido um dos momentos mais inspirados de toda a minha vida. Em vez disso, relutei em aceitar a maravilhosa notícia. Aos 42 anos, com duas meninas adoráveis a caminho da independência e tendo vivido a experiência de ter um bebê morrendo em meu útero, eu não queria engravidar novamente. Senti como se gritasse em silêncio: "NÃO".

Os aplausos cessaram. As pessoas começaram a me abraçar. Hugh se aproximou e me deu um grande abraço.

— Foi ótima a sua palestra e de Barry. Eu consegui de fato sentir o seu amor pelos filhos.

E foi-se rapidamente. Senti-me uma hipócrita.

Diane chegou, abraçou-me e disse calorosamente: — Li seus livros, e agora com essa palestra posso sentir ainda mais o seu amor pela família.

Fui deixada de novo sozinha com meus pensamentos. Como isso poderia estar acontecendo comigo? De novo, tudo o que eu queria era gritar: "NÃO!"

Barry veio saltitante em minha direção, com uma exuberância juvenil estampada em seu rosto.

— Os Prathers nos convidaram para uma festa esta noite. Eu sei que é tarde, mas vamos lá. É uma noite especial.

— Barry, de repente eu fiquei confusa — disse eu, esforçando-me para fazer sair a voz. — Vamos para casa. Acho que daqui a pouco vou começar a chorar.

Barry olhou-me preocupado. Foi uma grande mudança de energia para ele, que chegara vibrante de entusiasmo. Mas ele concordou:

— Tudo bem, vamos para casa.

Depois de todos esses anos, ele acabou se acostumando com certos repentes em nosso relacionamento.

A caminho de casa, contei-lhe sobre a mensagem celeste que eu havia recebido e sobre a notícia de uma quarta gravidez. Confiante, Barry sugeriu que eu talvez estivesse grávida de um novo livro ou de um novo modo de ser. Beijou-me, e então eu soube que conseguiríamos lidar com o que quer que acontecesse.

No dia seguinte, encontrei Barry no escritório, ocupado com nossa futura programação. Entusiasmado, pediu-me para me sentar ao seu lado. Mostrou-me orgulhosamente nossos planos para o verão seguinte. Ele havia programado um retiro de fim de semana para famílias, nos Alpes Franceses. Então faríamos uma excursão pela Alemanha, organizada pelos editores alemães dos nossos livros. O *grand finale* seria um seminário e uma excursão de duas semanas pela Rússia.

— Custou muito tempo e energia — disse Barry, com um brilho nos olhos —, mas esta será nossa primeira excursão internacional realmente importante. Finalmente, as meninas chegaram a uma idade em que podemos viajar com elas. Vai ser muito bom!

Olhei para ele com uma expressão de dor e compartilhei mais uma vez a revelação da noite anterior. Barry olhou-me pensativo: — Não há como você estar grávida. Sua intuição deve ter sido sobre outra coisa.

Ambos sabíamos que, no nível físico, as chances de eu estar grávida eram muito pequenas.

— Deus escreve por linhas tortas — lembrei-o.

— Eu sei — ele respondeu —, "mas como um bebê poderia estar chegando agora que sabemos que nosso trabalho está começando a se expandir?"

Saí do escritório desejando ter a mesma confiança de Barry de que não estava grávida. Ambos sentíamos que a vontade de Deus — um quadro maior do que nosso intelecto poderia conceber — era que nosso trabalho se expandisse e abarcasse cada vez mais pessoas. Estávamos recolhidos em nossa casa com nossas duas filhas havia mais de doze anos. Nós quatro estávamos prontos para nos expandir, para viajar e ter novas aventuras. Um bebê absolutamente não estava nos planos. Seguindo esse "raciocínio lógico", ignorei os primeiros sinais da gravidez, achando que fossem problemas estomacais. Ajudei Barry a planejar nossa excursão para o verão seguinte, evitando a intuição profunda dentro de mim, que dizia que não faríamos nada daquilo.

Às vezes não compreendemos o quanto estamos preparados para o nosso próximo passo na vida. Para nós, a preparação veio na forma da morte da nossa gata, *Turn-up* [Ar-da-Graça], que tinha esse nome porque só "dava o ar de sua graça" na hora de comer. Ela deu à luz quatro gatinhos de penugem macia. Dez dias depois, foi morta no meio da noite por um grande cachorro de rua. Na manhã seguinte, levamos os gatinhos ao veterinário, que nos disse que eles teriam poucas chances de sobreviver. Orientou-nos sobre muitas coisas que poderíamos fazer todos os dias para tentar salvá-los, mas concluiu dizendo que mesmo recebendo os melhores cuidados, seria difícil para gatinhos daquela idade conseguirem sobreviver sem a mãe.

Todos sentimos que Turn-up merecia todo o nosso esforço. Nós quatro aceitamos o desafio, que se revelou mais difícil do que cuidar de um bebê humano. Levávamos uma hora para alimentar todos, e eles precisavam ser alimentados de três em três horas. Eu e Barry virávamos a noite para lhes dar de comer. De início, os gatinhos começaram a definhar, mas pouco a pouco foram reagindo aos nossos cuidados amorosos e constantes. Começaram a crescer e abriram os olhos. Ficamos todos exultantes com o desenvolvimento deles, que mais parecia um milagre.

Uma semana depois que Turn-up morreu, precisamos viajar ao monte Shasta para começar um seminário em que desceríamos um rio num bote e uma excursão pela região noroeste. Ficaríamos fora de casa por um mês, de modo que não tínhamos outra escolha a não levar os gatinhos conosco. Nosso dilema passou a ser encontrar alguém em quem pudéssemos confiar, para olhar por eles pelo menos durante os seis dias em que estivéssemos no rio. Finalmente, um vizinho e seu filho de 10 anos concordaram em nos substituir durante os seis dias. Sabíamos que seria um grande inconveniente para o pai, mas, como tinha uma grande afeição por nós, ele concordou prontamente. Nossa família respirou aliviada. Sabíamos que eles cuidariam bem dos gatinhos.

Seis dias depois, terminada a viagem pelo rio, eu tinha certeza de que estava grávida. Os sintomas físicos ficaram fortes demais para serem ignorados. Quando eu estava começando a aceitar essa quarta gravidez, ouvi uma voz que vinha de dentro de mim: *lembra-se do quanto foi importante para você encontrar quem cuidasse bem dos seus gatinhos? Você não se importou em ser inconveniente com aquele vizinho nem com o filho dele, pois mais importante era ter quem cuidasse deles. O pai, devido ao amor por vocês e à gratidão que sentia por tudo que fizeram por ele, aceitou a responsabilidade. Esse é um pequeno exemplo do que Deus, seu Eu Superior, está agora pedindo a você. Essa alma preciosa, seu quarto filho, precisa de certas condições para a sua estada aqui na Terra. Ele precisa do que a sua família tem a oferecer para realizar o seu propósito aqui. Alegra-nos que ele esteja com você. Você aceitará prontamente essa dádiva por causa do seu amor pelo Espírito. O inconveniente que você sente hoje é pequeno se comparado à benção que receberá sendo mãe dessa alma.*

Dois dias depois, um teste positivo confirmou a gravidez. O bebê chegaria na primavera. A família ficou surpresa. Quatro gatinhos brincavam aos nossos pés, lembrando-nos do milagre da vida.

Com a experiência de minha quarta gravidez, aprendemos mais sobre *ser* a vontade de Deus, o que é diferente de tentar *fazer* a vontade de Deus. Passamos a maior parte de nosso casamento tentando fazer a vontade de Deus. Tentávamos ouvir nossa voz interior e então agir de acordo com o que achávamos que ela nos dissera. Sempre tivéramos poder de escolha, o que nos deixava satisfeitos e com a sensação de que tínhamos o controle sobre nossa vida.

Ser a vontade de Deus, a fonte de toda a vida, requer que deixemos nossas preferências de lado, aceitando com gratidão o que quer que surja em nosso caminho, não importando o quanto isso possa ser inconveniente para o nosso estilo de vida. Ser a vontade de Deus é render-nos totalmente a um poder e inteligência mais elevados do que tudo o que a nossa mente humana possa apreender num momento finito. Uma nova gravidez não estava nos nossos planos e definitivamente parecia atrapalhar toda a nossa programação de trabalho. No entanto, nosso mais forte desejo era servir a Deus, servir à luz, e uma quarta gravidez seria então o nosso próximo desígnio.

Barry cancelou a excursão de verão que nos deixara tão entusiasmados e para a qual tanto havíamos trabalhado. Cancelou todos os planos por dois anos e buscou outros meios para garantir nossos rendimentos. Sustentar nossa família não seria tarefa das mais fáceis. Começamos a pensar em ampliar nossa já congestionada casa de dois quartos. Percebendo que não havia como bancar a reforma, limitamo-nos a nos desfazer de muitos móveis desnecessários.

A cada dia que passava, mais renunciávamos e alterávamos nossas circunstâncias exteriores para nos adaptar a esse próximo desígnio. Todos os dias, nossa família se reunia e meditava sobre o desejo de Deus para nós. Procurávamos nos ligar a Deus como nossa fonte espiritual, como uma luz dentro de nós. À medida que nos tornávamos a vontade de Deus, crescia o nosso desejo pelo bebê. À medida que nosso próprio plano começou a se fundir com um plano mais elevado, o inconveniente começou a parecer muito pequeno, tal como acontecera no caso dos gatinhos. Aceitando a vontade de Deus e aceitando o nosso próximo desígnio, nós quatro fomos envolvidos pelo anseio e pelo amor pelo nosso bebê.

À medida que os meses passavam e eu continuava a jogar fora nossos pertences, fiquei impressionada com o quanto uma pequena casa de dois quartos pode parecer grande. Barry recusava todos os convites para as fantásticas viagens que apareciam em nosso caminho. As meninas se preparavam para as coisas de que precisariam abrir mão quando o bebê chegasse. Nós quatro descobrimos que estávamos sendo preenchidos por uma paz profunda graças a esse processo de substituição de nosso desejo pessoal pelo desejo de Deus.

A primavera chegou, e jamais uma família esperou tão ansiosamente pelo nascimento de uma criança. John-Nuriel nasceu no dia 1º de maio de 1989, às onze horas da noite, na nossa banheira redonda. Estávamos todos na banheira, formando um pequeno círculo, quando o seu corpo de 4,50 quilos deslizou na água. Trouxemos suavemente o seu rosto à superfície para que ele tomasse ar, enquanto o resto de seu corpo permanecia na água. Ele era de um azul-pálido, um tanto flácido, e não estava respirando. Dissemos-lhe o quanto o queríamos e precisávamos dele. Ele respirou profundamente e abriu os olhos!

Ah, como nós o amávamos! Os planos cancelados, os inconvenientes, as fontes de renda que nos faltaram, tudo parecia tão trivial se comparado ao êxtase de segurá-lo em nossos braços. Quando adaptamos nossa vida para acomodá-lo, nosso coração também se adaptou e se abriu. A presença dele em nossa vida abençoou todos nós de milhares de maneiras. "Nuriel" vem do hebraico e significa "fogo ou luz divina". E de fato sentimos que ele trazia mais fogo e mais luz para nossa vida e para nosso trabalho. (Há alguns anos, eu estava contando para um grupo de mulheres que, antes de cada uma das três vezes em que fiquei grávida, as almas de Rami, Mira e Anjel, nosso bebê que retornou para o mundo celeste, tinham batido com força na porta de minha consciência. Cada uma delas deixou claro que queria ser concebida. John-Nuri, já com 5 anos, estava entretido, brincando na mesma sala e, evidentemente, também ouvindo nossa conversa. Inesperadamente, ele sentenciou: "Eu não quis incomodar você, batendo na porta. Sabia que você estava muito ocupada e por isso vim direto!")

Para todos nós, Deus/Amor/Luz tem um plano maior do que as necessidades individuais de nosso ego. Agora, dê-se um momento para realizar a prática seguinte, que o ajudará a entrar em contato com esse plano.

A DESCOBERTA DO SEU PRÓXIMO DESÍGNIO

Para casais

Uma prática maravilhosa para casais consiste em periodicamente, sentar-se, orar e meditar juntos, pedindo a Deus, a vontade divina, uma compreensão de seus próximos desígnios na vida. Façam a pergunta sem pensar em suas preferências ou limitações. Peçam pelo que for preciso para expandir o relacionamento entre vocês. De que maneira podem vocês, na condição de casal, servir a Deus de um modo pleno? O que quer que lhes seja designado, aceitem com gratidão, mesmo que a princípio não compreendam. Confiem em que um poder superior está guiando o caminho de vocês e lhes concedendo, na hora certa, tudo de que vocês precisam.

Para solteiros

Quem não tiver um parceiro, e talvez esteja buscando um, pode perguntar de modo semelhante. Qual é o meu próximo desígnio de vida? Que posso fazer para encontrar mais rápido um parceiro? De que forma devo viver minha vida para servir a Deus de modo mais pleno e me desenvolver por meio do amor? A resposta que você ouvir ou as circunstâncias que a vida lhe trouxer podem não ter, aparentemente, nenhuma relação com o seu objetivo, mas confie! Acredite numa visão e inteligência mais elevadas do que sua própria mente. Saiba que você está sendo guiado ao longo de toda jornada rumo à felicidade, à harmonia e à unidade absolutas.

5

Dois Ingredientes Mágicos: Gratidão e Apreço

Há sempre alguma coisa bela a ser encontrada se você procurar por ela. Essa atitude positiva e amorosa com relação à vida e às pessoas ajuda a perceber a Presença divina, ajuda a acionar a mágica divina que a tudo cura.

— WHITE EAGLE, EM
THE QUIET MIND

Gratidão e apreço são dois dos instrumentos mais importantes para o crescimento da alma, tanto nos relacionamentos como na vida em geral. Talvez sejam também os mais simples — tão simples que uma criança pequena pode aprender a compreendê-los e fazer uso deles. Mas são também instrumentos que podem transformar radicalmente até mesmo o relacionamento mais desarmonioso. Quando usados com freqüência, os instrumentos da gratidão e apreço podem nos ajudar a ver uma pessoa que passe por uma fase difícil, sob a luz de um amor mais profundo e realizador. Em nosso mundo cada vez mais complexo, esses instrumentos podem parecer demasiadamente simples e ultrapassados e, no entanto, é essa mesma simplicidade que os torna tão atemporais.

Se recebêssemos hoje a notícia de que uma pessoa querida tem apenas mais um dia de vida, muitas das coisas que tumultuam o nosso pensamento e a nossa vida perderiam o sentido. Então olharíamos profundamente nos olhos dessa pessoa que amamos e lhe diríamos o quanto a estimamos. Nada ocultaríamos do nosso amor. Viriam abaixo todas as barreiras que nos distanciassem. Não importaria se essa pessoa tivesse sofrido maus-tratos na infância, se fosse co-dependente, pouco espiritualizada ou estivesse acima do peso. Não teríamos desculpas para negar o nosso amor. Só o nosso apreço e gratidão sinceros é que teria importância.

Todos temos a capacidade de sentir a preciosidade de cada momento que passamos com a pessoa que amamos. Convém lembrar que cada dia pode ser a nossa última chance de demonstrar apreço por essa pessoa, para mostrar nossa gratidão, em vez de esperar por um momento oportuno que pode nunca chegar. Ouvi falar de uma senhora que havia perdido o marido e o filho num acidente de carro. Ela percebeu que viver, mesmo que fosse um dia, sem expressar a gratidão e apreço que sentia era uma perda profunda.

Outro casal, Paul e Elizabeth, estava prestes a se divorciar e decidiu, como última tentativa antes da separação, fazer um exercício de gratidão e de apreço. Tinham um filho pequeno e queriam fazer todo o possível para voltar a viver bem. Sentavam-se juntos todas as noites, não importava como estivessem se sentindo, e mostravam o apreço que tinham um pelo outro. Terminavam as sessões agradecendo ao outro pelo esforço. No início, o modo como demonstravam esse apreço tendia à superficialidade. Paul valorizava Elizabeth por ela cozinhar bem ou por coisas que ele apreciava em sua aparência. Elizabeth valorizava a disposição de Paul para fazer pequenos consertos e para sustentar a família. Mesmo assim, dispunham-se a sentar juntos todas as noites e, de um modo ou de outro, faziam esse exercício.

Algumas semanas depois, as demonstrações de apreço se aprofundaram e a gratidão foi-se tornando cada vez maior. Paul começou a reconhecer e apreciar o modo como Elizabeth demonstrava amor pelo filho *e também* por ele. Elizabeth reconheceu e apreciou a força do comprometimento de Paul e o modo como ele se devotava a ela. Depois de dois meses exercitando-se dessa maneira, o casal caminhava para uma relação nova e mais gratificante. Isso foi há dez anos. O compromisso deles tornou-se uma fonte de força e um modelo para muitos outros casais de sua comunidade. E eles continuam seu exercício diário.

Também nossa família aprendeu, e de forma dramática, a importância do exercício diário de gratidão e apreço. Sempre tivemos uma ligação muito forte, no entanto, isso nunca impediu que passássemos por vários períodos de distanciamento. Um desses períodos ocorreu quando John-Nuriel estava com cinco meses de idade.

Nossa família estava empolgada com o nascimento do nosso bebê. Nós quatro arregaçamos as mangas para cuidar dele, com muito entusiasmo. No entanto, cinco meses depois, Barry, Rami, Mira e eu estávamos ficando cansados. John-Nuri não estava se ajustando com prazer e facilidade à sua vida aqui na Terra. Ele chorava e gritava com a mesma facilidade com que sorria e gargalhava. Aos 43 anos, eu era uma mãe amadurecida e experiente, mas não estava preparada para os rigores daquela infância tardia. John-Nuriel pesava 4,50 quilos quando nasceu e sempre sentia muita fome. Eu o amamentava quase o tempo todo durante o dia, tendo de acordar diversas vezes durante a noite. Tive oito dolorosas e resistentes infecções nos seios durante os dois primeiros meses.

Exausta e desanimada, comecei a negligenciar as necessidades emocionais da família. Barry tinha de assumir toda a responsabilidade pelos negócios e pelo trabalho, e ficava estressado com todos os problemas que apareciam. Rami havia completado 13 anos e começava a agir à revelia da família. Mira, nossa filha do meio, com 8 anos de idade, estava precisando de mais atenção. Eu queria muito poder passar mais tempo a sós com ela. Uma distância insidiosa estava se pronunciando entre todos nós.

Então algo aconteceu e nos sacudiu e chocou-nos tão violentamente que jamais voltamos àquele estado de desatenção, negligência e distanciamento.

Aquela terça-feira, 17 de outubro de 1989, amanhecera luminosa, ensolarada e quente. As garotas vestiram *shorts* para ir à escola, e dei-lhes um beijo de despedida, desejando poder passar mais tempo com elas. Barry desceu para o escritório, que fora instalado na lavandeira já atravancada (tínhamos um escritório na cidade, mas ele preferia trabalhar em casa). Ele parecia estar totalmente absorvido pelas dificuldades em nossos negócios.

Eu estava cuidando de John-Nuriel, que nesse dia estava todo sorridente. Ele adorava ficar a sós comigo, contente em mamar horas a fio. Eu cantava canções, lia para ele e beijava suas mãozinhas. Ele mamava, feliz por estar tão perto de sua mamãe.

Enquanto eu lhe dava de mamar, olhava em volta para nossa pequena casa. Vivíamos ali há catorze anos. Todos os nossos três filhos haviam nascido ali. Nossos três livros haviam sido escritos e publicados ali. Nós cinco gostávamos muito de morar ali, embora a casa de dois quartos fosse muito pequena. Aproximadamente quinze mil exemplares de nossos livros armazenados na garagem faziam com que ela parecesse ainda menor. Rami era dona da outra metade da lavanderia, que só conseguia acomodar a sua cama e um pequeno altar. Separada do resto do cômodo por uma cortina, Barry havia aberto ali uma janela que dava para o local em que alimentávamos os pássaros e para o jardim. À sua maneira artística, ela transformara esse espaço no cômodo mais mágico da casa.

A escrivaninha de Barry espremia-se do lado oposto ao da máquina de lavar e da secadora. No chão, junto aos pés dele, ficavam as quatro tigelas de ração e água para o cão e para os gatos. Ele só reclamava quando amontoávamos roupas para lavar em sua escrivaninha, quando derramávamos a água dos animais e seus pés ficavam molhados ou quando eu ligava a máquina de lavar ou a secadora enquanto ele estava ao telefone. Muitas vezes eu ria só de pensar em Barry fazendo um trabalho tão importante para nós num cenário como esse.

O lado de fora da casa estava um tanto abandonado: um velha casa de fazenda, de paredes vermelhas, que não viam uma pintura há vinte anos, e por isso revelavam em muitos pontos o branco da pintura original. As torneiras pingavam, a porta da frente não fechava direito, e algumas janelas estavam emperradas, mas amávamos muito essa casa. O aluguel era barato e achávamos que as inconveniências eram suportáveis.

A sala de estar era grande e nós a mantínhamos completamente vazia. Havíamos organizado todo tipo de evento ali: seminários, serviços religiosos na época da Páscoa, encenações natalinas, peças infantis, casamentos, batizados e diversas outras celebrações. Semana após semana, de vinte a oitenta pessoas apinhavam-se em nossa sala de estar. A atmosfera da nossa casa parecia carregada do amor e da beleza daqueles que nos visitavam. As propriedades terapêuticas do nosso trabalho pareciam estar no ar. Todos que entravam podiam sentir a energia. Até mesmo o carteiro havia comentado algo sobre isso.

A melhor parte da casa era o terreno em volta. Uma olhada pela janela da sala de jantar revelava por que gostávamos tanto de morar ali. Uma bela propriedade de 120 acres de terra espalhava-se lá para baixo — um vale coberto pela relva, rodeado de sequóias e carvalhos, com a baía de Monterey no horizonte. A não ser por um casal idoso que vivia no sopé do morro — eram os caseiros do lugar — éramos as únicas pessoas por ali. E dizer que gostávamos de viver ali seria pouco — nós adorávamos!

Olhei para baixo, para o pequeno John-Nuriel, ainda mamando e olhando para mim com seus doces olhos castanhos. Lembrei-me então de uma coisa que me incomodava: durante a minha gravidez eu tivera a desagradável intuição de que ele poderia morrer antes de completar seis meses de idade. Sempre que eu contava sobre essa sensação com outras pessoas elas ficavam incomodadas, dizendo que eu não deveria nem falar sobre um pensamento tão negativo. Eu tinha medo, e por isso o mantive guardado comigo. Nosso último bebê havia morrido quando eu estava no sexto mês de gravidez. Talvez tenha sido essa a causa do meu medo. Antes de John-Nuriel nascer, nosso gatinho favorito, de seis meses de idade, mr. Sweet, foi morto por um cão. Quando segurei o pequeno corpo sem vida do gatinho, senti uma premonição de que eu poderia vir a segurar também o corpo morto do meu bebê de seis meses. Barry compreendia esse sentimento, talvez porque ele sentisse um medo parecido. É claro que não havia um motivo racional que justificasse essa sensação. Só tínhamos uma sensação de que nosso filho poderia não passar dos seis meses de vida.

John-Nuriel terminou de mamar, ergueu a cabeça e deu um sonoro arroto. E sorriu. Arrotos sempre o faziam sorrir. Abracei-o com força. Ele era um bebê enorme, pesava quase nove quilos, era forte e saudável. Meu amor por ele agitava-se dentro de mim como um vasto oceano.

— Trilhamos um longo caminho, garoto — disse-lhe enquanto lhe fazia cócegas. Só faltam treze dias, pensei comigo mesma, lembrando de minha sensação de que ele morreria antes de completar seis meses.

O dia prosseguiu normalmente. Como eu tinha uma consulta com o oculista, Barry foi à praia com as crianças. Estava tão quente que eles tomaram banho de mar e foram surpreendidos por vários golfinhos, que juntaram-se à brincadeira.

Cheguei cedo da consulta e tive a casa toda para mim. Em condições normais, eu ficaria extasiada de ter um tempo ali sozinha. Mas não nesse dia. Fiquei preocupada com minha família, impaciente para que voltassem logo. Sentia uma estranha tensão em meu corpo, como se eu estivesse para explodir. O ar parecia quente e imóvel, mas o problema não era esse. Era uma sensação lúgubre. A cada minuto que passava eu me sentia pior. Minha única preocupação era estar com minha família.

Eles voltaram às quatro e meia da tarde, exultantes e falando todos ao mesmo tempo sobre os golfinhos. Até John-Nuriel parecia emocionado, esticando os dedinhos e balançando os braços com entusiasmo. A disposição alegre e jovial de todos contrastava fortemente com a minha. Eu me sentia pior a cada minuto. Deitei John-Nuriel junto à estante, pensando em fazer o jantar. Talvez se eu me mantivesse ocupada, pensei, isso diminuísse a tensão que crescia dentro de mim. A sólida estante batia no teto, com suas seis prateleiras cheias de pesados livros. Esse era um dos locais em que John-Nuriel "reinava". Ele adorava ficar ali, olhando para todos aqueles livros coloridos. Costumávamos rir e dizer que ele estava estudando e absorvendo o conteúdo dos livros.

Quando o deixei ali e fui para a cozinha, a estranha sensação dentro de mim tornou-se tão intensa que, honestamente, posso dizer que nunca me senti pior em toda a minha vida. Parecia não haver razão para eu me sentir daquela maneira, mas era assim que eu me sentia. Voltei para John-Nuriel e o tomei nos braços.

— Vamos tomar um banho, amiguinho — disse eu, decidida a adiar a preparação do jantar. O banho era a atividade favorita de John-Nuriel. Tão logo o apanhei e saí de baixo da estante, a tensão dentro de mim abrandou até um nível tolerável.

Enquanto estávamos, eu e John-Nuri, no banheiro, Mira veio pedir que eu a ajudasse com o dever de casa. "Peça a Rami", foi a minha resposta, perto das cinco horas da tarde. Rami estava encostada na pesada porta que conduzia à lavanderia, lendo os enunciados do seu próprio dever de casa. Ela então olhou para a irmã mais nova, que lhe pedia que ela a ajudasse na sua lição de casa. Rami estava pronta para dizer "não" e continuar onde estava, quando sentiu uma onda de amor por Mira e deu três passos até a cozinha para ajudá-la, quando então...

Pouco depois das cinco horas da tarde, entrei no banheiro para ajudar Joyce. Iniciei o ritual pós-banho passando um pano de chão perto da banheira. Joyce passou-me nosso precioso pacotinho, que pingava, e eu o depositei sobre a toalha. Às cinco horas e quatro minutos, quando eu estava pegando as pontas da toalha para enxugar nosso bebê, a casa começou a sacudir.

Já tínhamos sobrevivido a muitos terremotos. Dezenove anos antes, quando eu estudava medicina em Los Angeles, em 1970, acordei cedo pela manhã com os quadros caindo das paredes, os pratos se quebrando na cozinha, e então ouvimos um rugir estrondoso vindo de fora, quando parte de uma ponte ruiu. Mas isso não passou de uma iniciação para o nosso primeiro grande terremoto.

Assim, nesses primeiros segundos em nossa casa em Santa Cruz, a coisa toda parecia não passar de ondas de tremor e desabamento de terra. Mas num segundo momento o terremoto revelou-se muito pior! A casa balançou violentamente. Olhando da janela do banheiro, pude ver pelas três árvores lá fora que a casa estava saindo do lugar. Construída no lado superior de um penhasco, a casa estava começando a deslizar morro abaixo.

Joyce gritou, "Barry, pegue o bebê!" Eu tentei, mas a casa sacudia tanto que fui arremessado contra a pia. Desesperado, tentei novamente tentei alcançar John-Nuriel, mas desta vez quase fui jogado dentro da banheira. Metade da água que havia ali entornou sobre John Nuriel, que gritava sem parar. A privada soltou do chão e a água jorrou do cano quebrado, batendo no teto e nas paredes. O barulho era ensurdecedor.

Vinte segundos depois, tudo se acalmou. Rapidamente, apanhei John-Nuri, completamente ensopado. Esgotada a sua força, a bomba parou, e com isso também o aguaceiro que jorrava. Mas a provação ainda não tinha acabado. O cano de gás de nosso reservatório, recém-abastecido com 250 galões de propano, bem do lado de fora do banheiro, fora arrancado. Com uma lufada ribombante, uma densa nuvem branca de gás propano começou a entrar pela janela aberta do banheiro e nossos corpos nus ficaram cobertos de propano. Enrolei o bebê e me voltei para a porta do banheiro, mas os escombros e as portas dos armários bloqueavam a saída. Eu sabia que a menor faísca poderia transformar aquilo tudo num inferno incandescente. Passei John-Nuriel para Joyce, que estava mais atrás, e abri caminho em meio àquela desordem.

Finalmente a porta abriu, e sobre o piso incrivelmente irregular abrimos caminho até a sala de estar. Ali encontramos Rami e Mira, com o rosto branco de medo. No momento do tremor, elas estavam na cozinha, onde o estrago fora maior. As pernas de Rami sangravam com meia dúzia de cortes causados por pedaços de vidro que voaram. Atingida por um prato, a cabeça de Mira também sangrava. Todo o conteúdo do armário da cozinha desabara sobre elas.

Com a família reunida, andamos sobre as cinzas da lareira, na sala de estar e por entre densas nuvens de poeira. Percebi que o chão e o teto estavam separados das paredes, mas só quando cheguei à frente da casa é que vi toda a extensão da tragédia. Foi então que, chocado, tive a certeza de que jamais voltaríamos a morar naquela casa novamente. Tivemos de pular sobre uma fenda para chegar à varanda. Dali podíamos ver que a casa estava a um metro e meio de sua fundação esmigalhada, totalmente destruída. Pela graça de Deus, o teto não desabara sobre nós.

Ajudamos um ao outro a chegar no caminho poeirento de onde podíamos ver o que um dia fora a nossa casa. A casa e quase tudo o que tinha dentro dela parecia totalmente destruído. Rami começou a gritar. John-Nuriel ainda tossia, engasgado com a água da banheira. Mira, com seus 8 anos, chorava e perguntava: "E agora, estamos indo para o céu?" Imagino que, para uma criança, aquilo tudo bem poderia parecer o fim do mundo...

Barry de repente sacudiu as mãos em êxtase e gritou: "*Estamos vivos! Estamos vivos!*" Formamos um círculo e agradecemos a Deus gritando "*Estamos vivos!*" Abraçamo-nos longamente com o mais profundo sentimento de gratidão. Nesse momento, nus no meio da rua, sem saber se conseguiríamos recuperar alguma coisa de nosso mundo material, tivemos consciência do que é mais importante na vida. Nossa casa e nossos bens nos haviam sido tirados em vinte segundos, mas nós tínhamos uns aos outros. Diante daquelas ruínas, descobrimos que sentíamos gratidão pelas coisas mais importantes, e as valorizávamos — tínhamos nossa vida e tínhamos uns aos outros.

Enquanto estávamos ali, nus e abraçando-nos uns aos outros, ouvimos o som de uma motocicleta subindo o morro. Vinha na nossa direção um homem forte, vestido de preto. Parou junto a nós. Daria uma foto bem interessante, aquela pessoa de aparência rude, com o cabelo oleoso puxado para trás e uma grande barba branca, perguntando atenciosamente se precisávamos de ajuda. Nós agradecemos e pedimos-lhe que descesse para ver como estava o casal de caseiros idosos, que também vivia numa casa velha e frágil.

Barry desligou o gás e cuidou dos ferimentos das meninas. Quando vimos que a casa não estava para ruir, aventuramo-nos a voltar para dentro. Uma vez lá, pudemos perceber como estivéramos perto de nos ferir gravemente ou mesmo de morrer. O local em que John-Nuriel "reinava", junto à estante, era uma enorme pilha de livros e prateleiras caídas. Não queríamos nem pensar no que teria acontecido se eu o tivesse deixado nesse lugar pouco antes de a terra tremer.

A porta em que Rami estava apoiada, antes de sair para ajudar Mira com a lição de casa, desprendeu das dobradiças e voou pela lavanderia indo parar do lado de fora da janela. Rami estaria no caminho dessa porta se estivesse apoiada ali.

O piso da cozinha estava coberto de copos e pratos quebrados, utensílios domésticos e comida, espalhados por todo lado. Não havia nada nos armários ou nos recipientes. Se o tremor tivesse durado mais alguns segundos, é provável que a casa tivesse deslizado colina abaixo. O teto estava a ponto de ruir em vários pontos.

Foi mesmo um milagre nós cinco termos sobrevivido ao terremoto com apenas alguns cortes e lesões sem gravidade. É um milagre estarmos vivos para contar a experiência. Estamos convencidos de que os anjos estiveram fazendo uma horinha extra por ali.

Dissipou-se a silenciosa distância que vinha se insinuando em nossa família, dando lugar à gratidão e ao apreço pela companhia uns dos outros. Não conseguíamos nos olhar sem que nos viesse à mente o quanto estivemos perto da morte e o quanto é precioso o tempo que passamos juntos. A fadiga, o desânimo, o mau humor e o comportamento que começava a nos separar pareciam agora triviais e sem importância. Tudo o que importava a cada um de nós era a gratidão por estarmos todos vivos. Depois do terremoto, não tínhamos palavras para dizer o quanto valorizávamos nossa família.

A notícia dos acontecimentos do dia anterior, em Santa Cruz espalhou-se rápido. Amigos e parentes estavam desesperados. Quando finalmente consegui entrar em contato com os meus pais em Buffalo, estado de Nova York, minha mãe contou que, graças a informações contidas em nossos livros, muitas pessoas haviam descoberto como entrar em contato com eles, para saber de nós. Sua voz estava embargada de emoção quando ela me contou sobre o amor que as pessoas estavam irradiando para a nossa família. Ela disse, "eu e seu pai e os pais de Barry muitas vezes nos perguntávamos por que um médico e uma enfermeira teriam escolhido um trabalho tão pouco rentável. Mas hoje eu vejo onde está o seu valor. Está na gratidão e no apreço que vocês têm por todas essas pessoas com quem trabalharam. Vocês escolheram o maior de todos os valores".

E é verdade. O maior investimento que já fizemos foi compartilhar de maneira completa nosso coração com as outras pessoas. E nesse momento tivemos o retorno desse investimento. Decidimos levar adiante a programação para o fim de semana: um retiro de casais que começaria na sexta-feira à noite, três dias após o terremoto. Dez dos vinte casais ainda queriam ir. Levamos nossos filhos, permitindo que todos nos banhassem nesse amor. À noite, as garotas tinham dificuldade para dormir, porque sonhavam com o terremoto.

Demos o melhor de nós nesse retiro, mas, ainda mais do que antes, nós *recebemos*. A certa altura, no domingo pela manhã, não pude segurar as lágrimas, e Barry pediu que todos nos abraçássemos. John Astin cantou: "*Abençoados sejam em sua viagem... em seu caminho de volta para casa... que a luz esteja com vocês.*" As lágrimas escorriam, e uma vez mais percebemos que "Lar é um estado de espírito". Sentimos quanta ajuda temos todo o tempo. Sentíamos a presença de anjos e seres iluminados que nunca deixavam de nos ajudar e guiar. Sentíamos o quanto as pessoas estavam dispostas a nos ajudar — e como precisávamos de ajuda. Estávamos tão gratos pela onda de amor de nossas irmãs e irmãos amados! Nesse momento, olhamos nos olhos um do outro e tornamos a nos dedicar ao serviço de Deus — ao trabalho de incessantemente abrir nosso coração para dar — *e receber dos outros*.

Embora estivéssemos conscientes da mão de Deus naquele desastre, nutríamos sentimentos humanos de pesar, de perda e tristeza. Revivíamos o terremoto a cada abalo subseqüente. Às vezes, tudo aquilo parecia um pesadelo do qual logo despertaríamos. Essa impressão foi particularmente forte quando voltamos para casa: uma pequena parte de nós esperava encontrá-la intacta. Mais de uma vez, pensamos melancolicamente nos pequenos alienígenas do filme *Batteries Not Included*, que milagrosamente consertavam tudo o que se quebrava.

Gratidão e apreço foram os instrumentos que nos acompanharam naqueles anos de grandes mudanças, de muito *stress* e dificuldades. Quando os sentimentos de pesar, perda e tristeza ameaçavam se abater sobre nossa família, lembrávamos que ainda tínhamos uns aos outros, e agradecíamos à Luz.

MUDANÇA DE HÁBITOS

Poucos dias depois do terremoto, mudamo-nos para uma casa que não agradou a nenhum de nós. Um amigo disse-nos que era a única casa disponível no município, e então a alugamos. Era fria e escura, cercada por asfalto, próxima de uma estrada movimentada e muito longe de qualquer coisa que fosse familiar. Depois de suportar tudo isso durante seis meses, decidimos fazer uma experiência e acampar durante outros seis meses com nossas duas filhas e o bebê. Um vizinho próximo à nossa casa destruída ofereceu-nos os campos de sua bela propriedade. Em 8 de abril, depositamos os bens que nos restaram do terremoto num guarda-móveis. Com um *trailer* e barracas, montamos uma "casa". Voltar à terra que amávamos foi ao mesmo tempo salutar e doloroso. Olhamos com nostalgia para uma escavadeira que derrubava a casa em que nossos filhos haviam nascido, mas estávamos felizes e recompensados pelo simples fato de estarmos juntos.

No começo, a experiência foi agradável pela sua simplicidade. Abril e maio são meses encantadores nas montanhas de Santa Cruz. As chuvas costumavam cessar em abril, e tínhamos um céu claro e ensolarado, acompanhado de uma brisa fresca que vinha do mar. Raramente chovia em maio, que era o meu mês favorito, e havia flores-de-laranjeira e lupinos por toda a parte. Quando decidi pela experiência de acampar, eu imaginava esse costumeiro clima ideal.

Em 14 de maio começou a chover. Todos festejaram, satisfeitos, pois isso aumentaria o verde da primavera — exceto eu! A chuva continuou por duas semanas. Você já tentou acampar na chuva com duas crianças e um bebê que era um ativo garotinho? Depois da primeira semana, comecei a entrar em parafuso.

Fomos convidados para jantar na casa de uns amigos maravilhosos. Quando chegamos, com uma grande mala de roupas sujas, cumprimentaram-nos calorosamente. A mulher se apressou em pôr nossas roupas na máquina de lavar. Enquanto lavava, ela me perguntou: — Como vocês estão conseguindo viver sem uma casa? Como é que vocês agüentam? Você deve estar esgotada de ter de trabalhar e cuidar dos filhos sem ter uma casa de verdade.

Eu fiquei em silêncio, com a atenção concentrada na dor aguda e contínua que havia dentro de mim.

Ela continuava a pôr em palavras o que dizia a minha cética voz interior.

— Para as crianças deve estar sendo duro não ter um quarto. Como Rami consegue estudar?

E a dor dentro de mim crescia. Passei os olhos pelo cômodo até chegar a quatro pequenos quartos impecáveis, um para cada um de seus filhos. Minha amável amiga de dez anos fazia falar uma dor profunda dentro de mim, uma dor que eu me recusava a reconhecer há mais de uma semana.

Nessa noite, chorei copiosamente enquanto a chuva continuava a cair. Nossas camas estavam úmidas. Nossas roupas estavam úmidas. Eu estava úmida até a alma. Barry abraçou-me com força. Amante do campismo, ele tentava me mostrar o lado positivo da experiência. Não funcionou. Eu sentia que não conseguiria suportar mais um dia, eu queria uma casa a qualquer custo.

No dia seguinte, choveu de novo. Barry saiu para o trabalho e as meninas foram para a escola. Fiquei no *trailer* com John-Nuriel, tentando pensar em alguém para visitar, para que ele pudesse engatinhar e brincar. Aquela dor dentro de mim estava quase insuportável.

Nesse mesmo dia o bebê acabou dormindo, e eu me sentei e orei, pedindo ajuda. Como eu poderia ser feliz naquela situação? Esperei. Saí para o tempo lá fora, molhado e frio. Sentei-me, esperei e orei. Então lembrei que minha alma só desejava amar, servir e lembrar-se de Deus. Eu sabia que isso era toda a verdade de que eu realmente precisava, mas pouco a pouco havia começado a vestir uma "fantasia" de coisas que eu pensava que precisava usar para me sentir feliz e completa. Uma das partes da minha fantasia era um lar físico. Em algum ponto ao longo da estrada da vida, eu havia incorporado a idéia de que não conseguiria ser feliz sem uma casa. Outra parte de minha fantasia, como mãe, era a de que eu pensava que precisava proporcionar um quarto aconchegante para cada filho, e ali estávamos nós, socados naquele espaço úmido e desconfortável. Foi visitando uma amiga que percebi que minha fantasia não fazia sentido. Como eu poderia ser feliz sem uma fantasia completa para vestir?

Enquanto orava, vi que uma fantasia era apenas uma forma exterior que poderia mudar ou mesmo ser despida sempre que eu desejasse. Eu percebi que poderia encontrar a felicidade ali, nesse instante, bastava que eu me libertasse do desejo por essa fantasia intrincada. Eu poderia ser feliz aqui e agora, na situação em que estava. Percebi que essa oportunidade de ficar sem casa estava me dando uma chance de simplificar minha fantasia, de modificar uma das camadas do que eu sentia que precisava para ser feliz.

Refleti sobre as muitas fantasias que as pessoas vestem. Algumas acham que não conseguirão ser felizes sem um companheiro ou sem filhos. Outras acham que só podem ser felizes se tiverem sucesso na carreira. Ou talvez pensem que a fantasia estará incompleta se não agirem de certa forma, se não ganharem certa quantia de dinheiro ou se não tiverem determinada aparência. E isso pode continuar indefinidamente...

Comecei a ver que o único meio de mudar minhas circunstâncias era ser realmente grata pela situação tal como ela se apresentava. E quando comecei a me sentir agradecida pela experiência do acampamento, o sol de repente começou a brilhar pela primeira vez em duas semanas no local em que estávamos acampados. Em vez de prestar atenção nas caixas úmidas com as roupas das crianças, eu via as flores que Rami e Mira tinham plantado em vasos velhos para mim, no Dia das Mães. As flores haviam crescido com a chuva e estavam resplandecendo de cor, flores plantadas com tanto amor por filhas que amavam sua mãe. Olhei mais adiante para o lamacento tapete felpudo, mais parecendo uma esponja, que Barry havia posto no chão para que o bebê engatinhasse, e lembrei como nos sentíamos próximos um do outro. A proximidade em que estávamos vivendo fizera aflorar uma proximidade maior nas nossas relações.

À medida que eu ia ficando cada vez mais grata pela minha situação, comecei a ver cada vez mais belezas. E à medida que, cheia de gratidão, eu deixava de lado a minha fantasia, sentia-me leve e livre. Dancei em volta de nosso acampamento, agradecida pela lama, pela umidade, pelo frio e pelo chão molhado — agradecida também pelo crescimento pessoal que aquelas situações haviam proporcionado à minha alma. Assim como as sementes precisam de umidade e luz para crescer, minhas lágrimas molhadas, misturadas à luz do sol, em gratidão, traziam nova vida e beleza ao meu ser. Senti uma vez mais meu verdadeiro lar e minha fantasia "original" de vida: amar, servir e lembrar de Deus. Nossa fantasia original pode brilhar em qualquer situação e em qualquer relacionamento. Gratidão e apreço são as chaves para fazer o sol brilhar.

Ainda mais bênçãos

Joyce e eu recebemos muitas dádivas e bênçãos graças ao terremoto Loma Prieta. Ele nos ajudou a compreender mais profundamente o trabalho divino que há por trás de toda a adversidade aparente.

Em geologia, ao término de um período de pressão crescente entre as placas tectônicas da Terra, a região se torna mais estável. É verdade que a pressão pode se formar novamente, pouco a pouco, no decorrer dos vinte ou trinta anos seguintes, mas isso também pode não acontecer. Ninguém sabe ao certo. Depois de um grande terremoto, contudo, há uma nova estabilidade, um novo começo, mais oportunidades.

O mesmo vale para nossos relacionamentos. A pressão de nossos hábitos nocivos (como desonestidade, projeção, acusações, censura e criticismo) pode se acumular até explodir em nós, em geral atingindo quem estiver por perto. A explosão (como o terremoto) pode ferir tanto a outra pessoa como a nós mesmos, mas também pode arejar o ambiente e abrir caminho para um crescimento real. A fênix erguendo-se das cinzas, abrindo as asas para alçar seu vôo a partir das trevas e da destruição é uma metáfora da ressurreição. A mensagem é simples: algo bom acaba nascendo das trevas, do desastre, do que é aparentemente ruim. Só precisamos olhar um pouco mais profundamente para ver a luz brilhando lá dentro.

Para nós essa luz foi uma casa novinha em folha. Nas proximidades da casinha vermelha, destruída pelo terremoto, havia um pedaço de terra de dezesseis acres. Havia uma trilha mágica que seguia ao longo da propriedade, com uma linda vista para um vale arborizado, ao sul, com a baía de Monterey ao fundo. Sentíamo-nos absolutamente em casa nessa terra, mais ainda do que em nossa casa alugada. Todos os dias caminhávamos pela trilha mágica, encontrando locais perfeitos para a meditação. Jamais encontramos alguém caminhando por ali. Começamos a sentir que essa terra nos pertencia, e cuidamos dela como se fosse nossa.

Desde 1974, durante um retiro de meditação nos Alpes Franceses, eu e Joyce visualizávamos um lugar em que as pessoas pudessem sair de seus ambientes estressantes e ficar numa atmosfera de amor, cura e aceitação. Ali elas poderiam descobrir sua sabedoria interior, num amoroso grupo de apoio ou a sós com a natureza. Antes de nossa casa ser destruída, sonhávamos em algum dia ter a posse desses dezesseis acres de terra.

Descobrimos que a propriedade era um investimento de um rico advogado que vivia a algumas horas ao norte, perto de San Francisco, e que só a tinha visto uma vez — no dia em que a comprara. De tempos em tempos, enviávamos-lhe uma oferta justa, baseada no valor de mercado. E todas as vezes, ele escrevia de volta pedindo aproximadamente o dobro do que havíamos oferecido. Isso acontecia sempre, todos os anos, durante a maior parte dos catorze anos em que vivêramos na velha casa. Nossas ofertas ficavam cada vez mais altas. Acabamos desistindo das ofertas, mas não deixamos de sentir que aquela terra era sagrada. Continuamos a cuidar da propriedade e meditar em locais especiais.

Na manhã do terremoto, saí para a minha costumeira caminhada na "nossa" trilha, e fiquei surpresa ao ver uma mulher vindo da propriedade na minha direção. Ela se identificou como uma corretora e avisou-me que estava negociando a venda da propriedade. Alguém estava comprando a "nossa" terra. Ainda me lembro da dor que senti na boca do estômago quando voltei para casa e me sentei. Aquilo não poderia estar acontecendo. Fui tomada por um sentimento de depressão (e desorientação) durante todo o dia. O terremoto aconteceria na tarde desse dia.

Meses depois, enquanto estávamos na casa alugada de que não gostávamos, nossos pensamentos e sensações retornaram aos dezesseis acres. De novo fomos levados a lembrar do sonho que tínhamos de comprá-la. Até onde sabíamos, alguém a havia comprado e estava planejando construir. De qualquer modo, entramos em contato com o proprietário e ele disse que ela ainda estava à venda. E pareceu mais amistoso. Viemos a saber que, logo depois do terremoto, o novo comprador visitou a propriedade. Ele viu nossa casa destruída, deve ter entrado em pânico e imediatamente desistiu do negócio. Ele não sabia que a casa fora muito mal construída, com uma fundação totalmente inadequada.

Depois do terremoto, muitas pessoas estavam deixando o município de Santa Cruz. Casas e terras abarrotaram o mercado imobiliário. Os preços despencavam. O proprietário entrou num acordo conosco, estabelecendo um preço para a "nossa" propriedade, e esse preço era muito mais baixo do que a oferta que havíamos feito vários anos antes. Essa foi mais uma lição importante sobre como as coisas mudam. Depois de ouvir essa história, as pessoas nos provocavam dizendo que havíamos causado o terremoto para nos dar ao luxo de comprar essa terra.

Hoje vivemos nesse terreno, numa casa construída para suportar um terremoto muito maior do que o de 1989. Nós a chamamos de "HomeCenter", porque ela é ao mesmo tempo uma casa e um centro para seminários e retiros. A grande sala de estar e de reuniões está construída exatamente no local em que meditávamos e escrevíamos nossos livros. Esse sempre foi um local especial para nós, e hoje é um local especial para muitas pessoas.

Sempre agradecemos à sabedoria celeste que nos guiou em cada passo de nossa jornada. O terremoto aumentou ainda mais a nossa fé nessa providência divina. Sempre lembraremos do terremoto como um sábio mestre que nos mostrou dois ingredientes mágicos e essenciais à vida e aos relacionamentos — *a gratidão e o apreço.*

GRATIDÃO E APREÇO

A gratidão e o apreço podem abrir as portas de nosso coração para qualquer pessoa ou situação da vida.

Para um ente querido

Durante uma semana, concentre sua gratidão e apreço numa pessoa com quem você tenha intimidade. Preste atenção em todas as coisas pequenas, que em geral passam despercebidas, bem como nas grandes coisas que essa pessoa faz para você. Sempre que puder, agradeça-lhe por alguma coisa que ela tenha feito, não importando o quanto seja insignificante.

Ao final de uma semana, fique um tempo sozinho para aprofundar a prática. Aprecie interiormente as qualidades da alma da pessoa amada. Sinta gratidão pela bênção de estar com essa pessoa. Ore para que você nunca deixe de valorizar essa bênção nem de mostrar sua gratidão por ela.

Para uma situação

À medida que praticamos a gratidão por todas as situações da nossa vida, vamos nos libertando do passado e deixando de nos preocupar tanto com o futuro e ficando cada vez mais no eterno momento presente do coração aberto.

Em seus momentos de calma, sinta-se grato por todas as situações que trouxeram felicidade para a sua vida. Em todas as situações, deixe que seu coração se abra ainda mais.

Agora, reflita sobre uma situação pela qual seja difícil sentir gratidão. Procure algum motivo que tenha feito com que essa situação acontecesse em sua vida para ensinar-lhe uma valiosa lição e conceder-lhe a dádiva do crescimento. À medida que você conseguir aceitar essa situação com gratidão e apreço, a dádiva e o crescimento ficarão cada vez mais presentes em sua vida. Mesmo se não conseguir ser grato por isso neste momento, agradeça, pois com o tempo você saberá encontrar as dádivas.

6

O Poder do Apreço e das Críticas Construtivas

A felicidade é a arte de fazer um buquê com as flores que estão ao seu alcance.

— Goddard

Ao apreço com relação àqueles que você ama — seja o cônjuge, o pai ou a mãe, um filho ou um amigo — é uma das pedras angulares de uma vida espiritualizada. Elogiar em voz alta a beleza e a força de alguém que você ama é um meio de aprofundar um relacionamento sólido, melhorando uma relação desgastada ou renovando a que estiver caindo na rotina.

Eu e Barry em geral começamos uma palestra ou um seminário com um exercício de apreço. A nosso ver, as pessoas podem sentir apreço umas pelas outras. Mesmo assim, gostamos de lhes dar mais oportunidades para demonstrar esse apreço. Para que um relacionamento dê certo, é preciso que o apreço supere em muito a crítica. Se a balança pende para o lado da crítica, o relacionamento acabará se desgastando e gerando ressentimento, ódio e distanciamento. O apreço é um combustível que alimenta continuamente a chama do amor.

Então, como demonstrar apreço? O verdadeiro apreço surge quando vemos e reconhecemos mais a essência do que a personalidade da pessoa. Essa é também a base do perdão. É fácil prestar atenção nas atitudes aparentemente prejudiciais ou inconscientes de uma pessoa e reagir fechando o nosso coração. No entanto, se olharmos um pouco mais fundo, por além das atitudes, veremos outro filho de Deus, igual a nós, refletido na luz dos olhos de nosso parceiro. Veremos uma bela alma compartilhando conosco a mesma jornada para a luz. À medida que procuramos ver a divindade em nós mesmos e nos outros, a qualidade de nossos relacionamentos se elevará às alturas.

O apreço diário pode operar milagres num relacionamento em crise. Quando nos empenhamos para ser positivo com o companheiro ou companheira, podemos transformar um padrão energético destrutivo em um construtivo.

A sexualidade, em particular, é uma área do relacionamento em que geralmente falta apreço. Eu estremeço sempre que ouço alguém criticando o desempenho sexual do parceiro:

— Ele não sabe me tocar de um modo que me dê prazer.

— Na cama ela é como um *iceberg*.

— Meus outros amantes nunca tiveram esse problema.

Comentários como esses, feitos na presença do outro, são extremamente dolorosos. A sexualidade é uma área especialmente sensível do relacionamento. Se um companheiro é criticado ou sempre leva desvantagem quando comparado com um amante anterior, isso pode lhe causar um sentimento profundo de insegurança. Essa ferida pode inflamar e crescer, causando sérios problemas.

Um meio mais adequado de tratar da sexualidade, em especial quando há problemas, é usar o poder curador do apreço. Todo parceiro precisa sentir que seus esforços em agradar e satisfazer o outro são percebidos e valorizados. Se você sente que o seu companheiro precisa fazer mudanças em certo aspecto, o melhor meio de ajudá-lo é valorizando o que ele está fazendo de certo — e elogiando-o muitas vezes. E então, com todo o cuidado para encontrar o momento certo, comunique o que ele deveria mudar. No meio de uma discussão ou tarde da noite, quando ambos estão cansados, não convém falar sobre isso.

Se o seu parceiro estiver tentando fazer algumas mudanças, valorize o seu esforço. O sexo é um ato de amor, não uma mostra de desempenho. Mantendo o coração sintonizado com o amor que o seu companheiro estiver expressando, e não com o desempenho dele, e valorizando o caráter único dessa expressão de amor, você desfrutará mais plenamente da experiência.

Certa vez, num grupo de mulheres que eu conduzia, perguntei a uma mulher, feliz em seu casamento de quarenta anos, qual era o segredo dela. Ela respondeu sem hesitar: "Digo todos os dias ao meu marido o quanto seus lábios me enlouquecem. E todos os dias ele me responde com um largo sorriso e me beija apaixonadamente." Além de provocar risos em todas nós, o conselho dessa mulher foi muito bom. Nosso companheiro gosta de saber que nos sentimos atraídos por ele. Todo parceiro gosta de se sentir um bom amante. E é o nosso apreço que lhe traz essa sensação. Quando o nosso amante se sente valorizado, isso o ajuda a sentir-se mais confiante. E uma confiança maior fará com que tente nos proporcionar cada vez mais amor e afeição.

O apreço também é importante na relação com os filhos. Os filhos precisam sempre ser lembrados de sua beleza. Se não receberem apreço suficiente, eles começam a perder a confiança em sua beleza interior. As crianças são abertas e vulneráveis. Quando são criticadas, aceitam e interiorizam os comentários negativos que lhes são dirigidos. As crianças que não são valorizadas tornam-se adultos que não sabem demonstrar apreço.

O apreço pode ajudar a curar ressentimentos que surgem entre pais e filhos. Se uma criança ou adolescente sente que você acredita nele e enxerga a sua beleza, ele será muito mais cooperativo e amoroso com você. Se você, como pai ou mãe, sente que não consegue nem ao menos conversar com seu filho adolescente sem brigar, dê uma passadinha em seu quarto quando ele estiver dormindo à noite. Mesmo o adolescente mais rebelde ainda se parece com uma doce criança enquanto está dormindo. Quando você contemplar o seu filho adolescente, deixe que o seu coração se encha com o apreço e amor que sente por ele. Se tiver certeza de que ele não acordará, você pode sussurrar palavras de apreço em seu ouvido. Alguns pais contam que os filhos passaram por uma mudança quase milagrosa a partir do momento em que começaram a fazer isso. Seus filhos adolescentes, mesmo dormindo, estavam sentindo o apreço e o amor dos pais.

CRÍTICAS CONSTRUTIVAS E DESTRUTIVAS

O contrário do apreço é a crítica. Às vezes precisamos confrontar a pessoa que amamos com alguma atitude dela que nos incomoda, mas isso é algo perigoso e delicado. A crítica feita com amor e sensibilidade pode levar às mudanças necessárias. Sem esses ingredientes, a crítica pode prejudicar um relacionamento e afastar o casal.

Talvez a principal regra para o uso da crítica num relacionamento esteja em verificar se as suas palavras de apreço excedem em número as de crítica. Descobrimos que a expressão de apreço é um instrumento muito maior e mais seguro do que a crítica. Se houver um fluxo abundante de amor e de comentários positivos, uma crítica necessária e ocasional será ouvida com mais profundidade e poderá motivar um crescimento. Os seres humanos respondem muito melhor ao amor e à valorização. Acreditar na beleza do outro pode levar ao mais profundo crescimento e à mais positiva das mudanças.

Às vezes chega a ser tentador criticar a pessoa amada para alguém de fora do relacionamento. Propomos, como primeira regra no que diz respeito a criticar o outro, *que você faça a crítica diretamente*. Fofocas sobre o parceiro é o caminho certo para minar o seu relacionamento.

Quando eu e Barry éramos recém-casados, ainda éramos muito ligados aos nossos pais. Estabelecemos a regra de que jamais faríamos qualquer comentário negativo sobre o outro com nossos pais, mesmo que nosso relacionamento estivesse passando por uma crise ou estivéssemos insatisfeitos um com o outro. E como era tentador, em nossas primeiras brigas de marido e mulher, pedir que mamãe ou papai tomasse o nosso partido e nos defendesse do nosso "insensível" parceiro! Jamais fizemos isso e assim demos aos nossos pais a oportunidade de amar nosso parceiro.

Pouco a pouco, estendemos a nossa "regra" a toda e qualquer pessoa. Não importando as críticas que tivéssemos a respeito do outro, não falaríamos sobre isso com as outras pessoas. Críticas ao parceiro devem permanecer no âmbito particular do casal e ser feitas dentro dos limites do relacionamento. A única exceção a essa regra é a ocasião em que saímos em busca de ajuda ou aconselhamento, sabendo que o terapeuta ou consultor não tomará partido. Essa prática de não "fofocar" tem sido valiosa em nosso relacionamento. Tem sido uma força poderosa para o bem, tanto em nossa vida como no cultivo de uma confiança profunda. Tem nos mantido centrados no aspecto sagrado de nosso relacionamento. Procuramos estender essa prática a todos com quem nos relacionamos: nossos filhos, pais e amigos.

Às vezes é difícil diferenciar as críticas construtivas das destrutivas. Certa vez, eu e Barry tivemos um professor e consultor a quem recorremos em busca de ajuda para nosso relacionamento, bem como para nossa vida. Na época estávamos presos a certos modos de ser e relacionar-nos, e não sabíamos como mudá-los. Às vezes nosso consultor nos criticava de maneira áspera, mas havia sempre um brilho em seus olhos ou um sorriso querendo sair de sua boca, revelando seu grande amor e compaixão por nós. Ele acreditava em nós e em nosso relacionamento. Às vezes, dizia coisas horríveis — como quando observava o quanto estávamos apegados a certo pensamento ou sentimento — e o seu sorriso se transformava em riso de satisfação. Logo depois, ríamos nós mesmos, muitas vezes de nossa própria tolice. Ele estava sempre criticando o nosso comportamento, amando e honrando as qualidades mais profundas da nossa alma. Sentíamos que era realmente bom e inspirador receber uma crítica que viesse dele. Eram exemplos de críticas construtivas.

Certo dia, fui vê-lo sozinha, e posso dizer que ele estava passando por uma fase difícil. Nesse dia, o sorriso e o brilho haviam sumido de seu rosto. Ao final de nosso encontro, ele criticou acidamente o meu relacionamento com Barry, dizendo que duvidava que pudéssemos levá-lo adiante como casal. Fiquei magoada. Quando cheguei em casa, chorei e me senti confusa. Nas outras vezes, as críticas desse homem me haviam sido tão inspiradoras que me proporcionaram algumas das maiores oportunidades da minha vida. Ele tinha segurado um poderoso espelho e incentivara-me amorosamente a romper com velhos padrões enraizados com relação a viver, crescer emocionalmente e realizar meu potencial. Mas as palavras que ele dissera nesse último encontro haviam machucado o meu coração. Senti-me traída, triste e impotente. Barry abraçou-me demoradamente enquanto eu chorava, e dizia: "Será que as palavras dele não foram uma projeção de sua própria dor e confusão interiores?"

Ponderei sobre isso por um bom tempo, e então me dei conta de que a última crítica que ele me fizera não parecia verdadeira como as outras, com as quais eu já estava familiarizada. Ela me deixara deprimida e magoada. Eu não sentira o seu amor enquanto ele falava. Eram críticas destrutivas. Muito embora eu amasse muito esse homem, eu não podia aceitar tudo o que ele havia dito como verdade para a minha vida. Meu guia para saber discernir a verdade de uma crítica era a inspiração que ela provocava em mim.

Escrevi então uma carta a ele, e nela expressei meus sentimentos. Algum tempo depois, ele me telefonou, desculpando-se. Minha carta o ajudara a perceber uma coisa. Disse-me que vinha passando por uma fase difícil em seu relacionamento e que se sentira ameaçado pela intimidade que havia entre eu e Barry.

Se uma crítica é verdadeira para a nossa vida, ela nos fará sentir uma inspiração e uma retidão interior, não importando o quanto seja difícil ouvi-la no momento em que é dita. Quando temos de criticar alguém, é importante tentar manter vivos em nossa consciência a beleza e a essência dessa pessoa, para que ela sinta tanto o nosso amor quanto a nossa crítica. Se a pessoa que estamos criticando se torna defensiva, talvez não tenhamos sido tão claros e amorosos quanto ela esperava. Tente novamente mais tarde, usando ainda mais a valorização e o respeito.

Uma regra final para criticar de maneira construtiva: *expresse o que você está se sentindo em vez de acusar*. Tentar fazer com que a outra pessoa sinta que está "errada" cria mais separação e distância entre vocês. Compartilhar os seus sentimentos, que talvez tenham sido desencadeados por ações ou palavras de outras pessoas, é algo que chama essa pessoa para o seu mundo, para vê-lo melhor e para compreender o impacto delas sobre você. Isso pode levar a um diálogo que possivelmente lhes trará mais amor e intimidade.

As "prateleiras" do apreço

As expressões de apreço e amor nem sempre chegam como gostaríamos. Às vezes nos apegamos às nossas idéias de como queremos que as pessoas nos demonstrem seu amor ou só conseguimos aceitar e reconhecer as formas de expressão que já valorizamos. Estamos sempre recebendo dádivas de amor, mas, por causa do modo como são apresentadas essas dádivas muitas vezes passam despercebidas, ou, o que é pior, são rejeitadas por nós. Quantas vezes deixamos de aceitar dádivas de amor legítimo porque elas não chegam até nós da forma que desejamos? Para que a nossa vida e os nossos relacionamentos adquiram profundidade, é preciso estar alerta para as dádivas de apreço que se nos apresentam, cada uma em sua embalagem própria, e sentir o amor por detrás de cada ação, ainda que ele não venha do modo como gostaríamos.

Barry e eu nos casamos quando tínhamos 22 anos. Mudei-me da casa de meus pais, em Buffalo, para acompanhar Barry a Nashville, no Tennessee, onde ele cursava o primeiro ano de medicina. Eu jamais vivera tão longe de meus pais. Alugamos um pequeno apartamento e o mobiliamos com móveis usados. Trabalhei muitas horas estofando e forrando cadeiras, pintando mesas, arrumando a nossa casa. Era a minha primeira vez como dona de casa, e tudo o que eu queria era que o nosso cantinho ficasse simplesmente perfeito.

Esperei ansiosamente pela primeira visita de meus pais, ansiosa para que eles ficassem orgulhosos de mim. Na verdade, fiquei limpando a casa até o momento em que eles tocaram a campainha. Era um momento importante para mim; pela primeira vez eu receberia meus pais em minha casa.

Minha mãe entrou primeiro, e me elogiou por todas as soluções que eu havia encontrado para "ajeitar" o apartamento com tão pouco dinheiro. Meu pai entrou logo atrás, carregando alguns pedaços de tábuas e sua caixa de ferramentas. Ficou em silêncio e começou a inspecionar todos os armários embutidos. Comecei a ficar magoada. Ele não estava dizendo nada de positivo.

No dia seguinte, às seis horas da manhã, fui acordada com um som de serra. Pulei da cama e corri em direção a meu pai.

— O que você está fazendo? — perguntei, incomodada.

— Você precisa de uma prateleira aqui neste armário — resmungou, quase sem levantar os olhos do que estava fazendo.

Olhei para a sujeira de serragem, para os pedações de tábuas velhas sobre o chão e perdi a paciência com meu pai. Eu queria que ele se orgulhasse de mim, pela minha primeira casa, e o que ele estava fazendo era uma bagunça.

— Mas eu não quero uma prateleira! — disse eu, e saí do quarto pisando forte.

Ele continuou colocando a prateleira. Jamais falamos sobre isso. Após ele ter ido embora, vi-me ignorando a prateleira que meu pai acabara de fazer. Ela ficou vazia durante todo o tempo em que moramos lá.

Dois anos depois, mudamo-nos para Los Angeles, onde Barry iria concluir seus estudos de medicina. Montei meu segundo apartamento. Novamente meus pais vieram me visitar, dessa vez de avião. Notei que uma das valises de meu pai parecia muito pesada. "Trouxe minhas ferramentas, caso precisar", ele observou casualmente. De novo minha mãe me encheu de elogios pelo apartamento. Meu pai ficou em silêncio. Dessa vez, apareceram três prateleiras. Não fiquei chateada, mas também não liguei muito para elas.

Algumas mudanças depois, montamos uma casa em Santa Cruz, e moramos nela durante catorze anos. Meus pais nos visitavam todos os anos, e a cada ano a casa recebia mais prateleiras. Quando nossas duas filhas eram pequenas, meus pais ficavam cuidando delas enquanto fazíamos nosso retiro no Havaí, todos os anos, em janeiro. Voltar do retiro e procurar, em casa, as novas prateleiras tornou-se um ritual. Meu pai nunca as mostrava para nós. Ele sempre se sentava na cadeira de balanço e enterrava a cabeça atrás do jornal, agindo como se não soubesse que estávamos procurando pelo novo trabalho. Todos os anos, muitas novas prateleiras eram construídas. No fim, ele já havia esgotado todos os espaços dos cômodos, e por isso começou a construir pequenas prateleiras dentro das prateleiras mais antigas.

Eu e meu pai não costumamos nos sentar para conversar sobre sentimentos, como eu gostaria que acontecesse. Ele gosta de falar sobre o noticiário ou sobre reparos que é preciso fazer na casa. Quando eu era mais jovem, ficava magoada porque ele raramente demonstrava seu apreço com palavras e jamais conseguiu me dizer que me amava. Com o passar dos anos, cresci e aprendi a aceitar a realidade de que aquelas prateleiras eram o modo próprio de meu pai me dizer: "Amo você, cuido de você, estou preocupado com você." Ele se sente pouco à vontade se tiver de traduzir esses sentimentos em palavras. Ele se sente embaraçado. As prateleiras eram o seu modo de dizer "amo você".

Eu comecei a perceber a diferença entre as palavras de uma pessoa e suas ações. Algumas pessoas são melhores com palavras; outras são melhores com trabalhos. Algumas podem dizer palavras belas e amorosas, mas são inconsistentes ou preguiçosas em suas ações. Outras podem dizer muito sem pronunciar uma palavra.

A casa que tinha provavelmente mais de cem das prateleiras de meu pai foi totalmente destruída pelo terremoto de 1989. Todas as prateleiras se foram. Meu pai está com 82 anos e já perdeu muito de seu vigor. Hoje, ele conversa sobre onde ele acha que Barry deveria colocar prateleiras. Foi-se a dádiva física das prateleiras, mas o legado de amor que elas traziam ficará para sempre em meu coração. Era o modo de meu pai dizer "amo você".

Talvez, em sua vida, alguém lhe esteja presenteando com uma dádiva que você não esteja reconhecendo como o seu meio de expressar amor. Quando você conseguir reconhecer essa dádiva e sentir a intenção de amor que há por detrás dela, poderá se abrir para uma torrente de amor que abençoará sua vida. Procure as "prateleiras" e receba-as profundamente em seu coração.

A seguir, apresentaremos práticas de apreço para pessoas e casais. Eu e Joyce acreditamos que essas práticas têm beneficiado todos os nossos relacionamentos, em especial o que existe entre nós dois.

DEMONSTRE O SEU APREÇO

Para pessoas

Feche os olhos. Respire profundamente para relaxar o corpo inteiro. Inspire e expire a partir de cada região do seu corpo — não só pelos pulmões.

Quando estiver relaxado, visualize diante de si um relacionamento que você queira melhorar ou aprofundar. Mentalize essa pessoa sentada à sua frente. Recorde algum período de especial intimidade com ela, uma experiência que vocês tenham compartilhado e que lhe permita ver a alma dessa pessoa com mais clareza. Pode ter sido no início do relacionamento, ou mais tarde. Sobretudo tente se lembrar da sensação de intimidade que foi compartilhada. Que qualidades dessa pessoa fazem com que você a estime mais? O que o atraiu nela? Dê-se um tempo para sentir essas coisas.

Agora, perceba que essas mesmas qualidades estão mais presentes do que nunca. Você apenas tem se deixado levar pelo que vê. Olhe mais profundamente para a imagem dessa pessoa à sua frente. Perceba as suas belas qualidades subindo à superfície uma vez mais, quase como se a imagem anterior estivesse fora de foco e agora pudesse ser vista com mais clareza. É um ser extraordinário que está à sua frente, pleno de poder, beleza e amor. Veja-o e sinta-o pelo tempo que puder.

À medida que prossegue essa visualização e mantém vivas essas sensações, você começa a ver e sentir com mais facilidade essa mesma beleza, com seus olhos e sentidos externos. Deixe que essa prática interior lhe dê coragem para dar uma das dádivas mais elevadas que jamais alguém deu num relacionamento. Por algum tempo, procure encontrar palavras que expressem o seu apreço. Crie uma atmosfera receptiva para o seu companheiro ou para quem quer que você esteja mentalizando nessa prática, e deixe essa pessoa saber o que você mais aprecia nela. Proporcione uma dádiva a essa pessoa, a você e ao relacionamento.

Para casais

Sentem-se um de frente para o outro, com os olhos fechados. Como na primeira prática, tranqüilize sua mente, respirando profundamente, ou recorra a qualquer outro método de sua preferência.

Quando estiver pronto, abra os olhos e olhe em silêncio para os olhos do companheiro. Olhe para além do rosto e da personalidade dele, através de seus olhos — as janelas da alma. Nesse ser que está à sua frente, o que toca mais o seu coração? Que qualidades o levam a apreciar essa alma, em primeiro lugar, e inspiraram seu amor por ela? Que dádivas você está recebendo desse amigo? De que modo a sua vida está sendo abençoada por esse relacionamento? Deixe que essas perguntas o ponham em contato com os seus mais profundos sentimentos de amor e apreço.

Aquele que estiver pronto pode começar a traduzir esses pensamentos e sentimentos em palavras. Deixe que suas palavras fluam sem qualquer ensaio, espontâneas. Seja corajoso em sua vulnerabilidade. Deixe o seu "poeta interior" falar sem inibição. Pratique a expressão de pensamentos e sentimentos jamais antes expressos sobre o seu parceiro. Depois que ambos tiverem falado, observem as portas do coração de vocês se abrindo de par em par.

Pratique tanto os exercícios interiores como os exteriores o mais freqüentemente possível. Juntos, de forma equilibrada, eles abençoarão e enriquecerão os seus relacionamentos.

7

O Companheiro Perfeito

Não somos dois, e no entanto você me procura fora
quando você me encontrar dentro de si mesmo, sua
própria mente nua, essa consciência simples
preencherá todos os mundos.

— Yeshe Tsogyel

Desde o início do nosso curso, Elsie, uma senhora de quase 70 anos, divorciada há vários, mostrava-se ansiosa para saber como encontrar um companheiro. Ela não estava só procurando alguém. Ela sentia que estava pronta para o seu companheiro de alma, seu parceiro de vida, sua alma gêmea. E ela queria saber onde ele estava.

No domingo, depois do almoço, em parte por ter Elsie em mente, fiz uma coisa que eu e Joyce fazemos algumas vezes em nossos seminários. Espalhei um baralho contendo as citações favoritas de nossos primeiros três livros, com a face voltada para baixo. Pedi ao grupo que perguntasse interiormente pelo que eles necessitavam em seus relacionamentos com a pessoa amada e que então apanhassem uma carta. Reparei que Elsie, ao pegar a sua carta, olhou para ela fazendo um muxoxo. Pedi-lhe que lesse a carta para o grupo. Mas em vez de a ler, ela declarou que preferia recolocá-la de volta no baralho e apanhar outra. Ficou claro para mim, pela sua expressão, que Elsie tirara a carta perfeita. Pedi mais uma vez que a lesse. Com muita relutância, ela leu o seguinte: "O verdadeiro companheiro de alma é um estado de consciência... não uma pessoa."

Às vezes as pessoas têm dificuldade com essa afirmação do nosso baralho. É grande a tentação de procurar fora de nós mesmos as respostas de que precisamos, mas nosso companheiro de alma, nosso mais elevado parceiro espiritual jamais poderá ser encontrado fora de nós, não importa o quanto procuremos por ele. Pois não há ninguém que esteja separado de nós. O desafio é assumir a responsabilidade de ser nosso próprio companheiro de alma, e isso requer amar a nós mesmos da maneira que desejaríamos que alguém nos amasse. Não raro parece muito mais conveniente ter outra pessoa para ser nosso companheiro de alma, para não termos de olhar profundamente para dentro de nós mesmos.

Quantas vezes, sobretudo em nossos primeiros anos, eu tolamente tentei mudar Joyce para que ela pudesse se encaixar melhor em meu ideal de parceira perfeita? Eu queria que o corpo e o rosto dela fossem diferentes, mais como uma colagem de imagens que eu fizera depois de anos assistindo TV e indo ao cinema. Eu queria que o seu modo de caminhar e seus movimentos fossem mais graciosos, em vez do saltitar infantil que caracterizava seu modo de andar. Eu queria que ela vestisse roupas diferentes, que fosse mais sensata e equilibrada, e menos emotiva. E a lista continuava...

Joyce, da mesma forma, gostaria de ter o poder de me transformar. Muitas vezes parecíamos querer nos lançar um contra o outro, com marreta e talhadeira na mão, determinados a criar o parceiro perfeito. Como Joyce já descreveu, nós acabamos deixando de lado essa determinação de mudar o outro, ao perceber o quanto nos amávamos, e decidimos nos casar. Mas não havíamos abandonado por completo a esperança de moldar o outro, mesmo que por força de nosso amor.

Lembro-me da dificuldade que foi encontrar uma pessoa disposta a nos casar (o fato de virmos de religiões diferentes no começo da década de 70 ainda era um grande obstáculo), até que por fim encontramos um pastor que concordou em nos casar, com uma condição — *a de que prometêssemos respeitar as diferenças entre nós!* Quando ele impôs essa condição ao nosso casamento, sabíamos que ele era a pessoa certa para nos casar. E nós sabíamos que esse era o compromisso certo para termos um com o outro.

Com o passar dos anos, eu e Joyce aprendemos a aceitar um ao outro tal como somos — por inteiro, com nossas diferenças, manias, defeitos e belezas próprias de cada personalidade. Tentar mudar o outro é recusar-se a aceitar nosso parceiro como um espelho de alma, refletindo aspectos nossos que precisamos ver *se* quisermos aprender mais sobre nós mesmos. Tentar mudar nosso parceiro é, assim, negar a nós mesmos o crescimento espiritual.

Temos visto muitas pessoas sofrendo nessa busca por um parceiro espiritual perfeito. Temos visto também um profundo crescimento espiritual. Andrew e Julie, dois amigos nossos, tinham um relacionamento que parecia perfeito. Víamos as questões em que eles estavam trabalhando, e sabíamos que eles tinham o necessário para trabalhá-las completamente. O amor entre eles era forte, assim como o comprometimento com relação ao próprio coração e ao outro. Por isso ficamos todos chocados quando Julie de repente o deixou por um outro homem, afirmando que havia encontrado o seu verdadeiro companheiro de alma. Andrew ficou arrasado. Mergulhou num estado de melancolia, chegando ao ponto de pensar em suicídio.

Poucos meses depois, Andrew começava a encontrar seu centro quando conheceu uma mulher por quem se apaixonou. Nós o vimos logo depois. Parecia que ele estava flutuando numa bolha que poderia estourar a qualquer momento. Em seu rosto havia um sorriso de "está bom demais para ser verdade". Ele não estava completamente ali, mas o que poderíamos fazer? Não era o momento de tentar fazê-lo perceber a fragilidade de sua condição. Não se pode fazer isso com alguém que acha que está apaixonado, especialmente quando essa pessoa não pediu a sua opinião. Nós lhe desejamos felicidades em seu novo relacionamento e deixamos que ele se fosse.

Levou seis meses para a bolha estourar. A namorada de Andrew o trocou por outro homem. De novo ele ficou em estado de choque, mergulhando em desespero, desesperança e mágoa. Nós o confortamos na medida do possível.

Cerca de um mês depois, demos de cara com ele, numa outra festa em casa de amigos. Ele estava radiante. Com tato, perguntei-lhe o que ele andava fazendo. Disse-me que estava comprometido e que ia se casar. Olhei-o mais de perto. Havia algo de diferente. Ele parecia mais centrado, mais em paz, mais enraizado em si mesmo. Sorriu para mim, virou a cabeça para o lado e mostrou-me sua orelha furada, adornada por um brinco encantador.

— É o meu presente de noivado — anunciou sorrindo. — Fiz uma cerimônia e noivei comigo mesmo. Estou planejando uma cerimônia de casamento muito especial. Farei votos de amor a mim mesmo, completamente só, em meu lugar favorito na natureza.

Fiquei tão feliz que o abracei. Finalmente ele aprendera a "lição do companheiro de alma". Aprendeu que seu verdadeiro companheiro de alma jamais poderia ser encontrado em outra pessoa. Ele estava para se casar com seu companheiro de alma interior. Fazendo isso, ele seria capaz de estabelecer relações com outras pessoas a partir de uma condição de mais plenitude.

Todos podemos tirar proveito da história de Andrew. Como seria delicioso se cada um de nós criasse uma cerimônia de casamento para nós mesmos. Por que não? Quem não precisa se amar mais, conscientemente, e deixar de buscar a realização no mundo lá fora?

Algumas tradições esotéricas falam de "casamento místico", no qual unimos nossos aspectos masculinos e femininos. Eles descrevem a alma como um ser andrógino, tanto masculina quanto feminina, mas que perdeu seu equilíbrio no processo de crescimento de um corpo masculino ou feminino. Parte do processo da busca espiritual consiste em unir a mulher interior com o homem interior, reintegrando as duas polaridades interiores. Essa integração que leva à totalidade é o mais sagrado dos casamentos pelo qual passa um iniciado espiritual.

Nós fazemos uma espécie de casamento místico quando incorporamos o que amamos num companheiro, como se essas qualidades fizessem parte de nós. Caminhamos rumo à integração quanto aceitamos que nosso amado é realmente um espelho, refletindo de volta para nós as qualidades de nosso parceiro interior. Ver a beleza de Joyce é um modo de ver a beleza de meu lado feminino, mas eu preciso assumir a responsabilidade pela beleza que vejo como sendo parte de mim, e não meramente exterior a mim. Dessa forma, todo relacionamento consciente pode nos ajudar em nosso próprio "casamento místico" interior.

Quando o nosso homem interior se casa com a nossa mulher interior, tornamo-nos um todo integrado, seres humanos realizados. E nossos relacionamentos com os outros refletirão essa mesma totalidade. Então dançamos com nossos parceiros como iguais, em vez de ter a sensação de que não estamos completos. Como é maior a alegria da dança! Como é mais profundo o amor!

O PARCEIRO "POUCO ESPIRITUALIZADO"

Há pessoas que se apegam a um parceiro que, elas sabem, estão longe de ser "parceiro espiritual perfeito". Eis aqui uma carta que certa vez recebemos de uma mulher: "Estou frustrada. Enquanto busco novos meios de crescer e de realizar meus desejos criativos, meu marido parece se contentar em dormir, comer, trabalhar e assistir jogos de futebol na TV. Se quero realmente crescer, espiritualmente, tenho de abandonar meu marido?"

Se você sente que também poderia ter escrito essa carta, a primeira coisa a fazer é decidir se continua com o relacionamento ou não. Isso pode não ser uma coisa óbvia, pois você só saberá a resposta quando o seu coração estiver aberto, quando estiver sentindo seu amor pelo companheiro. Em sua frustração, em seu ressentimento, ou mesmo em sua tolerância, você não será capaz de ver como a pessoa amada é de fato nem poderá avaliar com precisão seu relacionamento.

É importante se dar um tempo para refletir, todos os dias se for possível. Nessas ocasiões, tente analisar o ato ("pouco espiritualizado") e exterior de seu parceiro assistindo ao jogo de futebol e ver essa pessoa como alguém que, como você, anseia por crescimento e realização, já que esse anseio certamente está presente em todos nós. Se você puder fazer isso, ao final ficará claro se é mesmo caso de continuar ou de desistir.

E tão importante quanto isso é também perceber a atitude "pouco espiritualizada" de seu amado como um espelho, refletindo de volta para você o lado pouco espiritualizado de sua própria personalidade. Para o seu próprio crescimento, é imperativo que você se confronte com suas características difíceis de aceitar e as aceite. Você já olhou com atenção para a sua própria preguiça? E o que dizer de seu lado crítico que vê o seu amado de um modo tão limitado? Aceitar esse espelho também o ajudará a ver o relacionamento mais claramente — com sua beleza, com o trabalho que você pode fazer com ele e com o potencial para o crescimento pessoal que ele está lhe proporcionando.

Se a sua decisão é continuar com o relacionamento, e se você realmente "busca novos meios de crescer e realizar os seus desejos criativos", você tem um desafio à sua frente. Você tem a oportunidade de atrair a beleza e o poder latentes em seu parceiro. O seu desafio é descobrir aquela parte interior dessa pessoa. Antes que você possa ter uma influência positiva sobre o relacionamento, é importante tornar a contemplá-lo, vê-lo de um modo mais profundo. E você faz isso vendo o seu companheiro de um modo mais profundo — e comunicando-se com ele.

Você já considerou a hipótese de que seu parceiro pode não se sentir tão realizado assistindo aos jogos pela TV ou vivendo a vida de uma forma tão mecânica? Você sabia que ele ama amar, mas talvez esteja se esquecendo de fazê-lo? Você sabia que você tem possibilidades ilimitadas de amá-lo criativamente e de inspirar o seu amor? Você esqueceu o quanto necessita de seu amor — do quanto é maravilhoso se sentir amado, não só do ponto de vista sexual, mas realmente AMADO? Você sabia que, se você *realmente* lhe desse uma oportunidade de mostrar esse amor ele estaria disposto a mostrá-lo? Você sabia que dar-lhe uma oportunidade para amar é dar amor a si mesmo?

Seja tão criativo quanto possível. O seu esforço vale tanto para você quanto para o seu parceiro. Quando você conseguir ver sua bondade e beleza, ele estará refletindo a sua própria bondade e beleza. E o mais importante, não despreze os seus períodos de solidão, que servem para visualizar as partes mais profundas de seu amado, de você mesmo e do relacionamento. É como construir uma casa e dispender algum tempo no local da construção. É preciso consultar freqüentemente a "planta" para se lembrar exatamente daquilo que você está construindo.

Em última análise, julgar o desenvolvimento espiritual de outra pessoa por suas atividades exteriores nunca dá certo. Lembre-se, *somos seres humanos, não fazeres humanos*. Mais importante do que uma pessoa meditar todos os dias, é ver se ela é gentil com as outras. Ela tem respeito e consideração fundamental pela vida? Aprecia a natureza? Está disposta a ajudar alguém que esteja passando por necessidades? Esses são critérios mais sensatos para se avaliar a espiritualidade de uma pessoa.

O "PARCEIRO ESPIRITUAL"

Uma mulher certa vez nos perguntou, por carta, se era possível ter um "parceiro espiritual". Ela escreveu: "Muitas vezes, é como se eu sentisse falta de uma pessoa que jamais cheguei a conhecer, e como se eu ainda estivesse por encontrar o homem com quem sonhei. Uma vez que nenhum relacionamento tem chegado perto do que eu sonhei, eu nunca me envolvo. Tudo o que for menos do que um relacionamento com o companheiro de alma perfeito vai me parecer casual demais, e a ética que tenho hoje não me permite relacionamentos casuais."

Essa sensação (ou modo de pensar) tanto pode ajudar como prejudicar nosso crescimento espiritual. Pode ajudar, na medida em que nos faz ter uma idéia mais elevada do que deve ser um relacionamento, dádiva celeste em forma de união de dois corações. Muitos de nós podem mencionar uma perda de interesse em relacionamentos "casuais". Embora eu e Joyce tenhamos um compromisso profundo, um relacionamento espiritual desde 1964, às vezes nosso relacionamento ainda se torna excessivamente "casual" ou superficial. Quando isso acontece, temos de lembrar, juntos, quem somos e trazer de volta para nosso relacionamento a profundidade necessária.

O lado negativo de ficar à espera do parceiro espiritual perfeito é a possibilidade de ele nunca aparecer. A verdade é que não existe parceiro perfeito — isto é, perfeito segundo nossos próprios pensamentos e desejos. E muito embora possamos compreender muito bem esse conceito, ainda temos de superar o anseio que tem nosso coração de compartilhar com alguém essa jornada de vida aqui na Terra. Todos nós temos uma necessidade profunda de aprender grandes lições de vida, num aprendizado que o processo de relacionamento acelera. Precisamos de um relacionamento com o corpo e com a personalidade de outra pessoa, com seus sentimentos e pensamentos com um ser inteiro e longe da perfeição, não apenas com seu "espírito".

Retrair-se só por não ter encontrado a pessoa "certa" é adiar a possibilidade de um enorme crescimento. Conhecemos um grande número de pessoas que julgam seus parceiros "em potencial" de maneira muito crítica. O corpo dessa não é lá muito bom. O sorriso daquele não me agrada tanto. Ele é uma pessoa um pouco "mental" demais.

Um homem contou-nos que ele parecia ter uma habilidade especial para ficar com mulheres "machucadas" e resgatá-las. E quando ele percebia que as "feridas" eram maiores do que ele se sentia capaz de curar, via-se obrigado a terminar a relação. Eu observei que ele estava exatamente tão machucado quanto elas. Essa era a razão pela qual ele atraía essas mulheres para si. O problema não estava nas feridas delas, mas no fato de negligenciar as suas próprias. Ele estava inconscientemente projetando seus próprios defeitos nessas mulheres. Esse é outro exemplo do que ocorre quando uma pessoa não se dá conta de que o relacionamento é como um espelho para nós.

Se você compara todas as pessoas que encontra com a sua imagem mental do parceiro perfeito, pode ter certeza de que acabará sozinho. Jamais alguém levará a melhor numa comparação. Na verdade, a imagem ideal que você tanto procura está em seu próprio eu superior, no seu corpo interior de luz, do qual você sempre teve consciência (ainda que por vezes tenha sido uma consciência pálida). É tentador projetar esse eu divino para fora de si e querer encontrá-lo por intermédio de outra pessoa. No entanto, a não ser que você primeiramente aceite esse parceiro divino perfeito dentro de si mesmo, você não reconhecerá o eu superior em outra pessoa.

Por outro lado, o que também não pode dar certo é "engatar" um relacionamento com a primeira pessoa que aparecer pelo simples fato de saber que o companheiro perfeito não existe fora de você. Você só pode abrir o seu coração para o primeiro que aparecer quando sua intenção é dar e receber o mais elevado amor que lhe seja possível. Isso é muito diferente de se tornar sexualmente íntimo de qualquer um, achando que isso é amar. Esse segundo caso é uma manifestação da dependência que a pessoa tem dos relacionamentos, da busca de um relacionamento "fixo" exteriormente em vez de interiormente, da vontade de ser amado *por outra pessoa*.

Às vezes olho para Joyce e lembro-me de minha lista da adolescência, que continha as qualidades que minha parceira perfeita deveria ter. Minha lista foi mudando com os anos. À medida que abraço minha companheira de alma interior, tenho cada vez menos necessidade de que Joyce seja a parceira perfeita para mim. Conseqüentemente, cada vez vejo mais beleza e perfeição nas qualidades de Joyce. Adoro a aparência dela, o modo como caminha, as roupas que veste. Aprecio o quanto ela é diferente de mim, e as oporturnidades que ela me oferece para ultrapassar os limites que impus a mim mesmo. Adoro o modo como ela me aceita, deixando-me ser exatamente quem sou. Estamos longe da perfeição, mas estamos aprendendo sobre o amor incondicional. Nossa busca pelo companheiro de alma é interior, e por isso deixamos o outro ser o que ele é.

Como você reconhece o potencial de um verdadeiro parceiro espiritual? É preciso ouvir o coração quanto à disposição dele para ir mais fundo com relação a uma dada pessoa. Essa disposição é um sentimento que pode ser muito sutil, e é sentida de modo diferente por cada um de nós. Ela pode chegar rapidamente e vir acompanhada das racionalizações e juízos da mente. Para algumas pessoas, essa disposição interior pode ser totalmente obscurecida, e é por isso que a confusão impera quando elas querem ir mais fundo com alguém. Então, o que fazer? Você aprende por tentativa e erro. Você aprende fazendo as coisas que o levam a ultrapassar seus limites. Se é fácil para você afastar-se das pessoas e ficar só, você precisa tentar se aproximar das pessoas. Se você está com alguém porque teme que essa pessoa se sinta rejeitada se a deixar, você deve deixá-la do modo mais consciente possível. E se estiver com medo de se tornar íntimo demais de uma pessoa porque ela pode não ser de fato "a pessoa certa", você verá que é muito melhor dar-se por inteiro e suportar a dor de não ver seu relacionamento durar do que impedir o seu amor de fluir por causa do medo. Saber que o parceiro perfeito está *dentro de você* lhe dará a força e a coragem de que você precisa.

Muitas pessoas pulam de um relacionamento para outro, buscando, procurando a miragem do companheiro perfeito. O desafio da vida está sempre em buscar esse amigo especial dentro de si e aprender a se apaixonar por si mesmo, a buscar em primeiro lugar o "reino dos céus" dentro de si. Então haverá paz, e nessa paz se saberá o que fazer ou com quem passar esse tempo de vida. Quando finalmente fizermos amizade com nós mesmos, a urgência de encontrar esse parceiro perfeito fora de si deixará de existir. Teremos paciência para permitir a maravilhosa pulsação do universo. Seremos com certeza guiados para uma pessoa com quem temos verdadeira afinidade anímica, alguém com quem possamos compartilhar o caminho do amor e, ao mesmo tempo, servir ao planeta.

AMAR A SI MESMO

Nesta prática, sente-se com um espelho na mão ou fique diante de um espelho de parede.

Feche os olhos e respire profundamente algumas vezes. Agora olhe para a sua imagem no espelho.

Antes de poder amar outra pessoa, é preciso amar a si mesmo. Dito de outra forma, a quantidade de amor que você dá para si é a quantidade que você dá aos outros. É muito fácil achar que o relacionamento resume-se a amar outra pessoa. Isso é natural. É o que temos aprendido a vida inteira. Mas todo o relacionamento começa dentro de nós — com o amor que temos por nós mesmos.

Vá em frente, olhe-se profundamente. Você é um ser belo, divino, radiante! Você é muito mais do que aquilo que normalmente vê no espelho. Olhe para si da mesma forma que olharia para um amigo que você ama. Não se deixe levar pela aparência de seus cabelos, por sua constituição, por suas olheiras ou pela ruga mais recente. Olhe mais profundamente. Olhe para a luz no espelho, para o fulgor do amor que brilha em seu rosto físico, para o "você" que está sob a superfície. Existe um compromisso ou voto de amor que você gostaria de fazer consigo mesmo neste momento? Agir dessa maneira o ajudará em todos os seus relacionamentos com as outras pessoas.

8

A Mente Cética

Tudo o que temos a fazer na vida é recuperar a saúde do olho do coração pelo qual Deus pode ser visto.

— Santo Agostinho

Saber que estamos com o companheiro certo dá a mim e a Barry um sentimento de profunda alegria. Eliminar da nossa mente as dúvidas sobre o relacionamento fez com que usássemos a nossa energia de modo mais criativo. A dúvida consome uma enorme quantidade de energia emocional e mental, especialmente no que tange a uma parte tão importante de nossa vida — o relacionamento básico da nossa vida. Saber, em nossa mente e nosso coração, que estamos no relacionamento certo realça cada aspecto de nossa vida.

Todos os anos, eu e Barry encontramos centenas de casais por todo o país. Vez por outra encontramos duas pessoas que estão juntas há muito tempo e que ainda se amam muito. Sempre que encontramos um casal assim, o entrevistamos com entusiasmo. E, sem exceção, o casal sempre atribui o sucesso do relacionamento ao forte compromisso que tem entre si e à disposição de ambos para atravessarem juntos os períodos difíceis. Esses casais invariavelmente confirmam que passaram por momentos de grande atribulação e dor pelo menos uma vez, desde que estão juntos. Todos afirmam que esse compromisso é que permitiu que permanecessem juntos durante esses períodos difíceis. Muito embora tenha sido um período difícil, eles não duvidaram da ligação que tinham um com o outro. Todos confirmaram que passaram a sentir ainda mais amor e respeito pelo outro após terem enfrentado juntos alguma dificuldade.

Mas será que esses casais simplesmente tiveram a sorte de encontrar o parceiro perfeito, ou será que treinaram a mente para sobrepujar a dúvida e o medo quanto ao relacionamento? Acho que a segunda opção é provavelmente a verdadeira. Não existe algo como um parceiro perfeito, que sempre lhe dará amor incondicional, sem pedir nada em troca, que nunca tocará nos seus pontos fracos e o deixará desapontado, que sempre será sensível e compreensivo a tudo o que você precisar, tendo a sabedoria de um monge, a leveza e o entusiasmo de uma criança, um corpo de aparência sempre atraente e esteja pronto para o sexo sempre que você quiser. Esse tipo de parceiro simplesmente não existe. O parceiro perfeito é uma fantasia da mente que busca a perfeição interior. A verdade é que nosso parceiro às vezes será tudo o que quisermos que ele seja, e outras vezes será incapaz de se voltar para as nossas necessidades.

Nossa alma está sempre buscando a perfeição, querendo habitar em harmonia com o divino. Alguns de nós estão mais conscientes disso do que outros. À medida que nos tornamos mais conscientes de nossa necessidade interior de harmonia, teremos menos necessidade de exigir dos outros a perfeição. Podemos julgar menos e aceitar mais.

Se algum dia você já deu à luz uma criança ou presenciou o nascimento de um filho, você conhece o sentimento de amor incondicional. Quando vê o seu filho pela primeira vez, brota no seu coração um sentimento profundo de comprometimento e amor por aquela criança. Ao segurar seu bebê recém-nascido pela primeira vez, você sente que jamais abandonará esse ser. Você ajudou a trazê-lo para a Terra, e ficará do lado dele o tempo que for necessário. Os pais costumam achar que o seu bebê é a criança mais perfeita que existe.

Mas assim como não existem parceiros perfeitos, também não existem filhos perfeitos. À medida que esses bebês perfeitos crescem, eles começam a se opor aos pais e a ter conflitos com eles. A maior parte dos pais aceita esse comportamento de tempos em tempos, e poucos duvidam (ao menos por muito tempo) de que têm o filho certo ou de que cometeram um grande erro ao ajudar a trazer essa alma para o mundo. A maioria dos pais tentará de tudo para manter aberto o coração e não desistir deles. É por isso que pode acontecer uma separação entre um pai e uma criança, mas raramente um divórcio. A maioria dos pais treina a mente para manter o compromisso com os filhos.

Essa mesma experiência de compromisso incondicional pode ser aplicada aos nossos relacionamentos. Quando um casal fica noivo ou se casa, espera-se que ele esteja nutrindo um sentimento mútuo de compromisso, bem como de profundo amor e respeito. Há uma fagulha de amor e alegria que o faz desejar dar um passo à frente nessa união profunda.

O que acaba com esse compromisso, esse amor e esse respeito, levando o casal a buscar a separação e o divórcio? A mente assume o comando sobre os sentimentos do coração e começa a duvidar da experiência. A mente vê alguma coisa de que não gosta ou experimenta dor e sofrimento, e começa a duvidar desse relacionamento. Talvez fosse mais fácil com outra pessoa, pensamos. Esses pensamentos, se não forem verificados, podem sabotar até mesmo o mais profundo amor e respeito. O casamento mais curto que já conhecemos durou apenas três dias, e foi um caso em que a mente assumiu o comando muito rapidamente.

Os sentimentos que acompanham a dúvida são a tristeza, o medo, a raiva e a depressão. É freqüente que uma pessoa se sinta triste com o relacionamento e se pergunte por quê. Ela não têm consciência de que a dúvida em sua mente era o presságio da tristeza.

Precisamos olhar mais profundamente. De onde vem essa dúvida?

Todos temos uma tendência humana para duvidar das coisas boas que surgem no nosso caminho, para nos sentirmos pequenos ou não-merecedores. Esse é o nível mais profundo e fundamental da dúvida. E, dessa dúvida, somos mais ou menos conscientes. Então, inconscientemente projetamos em nossos relacionamentos, essa dúvida sobre nós mesmos fazendo com que a outra pessoa pareça nos satisfazer menos ou que não tenha valor suficiente para se relacionar conosco. Esse é outro meio pelo qual o relacionamento se torna um espelho. Duvidar do valor da pessoa que está conosco é de algum modo justificar a dúvida que sentimos quanto ao nosso próprio valor. É apenas uma artimanha que nos impede de olhar para nós mesmos.

Então, o que fazemos com a dúvida? O truque é não dar muito poder ou atenção à nossa mente cética. Quando surgir um pensamento de dúvida sobre a relação, perceba-o, mas traga a mente de volta para a inspiração do coração que nos levou até essa pessoa. Lembre-se da experiência original do amor e da atração que houve entre vocês na primeira vez em que estiveram juntos. Quando voltamos à experiência do coração, percebemos que a energia que causou a dúvida não costuma estar presente.

Um exemplo de dúvida na minha vida veio logo depois do nascimento da minha filha Mira. A orientação que recebi para concebê-la foi clara e não exigiu o menor esforço. Ela veio até mim antes de nascer, falou ao meu coração e disse que estava pronta para vir. Eu sabia que fora abençoada por ser capaz de ser mãe dela. A gravidez e o nascimento foram fáceis e belos. Eu estava totalmente apaixonada por ela. Suas primeiras três semanas de vida foram completamente bem-aventuradas. Então Mira começou a enfrentar um período difícil. Chorava quase o tempo inteiro, durante várias semanas.

Certa manhã, saí da cama depois de uma noite particularmente estafante e insone, ao lado dela. Um pensamento me veio à mente: "Talvez eu tenha cometido um erro tendo Mira. Talvez eu não queira essa relação." Só duas sentenças de dúvida, e minha mente logo passou para preocupações mais imediatas. Minha tristeza nesse dia era fora do comum. Nem mesmo os sorrisos brincalhões de Mira conseguiam me animar. A dúvida dessa manhã foi logo esquecida à medida que eu me voltava para os cuidados de Mira e Rami, que estava com 5 anos. Mira teve então um dia ótimo e dormiu bastante, dando-me a oportunidade de descansar e brincar com Rami. O descanso e as horas passadas com Rami costumavam trazer muita alegria para a minha vida. Mas não nesse dia! Eu me sentia cheia de tristeza.

Barry ofereceu-se para olhar as garotas quando ele voltasse do trabalho, e então eu me sentei sozinha num lugar onde pude orar e meditar. Fechei os olhos, e as lágrimas rolaram pelo meu rosto. Orei e pedi que me fosse mostrada a fonte da tristeza pela qual eu estava passando. Logo voltaram à mente os breves pensamentos de dúvida sobre Mira. O poder desses pensamentos, que haviam chegado doze horas antes, havia me afetado durante todo o dia. Percebi que esses pensamentos céticos nada tinham que ver com Mira e com o quanto eu a amava. Vinham de um lugar de dúvida sobre mim mesma. *O choro dela fazia com que eu me sentisse péssima como mãe*. Seu choro estava espelhando o meu próprio choro interior.

Ao perceber isso, agradeci a Deus pela dádiva de ter Mira na minha vida. Deixei que o meu coração sentisse o amor profundo que eu nutria por ela. Deixei-me sentir e aceitar que eu era uma boa mãe. À medida que eu sentia a minha disposição para superar todos os períodos difíceis com ela, minha alegria voltou.

Meus tempos difíceis com Mira não terminaram com a oração e a percepção que relatei acima. Ela ainda chorou e esperneou por muitas semanas, e eu fiquei muitas noites sem dormir. Minha atitude, contudo, mudou. Parei de ter dúvidas sobre minha relação com ela. Quando os pensamentos de dúvida surgiam em minha mente, eu os percebia e então procurava sentir minha inspiração original de ter Mira. Também procurava reconhecer todas as razões porque eu era uma boa mãe. Perceber esses pensamentos de dúvida e trazer minha mente de volta para a inspiração da maternidade propiciou-me a energia e vitalidade de que eu necessitava. Essa prática me ajudou em todos os meus relacionamentos.

Os relacionamentos exigem cuidados diários para afastar sentimentos de dúvida. E se alguém lhe desse um lindo jardim de flores mágicas e ervas medicinais, e dissesse a você que esse jardim seria uma fonte constante de crescimento, amor e realização profunda para você? A única coisa de que você precisaria para manter o jardim seria regá-lo e fertilizá-lo regularmente, além de arrancar todas as ervas daninhas antes que elas crescessem em demasia. Se você realmente soubesse como esse jardim é maravilhoso e especial e que ele traria a você uma abundância de dádivas, você o capinaria cuidadosamente e o nutriria tantas vezes quantas fosse possível.

Nosso relacionamento é esse jardim. As ervas daninhas são os pensamentos de dúvida. A água é o amor e os cuidados que damos uns aos outros. Os relacionamentos precisam ser regados e ter suas ervas daninhas arrancadas diariamente. Se isso for feito com cuidado, o jardim do relacionamento se tornará ainda mais belo a cada ano. Vocês colherão amor, alegria, risos e um sentimento profundo de bem-estar à medida que forem se ajudando mutuamente na realização de seu propósito.

Há períodos em que um de vocês ou ambos podem mudar de tal forma que a dúvida que você sente sobre o relacionamento pode se tornar muito grande. No começo de nosso casamento, Barry me disse que precisava ficar livre para conhecer outras mulheres, e acabou tendo um caso. Foi uma mudança grande. Nos três anos em que estivéramos casados, até o momento dessa decisão, nossa relação fora monogâmica. Tive sérias dúvidas sobre se eu poderia prosseguir com o relacionamento. Eu sabia que tinha de dizer "não" a Barry para respeitar meus próprios sentimentos. Se ele tivesse insistido com sua necessidade de contatos sexuais fora do relacionamento, nosso casamento teria terminado.

Como um casal pode saber se uma dúvida é séria ou se é apenas mais uma dentre tantas dúvidas que aparecem no decorrer de um relacionamento? O conhecimento vem por meio de cuidadosa observação e de uma disposição para arrancar, como se fossem ervas daninhas, pequenas dúvidas antes que se tornem grandes. Eu e Barry sempre tínhamos considerado o nosso relacionamento uma prioridade na nossa vida. Capinávamos o jardim do nosso amor todos os dias e o irrigávamos com atenção e cuidado. Muito embora fôssemos jovens, inexperientes e tivéssemos o compromisso com a faculdade de medicina, que nos consumia tempo, de algum modo conhecíamos a importância de capiná-lo e regá-lo diariamente. Quando essa erva daninha em particular apareceu em nosso jardim, eu sabia que ela era diferente das outras. Não havia dúvida de que essa erva daninha pôs nosso relacionamento à prova e, se permitíssemos que ficasse, ela faria com que nosso jardim morresse. Foi minha escolha dizer "não" para essa erva daninha, mas era escolha de Barry arrancá-la ou permitir que ficasse em seu jardim. Felizmente, Barry a arrancou, mas, como ela era muito grande, isso causou danos ao jardim, que levou anos para se recuperar. Uma vez recuperado, nosso jardim tornou-se mais bonito do que nunca.

Há algumas ervas daninhas principais que podem aparecer num jardim de relacionamento: abuso de drogas e de álcool, infidelidade e violência física são alguns dos maiores invasores. Às vezes é difícil arrancar essas ervas, e o jardim murcha. O casal sente necessidade de se separar. Seu jardim não está mais lhes trazendo beleza. A maior parte das ervas da dúvida começam pequenas e podem ser descobertas a tempo de ser arrancadas com cuidado. Se isso é feito com freqüência suficiente, o jardim de seu amor e amizade florescerá, proporcionando a você uma vida de belezas.

Quando você estiver entrando num relacionamento, ou, se já estiver numa relação, comprometa-se a arrancar os pequenos pensamentos de dúvida tão logo eles apareçam — e diferencie essas pequenas dúvidas de questões mais sérias, que exijam uma ação enérgica.

No caso de haver dúvidas persistentes que não ameaçam o relacionamento, treine sua mente para substituir esses pensamentos de dúvida por outros, de gratidão e apreço. Treine a sua mente para observar o espelho que está diante de seu parceiro a captar projeções. Remova suavemente essas ervas de seu jardim. Você verá que essa prática trará muito mais beleza para o seu relacionamento e para a sua vida pessoal. Regue delicadamente o seu jardim de amor com o apreço e o afeto que alimentam. Você pode descobrir que está com o jardineiro certo. Esse conhecimento trará paz e poder a cada fase de sua vida.

Suas energias poderão então alçar vôos mais altos de amor e relacionamento divinos. As pessoas serão abençoadas pela fragrância e abundância de seu jardim. Algumas receberão uma flor e apreciarão sua beleza por toda uma vida. Outras receberão o apoio necessário para zelar pelos seus próprios jardins de relacionamento. A beleza radiante do seu jardim será fonte de inspiração para muitos. Tudo isso você consegue dispensando cuidados ao seu jardim!

ARRANQUE AS DÚVIDAS PELA RAIZ

Todo bom jardineiro sabe da importância de arrancar as ervas daninhas à medida que elas vão aparecendo. Quando o jardim é invadido por essas plantinhas, ele perde sua beleza, e a tarefa de eliminar os intrusos indesejáveis fica mais difícil.

Quando surge um pensamento de dúvida sobre o seu parceiro, substitua-o por um pensamento de amor e apreço. Se o pensamento insistir em aparecer, observe-o cuidadosamente e perceba se você não está ignorando o espelho e projetando a sua própria negatividade no parceiro.

Se você ainda sente essa dúvida e não consegue transformá-la por meio de pensamentos positivos ou da reflexão, então compartilhe esse pensamento de dúvida com o parceiro. Fases em que estamos irritados ou estressados não são os momentos certos para se compartilhar esse pensamento. Compartilhe-o num clima de respeito, e vocês poderão chegar a um entendimento.

9

Como Vencer o Medo de Relacionamento

Cada um de vocês é um reflexo do outro, o Uno Deus mascarando-se como dois corpos, duas mentes e dois corações, perfeitamente complementares.

— Joyce e Barry Vissell, em *The Shared Heart*

Temos encontrado muitas pessoas para quem dificilmente algo pode ser mais apavorante do que estar profundamente comprometido num relacionamento. Muitos temem perder a si mesmos ou seu poder se estiverem num relacionamento íntimo, ou então ficam aterrorizados com a possibilidade de ficar vulneráveis e depois ser abandonados pela pessoa amada. A ironia do relacionamento, contudo, é que ele de forma nenhuma nos tira de nós mesmos. O relacionamento pode ser um espelho, oferecendo-nos uma oportunidade permanente de nos encontrarmos. Na verdade, o encontro consigo mesmo, ao olhar para esse espelho, faz do relacionamento uma experiência mágica, maravilhosa e transformadora.

O desafio vem, contudo, quando o espelho nos revela não só nosso caráter amoroso, nossa beleza e força, mas também as paisagens sombrias que existem dentro de nós. Assim, o medo mais profundo e mais primordial no relacionamento não é nosso medo de alguém ou de alguma coisa que está fora de nós — é o medo que sentimos do que está dentro de nós. Enfrentar os demônios interiores que aparecem no espelho, à medida que nos atraímos um para mais perto do outro, pode ser o maior de nossos obstáculos espirituais. No entanto, com esse confronto vem o conhecimento, um sentimento de triunfo, e uma capacidade maior de amar a nós mesmos como aos outros. À medida que trazemos as sombras atemorizantes de nossa própria alma, de nossa psique, para a luz de nosso amor e aceitação conscientes, elas se tornam menos atemorizantes, e nós crescemos em força e compaixão espiritual. Este capítulo trata de alguns desses medos, concentrando-se em sua origem, em como trabalhar com eles, bem como nos riscos que as pessoas e os casais podem correr para vencer os seus medos.

O medo de não ser valorizado

Talvez o nosso maior medo seja o de não merecer ser amado, de não merecer um relacionamento saudável, com alguém que nos ame incondicionalmente. Tememos não ser amados por causa dos erros que cometemos no passado, por causa das coisas negativas que as pessoas nos disseram sobre nós mesmos ou por causa dos maus-tratos que já recebemos. Muito freqüentemente, relacionamos o sentimento de auto-estima ao maior ou menor êxito com que desempenhamos nossos papéis na vida. Associamos quem somos com nossas ações, em vez de nos vermos como os seres miraculosos e cheios de luz que somos. À medida que crescemos na consciência de quem *realmente* somos, cresce o nosso amor próprio, o mesmo acontecendo com nossos relacionamentos. Amando-nos mais, atraímos para nós pessoas de consciência semelhante, pessoas que se amam mais.

O medo de se perder

Muitas pessoas temem perder a si mesmas ou seu poder num relacionamento íntimo. Esse medo tem feito com que alguns se mantenham completamente à parte de relacionamentos íntimos e que outros guardem certo distanciamento emocional de seus parceiros.

Em primeiro lugar, é importante para nós assumir a responsabilidade pelo nosso próprio sentimento de poder. Ninguém pode jamais tirar de nós o nosso poder ou fazer com que nos percamos de nós mesmos. De nada adianta culpar outra pessoa. Nós, sozinhos, permitimos essa perda. Perdemos nosso poder ou sentimos que estamos nos perdendo quando tornamos a outra pessoa mais importante do que nós — quando sua voz e seus desejos tornam-se mais urgentes, mais insistentes e mais importantes do que nossa voz interior. Há um equilíbrio delicado a ser mantido entre ouvir nosso parceiro e ouvir a voz interior de nosso próprio coração. Dentro de cada um de nós está a presença de Deus, a luz dentro de nosso coração — nossa própria orientação interior que está nos ajudando a crescer e a nos tornar os seres realmente magníficos que estamos destinados a ser. Nossa tarefa mais importante na vida é ouvir essa voz ou sensação interior. Quando deixamos de ouvir interiormente, quando damos mais importância à voz de nosso parceiro, começamos a nos sentir perdidos ou sentir nosso poder se esvaindo de nós. Nosso verdadeiro poder vem de estarmos em contato com a Fonte, com a Presença de Deus dentro de nós. A voz de nosso parceiro jamais poderá satisfazer essa necessidade interior. Ter conhecimento disso já no começo é essencial para estabelecer um relacionamento de crescimento e compromisso.

A cada dia, portanto, temos um maravilhoso desafio de encontrar um equilíbrio entre ouvir nossa voz interior e ouvir o nosso parceiro. À medida que praticarmos conscientemente esse equilíbrio com nosso parceiro, entraremos num estado de verdadeira comunhão. Nossa voz interior começará a ressoar com a voz interior da pessoa amada. Ambos se sentirão revigorados, pois teremos nos defrontado simultaneamente com a nossa fonte de poder, cada qual se afirmando e se fortalecendo. Essa é uma das mais belas qualidades do relacionamento, quando duas pessoas podem se ajudar a ouvir as suas próprias vozes interiores e comunicar essa inspiração ao outro. Dar-se um tempo para ouvir a voz que vem de dentro, para afirmar o poder e a beleza que Deus nos deu, e então permanecer na verdade que sentimos é uma das maiores dádivas que podemos dar a nosso parceiro — e a nós mesmos.

RECUPERE O SEU PODER

Fique algum tempo sozinho, de preferência em meio à natureza.

Agora, pondere sobre as seguintes questões: você sente que de algum modo abriu mão de seu poder num relacionamento? Que deixou a voz do parceiro ficar mais importante do que o seu próprio sentimento interior de retidão? Isso está acontecendo agora?

Durante esse período de solidão, afirme seu poder e beleza interiores. Confirme: "Sou tão sábio e importante quanto o meu parceiro. Minha luz e minha força interior são uma dádiva para o meu parceiro e para o mundo."

Algumas vezes o relacionamento exige que assumamos um grande risco. Quando você era criança, alguma vez já nadou num rio num dia de verão? Às vezes havia uma pedra ou uma margem alta de onde você podia pular na água. Talvez você jamais tenha visto alguém pular desse lugar ou tenha você mesmo pulado dali. Naturalmente, você pode deslizar para a água, e sentir com os pés e as mãos os bancos de areia, os galhos ou as pedras. Então, certo da segurança do local, você poderia tentar o pulo.

O mesmo não acontece com os relacionamentos. Às vezes temos de mergulhar de cabeça, sem qualquer garantia de segurança. Talvez não saibamos nadar. E, no entanto, haverá ocasiões em que teremos de saltar. Não estamos dizendo que temos de agir impulsiva ou tolamente. Deve haver antes de mais nada uma espécie de "sinal verde" interior para nos dizer que, apesar da dúvida ou do medo, precisamos, de qualquer modo, saltar.

Em 1968, depois de ter me relacionado com Joyce durante anos, tive medo de perder minha liberdade e meu poder em razão do casamento e do compromisso. A voz de meu coração, todavia, continuou dizendo: "É isso mesmo! Ela é a pessoa certa! Pule! Mas outra parte de mim estava apavorada!

Joyce estava no meio de seu último ano na escola de enfermagem, em Nova York. Ela sentia que precisava estabelecer um compromisso mais sério comigo. Eu disse a ela que não me sentia pronto para casar — não seria melhor simplesmente deixar as coisas como estavam? Não, disse Joyce, não para ela. Pouco disposta a ficar numa situação de impasse, ela então prestou um concurso para o Indian Health Service, para trabalhar numa reserva no Novo México depois de formada. Ela me falou de sua decisão não como uma ameaça, mas como um meio de me fazer saber que ela precisava seguir com sua vida. Talvez uma parte de mim tenha interpretado o seu ato como uma forma de me forçar a um compromisso. Não acho que acreditei que ela tenha planejado fazer isso.

Algum tempo depois, Joyce veio me contar que havia sido aceita pelo Indian Health Service. Ainda assim, insisti com a minha teimosa recusa. Até que ela comprou as passagens de avião (que nessa época eram reembolsáveis). Comecei a despertar da minha recusa. Será que Joyce realmente me deixaria para trabalhar numa reserva indígena? Comecei a achar que ela não só poderia, como pretendia fazer isso. E não seria, de modo algum, para me pressionar!

Então percebi que eu precisava tomar uma decisão. Dei-me um tempo para pensar e sentir seriamente o meu relacionamento com Joyce — algo que eu tivesse deixado de fazer e que levou Joyce a agir por si mesma e a começar a se esquivar. Comecei a refletir se o estabelecimento de um compromisso sério com alguém por meio do casamento — significava realmente perder minha liberdade, perder meu poder, perder a mim mesmo! A verdade foi pouco a pouco se tornando clara para mim. Mais uma vez imaginei como seria o nosso relacionamento. Vi que, da forma como amávamos um ao outro, quando nossa união fosse mais profunda, o amor gerado por essa união seria ainda maior — nós seríamos maiores — do que a mera soma de dois corações solitários. Unindome plenamente com Joyce, eu sabia que estaria ganhando (mais do que perdendo) amor, liberdade e poder.

O risco que eu haveria de correr estava em superar o meu medo e pedir Joyce em casamento, sabendo que isso seria para toda a vida. Foi a decisão mais importante que já tomei. Comprei-lhe secretamente um anel e saímos caminhando até o meio da ponte George Washington. Entre as rajadas de vento, com o poderoso rio Hudson correndo sob nossos pés, dei meu salto de fé em águas que minha mente desconhecia, mas meu coração conhecia e nelas confiava. Pedi Joyce em casamento. Pular fisicamente no Hudson não teria sido mais difícil para aquele meu eu de 22 anos.

Joyce aceitou. Ela estava disposta a assumir o risco de um compromisso de longo prazo. Ela precisava sentir a minha disposição em dar o mergulho com ela. Eu pouco sabia que aquele meu mergulho, meu salto de fé, nos conduziria a ambos a uma realização tão profunda — não só em nosso relacionamento, mas também em nosso trabalho no mundo que cresceu a partir da nossa relação.

Ao longo de todos esses anos juntos, houve vezes em que pensamos em desistir do relacionamento. Cada uma dessas vezes exigiu novo salto de fé, um novo mergulho nas águas barrentas do medo e da resistência. E cada vez que o fizemos, aumentamos o nosso amor e comprometimento.

Isso pode ser até mesmo encarado como o maior risco de se mergulhar completamente num relacionamento. Algumas vezes assumimos o risco de perder a nossa individualidade, mas o que se tem aí é a individualidade de nosso ego querendo evitar o medo de ser machucado, rejeitado ou abandonado. Jamais podemos perder nossa liberdade a não ser que nós mesmos abramos mão dela. Ironicamente, é por meio do risco de perder a nossa individualidade que ganhamos nossa verdadeira individualidade, o masculino e o feminino dentro de nós que jamais podem ser divididos. Quando ousamos amar de todo o coração, entramos num paradoxo: o que nos arriscamos a perder, podemos ganhar ainda mais. Aprendemos a nos conhecer na plenitude da glória de nossa divindade.

O medo do abandono

Por que nós, seres humanos, não temos uma ligação mais verdadeira com os outros? A razão é o *medo*! Temos medo de nos machucar, de ser rejeitados e abandonados. A maioria de nós conhece muito bem a dor de ser deixado por outra pessoa, e isso desde os primeiros romances da adolescência até os casamentos de muitos anos. Quanto mais nos deixamos apegar, mas vulneráveis nos tornamos e mais sentimos a dor da separação. As dores passadas geram mais medo, e o ciclo de esquivanças aumenta.

O medo do abandono precisa ser observado e vencido, não ignorado. Ele pode aparecer em qualquer tempo e lugar. Certa vez, eu e Joyce estávamos felizes por finalmente poder passar uma manhã a sós. Planejamos sair para caminhar. A certa altura, surgiu um problema no escritório que requeria mais a minha atenção do que a dela. Um de nossos assistentes estava tendo problemas em imprimir nossa listagem de endereços para mala direta. Eu disse para Joyce que não demoraria muito.

Meia hora depois, Joyce entrou no escritório para ver como estavam as coisas. Ela tinha uma sessão de aconselhamento logo em seguida e estava preocupada com o tempo. Senti que o problema estava quase resolvido, e então pedi a ela que esperasse mais alguns minutos. Dez minutos se passaram, Joyce entrou, viu que eu ainda estava ocupado e anunciou: "Estou saindo agora para caminhar." O que ela sentiu foi: "Não quero esperar mais. Se quiser vir comigo, tem de ser agora."

Eu tinha acabado justamente nesse momento e, portanto, estava pronto para ir, mas fiquei magoado com as palavras que Joyce usara. Não era nada muito grave, mas tocou no meu único reservatório de medo e abandono.

Saímos juntos para caminhar. Em vez de ficar vulnerável e expressar minha dor e, num nível mais profundo, meu medo de ser deixado, eu critiquei as palavras que ela escolhera. Foi um grande erro! Joyce se sentiu agredida e magoada, e insistiu em caminhar sozinha. Meu medo de ser abandonado havia causado justamente aquilo que eu temia.

Havia ainda outra dádiva por trás da dor gerada por essa situação difícil em nosso relacionamento. Eu tive uma oportunidade. Eu poderia ter ignorado meu medo de abandono, só para vê-lo aflorar de novo, ainda mais forte, em outra ocasião. Eu poderia continuar a projetá-lo em Joyce, culpando-a pelo modo desastrado com que ela escolhera suas palavras. Ou, então, eu poderia olhar para o modo desastrado como eu escolhera agir. A verdade é que eu de certa forma abandonara Joyce ao optar pelas necessidades de nosso assistente com a impressora. Em vez disso, eu poderia aceitar mais profundamente o meu próprio medo de abandono, olhá-lo mais de perto e reconhecer sua presença em minha personalidade.

Dentro de todo homem e de toda mulher, não importa o quanto o nosso corpo tenha crescido, não importa o quanto tenhamos nos tornado fortes, competentes e independentes, mora uma criança. Essa criança não compreende a lógica ou as racionalizações e é vulnerável a todos os sentimentos, incluindo o medo, a alegria, a raiva, a tristeza e o amor. Essa criança precisa ser abraçada, amada e alimentada tal como qualquer criança que tenhamos conhecido. Não podemos ignorar a criança dentro de nós ou dentro daqueles que amamos. Ignorá-lo é garantia de tensão, distanciamento e brigas em todos os relacionamentos.

De que modo eu poderia respeitar minha criança interior no exemplo que acabei de dar? Em vez de dirigir minha atenção para fora, para o modo como Joyce fez uso das palavras, eu poderia ter dado voz ao garotinho dentro de mim, que estava se sentindo abandonado. Assim eu poderia ter demonstrado minha vulnerabilidade e sido menos incisivo com Joyce. Tivesse sido esse o meu modo de encarar a situação, eu poderia ter recebido o amor e a segurança de que necessitava. Mesmo que não a recebesse de Joyce, sentir minha vulnerabilidade seria por si só uma recompensa. O garotinho dentro de mim estaria recebendo atenção e reconhecimento de meu eu adulto, que cuidaria do garotinho. Como um pai amoroso que renova a confiança de um garotinho amedrontado, eu poderia dizer ao pequeno Barry que eu estaria ali junto dele, e que não o abandonaria. Às vezes não conseguimos das outras pessoas o que precisamos delas, ao menos não no momento em que precisamos, mas sempre podemos conseguir o que precisamos dentro de nós mesmos.

Assim, depois de ter sido "abandonado" por Joyce e deixado com minha dor, acrescida desse desenvolvimento posterior, optei por continuar minha própria caminhada, agora em companhia de um garotinho que precisava ser confortado. Fiz o possível para conversar com ele, para ser seu pai e caminhar ao lado dele. Depois da caminhada, eu e Joyce nos sentamos juntos, demos vazão a nossos sentimentos mais profundos, ouvimos um ao outro e voltamos para um sentimento de amor.

Talvez não haja medo maior na experiência humana do que o medo do abandono. Não encontramos ninguém que não tenha esse medo. Em certa medida, muitas pessoas são inconscientemente regidas por ele, e outras não conseguem dar sequer um passo por causa dele. Mas todos têm esse medo em vários graus e em algum momento da vida terão de se confrontar com ele.

Brian, um homem que esteve num de nossos seminários recentemente, contou ao grupo que tinha conhecido uma mulher e, em poucos dias, começou a agir como se ela estivesse destinada a ser sua parceira para toda a vida. O relacionamento durou três semanas, até que a mulher finalmente o deixou, devido à pressão que sentia, da parte dele, de assumir um compromisso para o qual não estava preparada. E nesse mesmo seminário, Alice, uma mulher de meia-idade, contou que ela tinha o hábito de "se apropriar" dos homens logo que os encontrava. Ela não conseguia deixar que o relacionamento seguisse no seu próprio ritmo.

Muitas pessoas nos procuram lamentando ter escolhido parceiros "não-disponíveis". Outras dizem que muitas vezes se sentem atraídas por parceiros "muito problemáticos". A ameaça comum para todas essas pessoas é o medo do abandono. O medo de abandono de Brian fazia com que ele logo "pulasse de cabeça" num novo relacionamento, sem considerar se a parceira ou ele próprio estavam prontos para um relacionamento de longo prazo. Na verdade, ele contou ao grupo que ela acabara de se separar do marido e chegou a lhe dizer que não estava interessada em assumir compromisso nenhum. O medo de ser abandonado fez com que ele agisse de forma insegura, o que quase provocou o resultado que mais o apavorava: ser descartado.

O medo que Alice sentia de ser abandonada fazia com que ela se apegasse compulsivamente a qualquer homem que ela encontrasse. Como Brian, ela também estava provocando o fracasso de seus relacionamentos — o oposto do que queria. Seu raciocínio inconsciente era o seguinte: já que ela seria rejeitada e abandonada de qualquer forma, por que não ajudar no processo?

Optar constantemente por parceiros que não estão disponíveis é também uma tentativa de se defender contra a dor do abandono. Se nos sentimos atraídos por uma pessoa que já tem um compromisso, isso nos permite manter uma distância "segura", que impedirá que fiquemos apegados demais a ela a ponto de nos machucarmos se formos abandonados.

E as pessoas que se sentem atraídas por alguém "muito problemático"? Nesse caso, nosso medo do abandono faz com que prestemos muita atenção nas imperfeições de nosso parceiro. Rejeitar uma pessoa por causa dos problemas dela é um modo de não assumir a responsabilidade pelas falhas da nossa própria personalidade, de não olhar no espelho do relacionamento e ver o reflexo de nossos próprios defeitos. Além disso, a recusa de olhar para a nossa imagem refletida nos dá uma desculpa para romper o relacionamento antes de sermos abandonados. É como se a dor de perder o parceiro pudesse de algum modo ser minimizada se pudéssemos pensar numa razão suficientemente boa para o perdermos. Atribuir a separação aos problemas da outra pessoa pode parecer uma saída indolor, mas essa artimanha é sempre um tiro pela culatra, e acabamos sofrendo mais à medida que o nosso medo do abandono passa a atuar de um modo inconsciente, e por isso mais insidioso. Nosso medo nos fez perder a oportunidade de ter intimidade e alegria.

De onde vem o medo do abandono? Da infância? Todos nós sofremos algum tipo de abandono até chegar à idade adulta. Nenhum de nós teve pais perfeitos, atentos a todas as nossas necessidades. A maioria de nós chorou de medo, de dor e de carência de afeto, mas, em vez de ser acalentado, foi posto num berço para dormir, ou teve suas fraldas trocadas, ou ainda, recebeu uma mamadeira ou uma chupeta. No entanto, nossa necessidade mais profunda era simplesmente ser abraçado e amado. É humanamente impossível que o pai ou a mãe esteja com os filhos todo o tempo, e até mesmo excelentes pais cometeram erros que fizeram os filhos sentir a dor da rejeição. O sentimento de rejeição é inevitável no processo do amadurecimento. É claro que há muitas pessoas cujos pais estiveram física ou emocionalmente pouco presentes, quando não ausentes. Essas pessoas podem ter problemas mais graves.

No nosso trabalho com a questão do abandono, temos consciência de três passos fundamentais no processo de cura. Esses três passos envolvem uma atividade essencial, que independe do ponto em que nosso medo se originou ou do quanto ele é profundo — *para nos curar do medo do abandono precisamos nos recusar a nos abandonar.*

O primeiro passo para eliminar o medo de assumir compromissos, que pode ser o primeiro passo para trazer mais alegria e amor para nossa vida é, muito simplesmente, adquirir consciência do nosso medo de ser abandonado. É mais fácil fazer isso à medida que aprendemos a aceitar e sentir a criança dentro de nós, o que há de vulnerável e assustador em ser abandonado. É preciso também ver como esse medo se manifesta em nossa vida e em nossos relacionamentos. Pode ser um processo doloroso, porque os jogos do ego, com os quais outrora brincávamos para nos proteger da dor, agora se tornam transparentes. Não conseguimos mais fingir que somos sempre fortes, independentes e invulneráveis.

O segundo passo exige que encontremos um nível mais profundo de responsabilidade. Requer que olhemos para dentro de nós mesmos e descubramos os meios pelos quais nós *nos abandonamos*. Nada se pode fazer com relação ao abandono que vem de fora, mas se deixarmos de nos abandonar a partir de dentro, o abandono externo não terá a mesma influência sobre nós. Como nos abandonamos? Deixando de ouvir a nossa voz interior, os estímulos de nosso conhecimento mais elevado. Esperando que nossas necessidades sejam satisfeitas por nosso parceiro ou por outra pessoa. Deixando de nos alimentar e de cuidar de nós mesmos. Deixando de dizer "não" quando isso é necessário. Deixando-nos levar por sentimentos que nos desvalorizam. Dando nosso poder a nosso parceiro. Abandonamos ou ignoramos o nosso coração de milhares de formas diferentes.

O terceiro passo é parar com o processo nocivo de abandonar a si mesmo. Siga um caminho de crescimento pessoal e espiritual, procure ser mais amável e gentil consigo próprio e, sobretudo, procure aceitar e amar a criança que há dentro de você. É fácil julgarmo-nos de maneira dura quando resvalamos para o auto-abandono. Quanto mais nos concentramos em reverter esse processo de auto-abandono, em vez de evitar que outra pessoa nos abandone, mais nos tornamos poderosos e crescemos em maturidade espiritual. Procurar ficar sempre do nosso lado, em vez de nos preocupar em ter a companhia de outra pessoa, é o máximo que podemos fazer para acabar com nosso medo do abandono.

O MEDO DE ASSUMIR COMPROMISSOS

Muitas pessoas hoje em dia evitam falar de "compromisso". A simples menção da palavra faz estampar no rosto delas uma expressão preocupada. Existe um medo excessivo de assumir compromissos.

Certa vez, eu e Barry planejamos fazer um casamento no final de um de nossos seminários. Na manhã do casamento, o noivo perguntava, bastante embaraçado, "O que significa estar comprometido?" Embora amasse a sua futura esposa, ele estava confuso. Compartilhamos com ele o que sentíamos ser a mais elevada definição. Estar comprometido com alguém é manter seu coração aberto para essa pessoa, é irradiar continuamente para ela um sentimento de amor, é cultivar a espiritualidade com essa pessoa. Comprometer-se a ficar junto de uma pessoa para sempre é um ato de amor, porém o mais elevado comprometimento é dizer "você jamais sairá do meu coração". Da mesma forma, assumir um compromisso consigo próprio é manter seu coração aberto para si mesmo, é cultivar a espiritualidade consigo mesmo, é trilhar o caminho do crescimento da alma.

Como já dissemos, o medo de assumir compromissos costuma ser o medo de ficar vulnerável e, com isso, de se machucar ou de ser abandonado. Há diversos caminhos para curar esse medo. Trabalhar com um terapeuta bem recomendado pode ser um instrumento precioso para o seu crescimento, pois esclarece os jogos do nosso ego para nos manter "seguros" e separados. Participar de seminários, retiros ou grupos de apoio também pode ser um meio prático de assumir o risco de se abrir para as outras pessoas e compartilhar seus sentimentos com elas.

Recomendamos a algumas pessoas que assumissem o compromisso particularmente incômodo de ter um animal de estimação. É um método atípico, mas muito eficaz para ajudar a vencer o medo de assumir compromissos. Temos cada vez mais provas da sua eficácia.

Quando Rami e Mira tinham 11 e 6 anos, Lilly, um de nossos gatos, teve seis gatinhos. Na tentativa de encontrar quem os adotasse, ligamos para todas as famílias que conhecíamos, mas nenhuma delas queria um gatinho. Então pensamos numa conhecida nossa, Ellen, que morava sozinha. Certa vez ela já havia mencionado seu desejo de ter um animal de estimação. "Vamos convidá-la para jantar", sugeriu nossa filha Rami, e foi o que fizemos. Só não contamos para Ellen que planejávamos na verdade um "encontro". Depois do jantar, Rami e Mira levaram Ellen para ver os gatinhos, Mira mostrou-lhe um deles, que tinha o rabo torto e havia recebido o nome de Ben.

— É um gato bom para se ter por perto, pois ele dá sorte — Mira comentou com toda a inocência.

Vimos como Ellen se apaixonara por Ben e por sua irmãzinha, Paws.

— Eu sempre quis ter um gato — disse ela num tom distante. O desejo de ter um animalzinho estava ali, mas faltava a coragem de dar um passo à frente e assumir o compromisso.

Rami e Mira começaram a sua amável persuasão:

— Eu tomaria conta de um bichinho assim todos os dias —, disse Ellen, hesitante.

— Ah, é a melhor parte — responderam as garotas. — Eles lhe dão amor enquanto você cuida deles.

— Eu teria de voltar para casa do trabalho todos os dias para lhe dar atenção — continuou ela.

— Sempre que voltamos da escola, mesmo quando o dia foi bem difícil, os gatos nos fazem ficar felizes de novo. Mesmo quando eu não vou bem numa prova — acrescentou a sextanista Rami. — Os gatos me animam e logo eu estou rindo de novo.

— Mas um gato pode fugir e morrer — Ellen parecia triste enquanto falava.

— Tivemos dois cachorros, uma gata e um gatinho que já morreram — contou Mira. — Eles nos deixaram lembranças bem alegres.

Sorrindo, saímos do quarto, deixando nossa amiga continuar a conversa com as garotas. Com sua sabedoria infantil, elas estavam fazendo aquela mulher vencer seu medo de assumir compromissos. Mais do que falar sobre um animal de estimação, ela estava revelando a vontade (e o medo) que tinha de ter um relacionamento.

Uma hora depois, Ellen veio do quartinho dos fundos com Ben numa das mãos e Paws na outra. Ela decidira levar ambos!

Semanas depois ela nos ligou e, rindo, contou-nos como era divertido ter aqueles gatinhos. Ela havia deixado de trabalhar até tarde, pois queria chegar logo em casa para brincar com eles. Ellen acabou encontrando um homem que também gostava de gatos, e começaram a se encontrar. A ligação evoluiu até se tornar o primeiro relacionamento de compromisso que ela havia tido com um homem.

Tudo bem, nada garante que cuidar de um animalzinho atrairá o parceiro perfeito. Ainda assim, nossa família acredita que Ben e Paws contribuíram para que Ellen vencesse o medo de assumir um compromisso e abrisse o coração para a beleza do relacionamento.

Cuidar de um animal é cuidar de uma criatura de Deus. É um grande passo rumo a um compromisso com uma pessoa, e é certamente menos ameaçador. O animal sempre perdoa nossas manias, e é muito menos provável que você seja rejeitado ou abandonado por ele. No entanto, um compromisso é o que certamente haverá entre vocês. Os animais florescem quando sob amorosa atenção, e, à sua maneira inocente, eles a solicitam. Oferecem a você uma contínua oportunidade de se dar, de pensar em outro ser, bem como de receber a afeição simples que eles retribuem sem esforço nenhum.

Os animais de estimação são também maravilhosos treinadores para a maternidade e a paternidade, esse nível posterior de comprometimento com os relacionamentos. Estávamos casados há dois anos quando tivemos o nosso primeiro animalzinho, um filhote de golden retriever, a quem chamamos Bokie. Ele levou nosso relacionamento a um nível de comprometimento novo e mais elevado. Foi nosso primeiro "filho", e abriu nosso coração para cuidar dos outros. Sentimos que Bokie nos ajudou a abrir as portas do nosso coração para os filhos.

Outro modo de vencer o medo de um compromisso é passar algum tempo com uma criança. As crianças são professores naturais. Sua inocência pode abrir rapidamente o nosso coração para um amor maior. Pais solteiros necessitam de uma ajuda especial. Apresentar-se como voluntário para ficar regularmente, por exemplo, uma vez por semana, com o filho de um pai ou mãe solteira não só é um favor e um presente para os pais, mas também servirá como um rico treinamento para o compromisso. Sugerimos esse método para George, um homem solteiro que freqüentou um de nossos seminários e queria desesperadamente vencer esse medo de compromisso. Então perguntamos se no grupo, havia alguma mãe solteira que precisasse de ajuda com os filhos. Uma mulher imediatamente levantou a mão. Por sorte, ela morava perto de George. Ele comprometeu-se ali mesmo a passar pelo menos uma hora por semana com o filho dela, de 7 anos de idade. Um ano depois, George encontrou a mulher com quem se casaria. O compromisso com a criança levou-o a assumir o compromisso com a parceira? Em nosso coração, estamos convencidos de que ajudou.

O medo de não reconhecer as fronteiras

Em todos os relacionamentos afetivos profundos e em que existe comprometimento, haverá ocasiões em que as fronteiras do ego se tornarão indistintas e os parceiros já não saberão onde termina um e começa o outro. O amor ameniza a rigidez do ego, que tende a nos manter separados um do outro. Aprender a fundir-se em amor com o outro exige que amenizemos as arestas duras do nosso ser, mesmo correndo o risco de perder de vista nossas fronteiras. Defender rigidamente nossas fronteiras é proteger-nos do amor e do crescimento. Melhor errar perdendo de vista nossas fronteiras e aprender lições valiosas sobre o amor do que se defender do amor para preservar essas fronteiras.

No entanto, muitas pessoas estão preocupadas com a possibilidade de o amor forçá-las a romper as barreiras que as mantêm seguras, íntegras e à vontade. Em suma, temem renunciar a si mesmas por causa do amor. Então, como aprender a diferença que há entre abrir nosso coração para o outro e renunciar a nós mesmos? Abrir o coração sempre nos dará paz. Sempre. Pode ser difícil fazê-lo, sobretudo quando nos sentimos magoados, feridos ou incompreendidos pela pessoa que amamos. Ainda assim, quando o amor flui, há paz.

Contudo, é importante compreender os meios muitas vezes sutis pelos quais dissipamos nossas fronteiras de forma nociva, e por essa razão perdemos nossa integridade e nossa paz. Renunciar a si mesmo ou não obedecer à verdade que sentimos em nosso interior sempre resultará em ressentimento, raiva ou outros sentimentos negativos. Tudo o que temos que fazer para evitar perder de vista nossas fronteiras é prestar atenção ao modo como nos sentimos, em vez de nos preocupar em saber como o nosso parceiro se sente ou reage. Quando os sentimentos de nosso parceiro se tornam mais importantes do que os nossos próprios, isso significa que deixamos de reconhecer nossas fronteiras.

Isso também acontece quando não reconhecemos a necessidade de dizer "não" quando é preciso. Podemos pensar que estamos sendo ponderados ou polidos ao não dizer "não", mas estamos simplesmente renunciando a nós mesmos. Quando dizemos "sim" e sentimos uma sensação de peso ou tristeza, talvez estejamos precisando dar ouvidos à nossa voz interior, à possibilidade de que um "não" talvez fosse a resposta mais apropriada. Tão importante é esse tópico que teremos mais adiante, neste livro, um capítulo sobre a importância de dizer "não".

Um clássico sinal de advertência de que perdemos de vista nossas fronteiras surge quando um dos parceiros nega as próprias necessidades emocionais para se adaptar ao outro. Trata-se de uma espécie de co-dependência, uma falta de respeito para consigo mesmo que se manifesta como uma síndrome de "doação crônica". Não se trata de uma doação verdadeira. É apenas fazer o gesto de doação como um meio de se afastar da, por vezes desesperada, necessidade de receber. Esse parceiro nega a criança que há dentro dele e que necessita profundamente receber amor do parceiro. Ele encobre então a criança interior com uma fachada de força, competência e independência. Sob essa fachada, o indivíduo está sequioso de amor, mas inconscientemente ele renunciou a si mesmo. Em vez de ver as necessidades de seu parceiro como um reflexo de suas próprias necessidades, essa pessoa ignora o espelho — e ao fazê-lo, perde a noção de suas próprias fronteiras.

Como descobrir se você apresenta essa "síndrome" em alguma situação particular? Provavelmente você se sentirá cansado de dar. O ato de dar cansará porque você não estará cuidando de suas próprias necessidades. Se você está exausto de tanto se dar, é tempo de parar o que está fazendo e prestar atenção em suas próprias necessidades — de descanso, de ajuda ou de amor.

Outro dos muitos meios pelos quais perdemos a noção das nossas fronteiras é fazendo o papel de "salvador". Há uma grande diferença entre ajudar o parceiro e salvá-lo. Aquele que ajuda pode aceitar o estado emocional de seu parceiro, dando-lhe assim o espaço de que ele precisa para reconhecer a sua condição e trilhar os passos interiores necessários para a sua cura. Aquele que salva, por outro lado, não consegue tolerar o mau humor do parceiro e tenta compulsivamente mudá-lo ou "consertá-lo".

Numa sessão de aconselhamento, certa vez um homem reclamou das exageradas mudanças de humor da mulher, especialmente no período pré-menstrual. Depois que o marido fez essa queixa, ela expressou a necessidade de simplesmente ser aceita durante esses períodos.

— O que eu preciso mesmo — ela disse — é que você me veja como eu sou, com TPM e tudo. Você não poderia simplesmente me abraçar, me deixar chorar e deixar as coisas como estão?

Ele pensou que a estivesse amando ao tentar sempre chamar a atenção para o que ela fazia. Ela se sentia pressionada a mudar, em vez de ser aceita e amada. Ela não apreciava essas tentativas de "resgate".

Numa outra sessão de aconselhamento, uma mulher chamada Rita estava tentando convencer o parceiro, Duane, a levar o relacionamento mais a sério. Era uma situação difícil. Eles haviam concebido uma criança com apenas um mês de relacionamento, e agora tinham um filho de 3 anos, que ambos adoravam. Duane, contudo, estava se sentindo preso a um relacionamento que ele jamais escolhera conscientemente. Por meio de sua tentativa de "salvá-lo", ela o estava pressionando a mudar, em vez de aceitar o que ele estava sentindo. Direcionando tanta energia à sua falta de compromisso, Rita estava ignorando a imagem refletida no espelho de sua alma: a sua própria falta de compromisso. No decorrer da sessão, ficou evidente que Rita precisava aceitar o seu medo de que ele a deixasse. Esse medo a impedia de abrir o seu coração completamente para Duane. Quando ela compreendeu sua participação na dinâmica do relacionamento, do seu próprio medo ou falta de compromisso, ela tirou dos ombros dele a pressão de ser o único a enfrentar o problema. Isso tornou mais fácil encontrar uma solução.

Duane deixou-a por alguns meses, e então voltou com compromisso e entusiasmo renovados. Ele precisava de tempo para ficar só, em paz consigo mesmo, para que pudesse optar conscientemente pelo relacionamento. Rita precisou se confrontar com o medo de ser abandonada por Duane, e também precisou de um tempo sozinha, a fim de abrir o seu coração para Duane e para ela mesma. O tempo de separação ajudou Rita e Duane a deixar de lado os papéis de "salvador e paciente" e a estabelecer fronteiras saudáveis.

Um bom meio de visualizar fronteiras saudáveis é imaginar uma membrana semipermeável, tal como a membrana celular. Ela é seletiva e inteligente no que diz respeito ao que deixa entrar na célula e sair dela. Ela sabe como se livrar dos resíduos do metabolismo e deixar entrar os nutrientes. Dando a nós mesmos um tempo de repouso, cultivando com mais freqüência a tranqüilidade e a paz, podemos aprender a deixar entrar e sair de nosso ser aquilo de que precisamos. Dando mais valor aos nossos próprios sentimentos, podemos aprender, a cada momento, quando e como perdemos de vista nossas fronteiras, renunciando a nós mesmos.

Em nosso próprio relacionamento, algumas vezes o amor anuvia de tal modo as nossas fronteiras que eu não sei mais onde termino e onde começa Joyce. E a sensação é tão bela que não mais importa saber quem é quem. Às vezes isso ocorre enquanto meditamos ou oramos juntos, às vezes quando fazemos amor, outras vezes durante nossos seminários ou enquanto trabalhamos juntos. Vejo isso como uma consciente e saudável "dissipação" de fronteiras. Ao contrário da forma nociva, em tal situação nós não sentimos desamparo ou descontrole. A qualquer momento, podemos nos sintonizar com nosso eu individual e sentir nossa totalidade. Somos gratos por nosso relacionamento ser um lugar seguro a ponto de podermos deixar ruir os muros que formam fronteiras impenetráveis.

SIM, PODEMOS VENCER NOSSOS MEDOS

Susan me procurou para se livrar do seu padrão de "sempre se envolver com homens comprometidos".

— Barry — disse-me ela —, eu não compreendo. Por que isso continua acontecendo comigo? Tenho tanta vontade de compartilhar minha vida com um homem e constituir uma família. Embora meus pais tenham se divorciado quando eu era criança, sempre tive um relacionamento próximo com ambos.

Senti a necessidade de lhe fazer uma pergunta.

— Susan, do que você tem medo?

— Tenho medo de ficar muito íntima de outra pessoa — ela disse sem hesitar. — Tenho medo do relacionamento.

Pedi a Susan para fechar os olhos e verificar que imagens ou sensações lhe ocorriam, associadas a esse medo. Depois de um momento de silêncio, ela recordou dolorosamente da última briga que seus pais tiveram antes da separação definitiva e do divórcio. Ela abriu os olhos e descreveu a cena para mim.

— Tenho 5 anos de idade e estou na sala de estar olhando para a cozinha, onde meus pais estão discutindo. O namorado de minha mãe está esperando lá fora, no carro. Posso ouvi-lo buzinar. Meu pai está tentando impedir minha mãe de sair.

Então lágrimas escorrem de seus olhos e ela olha para mim, dizendo: — A lembrança dói muito. Sou obrigada a parar.

Expliquei-lhe que parte de sua cura consistia em retornar conscientemente para aquela cena dolorosa, tornando a relembrar todos aqueles sentimentos. Nenhuma explicação do que aconteceu poderia beneficiá-la de fato, pois o trauma original estava no nível do sentimento, da vivência. Não era um conceito mental. Pedi que ela tentasse revivê-los, e ela concordou.

Pedi-lhe que fechasse novamente os olhos e fiz com que treinasse uma respiração mais profunda como um meio de ir mais fundo em seu corpo e em seus sentimentos. Pedi-lhe que fosse novamente aquela garota de 5 anos naquela sala de estar, e que descrevesse o que estava sentindo.

De repente ela começou a falar. Podia ver o namorado da mãe esperando lá fora, dentro do carro. A mãe estava se aprontando para sair, enquanto o pai a seguia, implorando para que não saísse. Susan tinha lágrimas nos olhos. Sua mãe ficava dizendo "não" para ele. As vozes cresciam em volume e irritação. Vociferavam coisas horríveis um para o outro. O pai agarrou o braço da mãe, tentando impedi-la de sair. Susan se escondeu atrás da parede, apavorada com o que estava para acontecer.

De repente, tudo acabou. O pai soltou o braço da mãe. E ordenou que fosse para não mais voltar.

Susan desatou a chorar quando se lembrou da mãe voltando para lhe dizer adeus. Ela estava chorando, e a abraçava com força.

— Tive muito medo — disse Susan. — Eu não sabia se tornaria a ver minha mãe.

Ainda chorando, mas agora com os olhos abertos, Susan contou que a pior parte de toda a experiência foi a sensação de desamparo. Tudo o que aquela Susan de 5 anos de idade conseguia fazer era ficar ali parada e chorar.

Eu sabia que só havia uma coisa a fazer. Eu disse para ela: — Susan, você precisa voltar àquela cena traumática, não como uma criança desamparada, mas como uma mulher poderosa que pode expressar a sua verdade.

O olhar que ela me lançou dizia claramente: "Você não pode estar falando sério" e, no entanto, ela própria sentia a necessidade desse retorno, bem como o seu potencial de cura.

Ela fechou os olhos uma vez mais. Guiei-a de volta para o lugar que ocupara na sala de estar. Falei-lhe suavemente, mas com firmeza, lembrando Susan de que ela era uma adulta, de que agora ela teria ajuda em abundância.

— Vá em frente. Sinta a presença de todos aqueles que algum dia a amaram durante toda a sua vida, e extraia força do amor dessas pessoas.

Dessa vez, Susan manteve-se sentada com os olhos fechados por alguns minutos. Permaneci quieto, dando-lhe tempo para fazer o que precisava fazer. Vi um sorriso em seu rosto, e logo os seus olhos se abriram. Neles havia paz e também poder quando ela relatou: — Fiquei entre os meus pais enquanto eles vociferavam um para o outro, olhei para ambos e ordenei que parassem de agir de forma tão imatura. Quando fizeram silêncio, pude compartilhar minha dor e meu medo com eles. E eles realmente ouviram. Susan também compartilhou seu amor com os pais e, por causa desse amor, ela pôde ver quanta sabedoria havia naquela necessidade de separação.

— Mesmo sendo doloroso — ela disse —, pude ver o crescimento profundo que isso estava trazendo para todos nós.

E Susan ficou radiante!

— É como se um peso enorme tivesse sido tirado do meu coração — ela disse. O trauma dessa lembrança e do divórcio de meus pais vinha me bloqueando todos esses anos, a mim e a meus relacionamentos. Eu nunca fiz a ligação, nem vi o quanto temia que o mesmo tipo de dolorosa separação acontecesse comigo. Deve ser por isso que tenho me envolvido com homens comprometidos.

Por sua disposição em defrontar-se com seus medos, Susan deu um passo gigante para seu crescimento. Chegou a um ponto de sua vida em que não mais estava disposta a ser dominada pelo que reconhecia serem padrões nocivos de seus relacionamentos.

Todos nós podemos aprender com Susan. Todos temos, em graus variados, padrões nocivos que parecem se atrelar a nós. É importante lembrar que esses padrões podem ter sua origem numa experiência dolorosa ou traumática, seja em nosso passado recente, seja num passado distante. Se desejamos a cura, em primeiro lugar temos de nos tornar conscientes desses padrões nocivos — independentemente de sua origem. Às vezes podemos fazer isso usando métodos de trabalho interior, como a oração ou a meditação. Às vezes, podemos precisar de ajuda profissional.

E, o mais importante, precisamos ter a coragem e a disposição de *sentir os sentimentos* que estão por trás do padrão. Só então poderemos nos mover em toda a sua extensão. Nem sempre é necessário descobrir a causa ou situação exata, ou a origem do trauma no tempo e no espaço. Na verdade, a sabedoria da cura de Susan esteve menos relacionada à sua descoberta da fonte de sua dor do que à sua capacidade de amar e perdoar.

Com todo esse trabalho que temos realizado com os medos das pessoas, temos aprendido que culpar nossa família pelo nosso medo do abandono ou por qualquer outro problema pode ser uma armadilha. Culpar nossos pais pelos nossos próprios problemas é o mesmo que culpar o nosso parceiro pelos problemas em nosso relacionamento. Agir assim é evitar olhar no espelho e assumir a responsabilidade por nossa própria evolução espiritual. Nossas experiências da infância são válidas. Elas ocorreram e nos afetaram profundamente, mas nossa alma é maior do que os efeitos de nossa infância, e somos mais do que um produto da nossa criação. Somos seres magnânimos, espirituais, que vivem experiências em meios multidimensionais. *O alcance de nossa alma é muito maior do que qualquer coisa que possamos sentir com nossa mente racional, intelectual. A vida é maior e se passa num nível mais profundo do que os acontecimentos que formam a nossa personalidade.*

A cura verdadeira só pode acontecer no nível do coração ou do espírito. A verdadeira cura exige que aceitemos todos os nossos sentimentos e sensações, e todos os medos, em vez de meramente avaliar a origem de nossos padrões nocivos como se estivéssemos resolvendo um problema de matemática. Ser capaz de aceitar nossos sentimentos e experiências é a aventura real de nos curar, a excitação da descoberta de si mesmo e a viagem para o amor mais elevado possível.

COMO VENCER NOSSOS MEDOS

Por que os relacionamentos íntimos lhe inspiram medo? Esta é uma ótima ocasião para fazer um levantamento desses medos. Você tem medo de perder o seu poder — ou de perder a sua individualidade? E quanto ao medo de abandono ou rejeição? O compromisso tem sido uma coisa difícil para você? Você tem problemas em estabelecer fronteiras claras para si mesmo, e por isso tem, portanto, medo de ficar muito íntimo de outra pessoa?

Agora, veja-se como algo muito maior do que uma mera coleção de medos. Você é maior do que seus medos. Sinta seus medos. Veja seus medos. Brinque até mesmo com seus medos, se quiser. Eles estão separados de seu eu verdadeiro.

Inspire e expire a partir do centro do seu peito, da região do seu coração. Ali, brilha sempre uma luz; mas, quando a sua atenção está voltada para o seu medo, você perde a consciência dessa luz. Agora, volte toda a sua atenção para essa luz que brilha no seu coração. Visualize ou sinta seu brilho, seu calor, sua paz profunda. O medo é como as brumas de uma manhã cinzenta obscurecendo essa luz. O amor, a essência de quem você é, é como os raios de sol que por fim penetram até mesmo na mais densa das brumas e trazem as cores vivas de volta para o mundo.

10

Da Co-Dependência à Interdependência

Não importa que um cômodo tenha permanecido escuro por uma noite ou por uma centena de anos, ele ficará iluminado da mesma forma quando uma vela for acesa.

— Ramakrishna

Co-dependência e interdependência são extremos opostos do espectro de necessidades de um relacionamento. A co-dependência implica uma necessidade ou dependência inconsciente da outra pessoa, e isso freqüentemente se expressa de uma forma pouco saudável. É uma recusa em reconhecer a nossa dependência psicológica do outro. Para amadurecer a espiritualidade, para chegar a uma grandeza espiritual, temos de perceber nossa interdependência, ter consciência de que temos uma necessidade *saudável* de estar com essa pessoa. Aceitar nossa interdependência traz mais amor aos nossos relacionamentos.

Certa vez trabalhamos com um casal que se revelou um exemplo clássico de co-dependência. Gary usava maconha diariamente. Como tantas pessoas dependentes de droga, ele negava essa dependência. Achava que a maconha simplesmente o ajudava a ser mais criativo. Contudo, quando estávamos escrevendo *Risk to Be Healed*, aprendemos que a maconha ou qualquer outra substância que altere os estados mentais oferece apenas uma ilusão ou aproximação de uma criatividade ou consciência mais intensas. O seu verdadeiro efeito é embotar a consciência, colocando sobre ela um filtro, ao mesmo tempo que muitas vezes torna a pessoa mais dependente da substância.

A mulher de Gary, Ann, expressava um forte ressentimento em relação ao hábito do marido, e via que isso estava destruindo a relação. Contudo, ela se sentia impotente para assumir uma posição firme quanto a essa questão. Quando nós a preparamos num nível mais profundo para aceitar esses sentimentos, ela acabou adquirindo consciência da sua própria co-dependência — do modo como ela era dependente do relacionamento sexual que tinham. O sexo para Ann não era muito diferente da maconha para Gary. Cada qual tinha o seu próprio vício, mas no sentido clássico (e na definição original) da co-dependência, essas duas dependências se fortaleciam mutuamente. Em sua co-dependência, Gary e Ann eram em certos aspectos reflexos um do outro, dois lados da mesma moeda. Nutriam um ao outro, apoiavam um ao outro. Quanto mais Gary era indulgente com o uso da maconha, mais inconsciente se tornava com relação a Ann, o que incluía não estar completamente presente durante o sexo. Em Ann, isso desencadeava insegurança e o medo do abandono, o que a fazia depender ainda mais do sexo, como se ele fosse uma "tragadinha" artificial, e não uma expressão de intimidade. E quanto mais Ann cedia à sua dependência por sexo, mais opaca se tornava a sua consciência, mais ela se separava de Gary e mais ele fumava, num esforço, em grande parte inconsciente, de fugir à dor da separação. E assim a coisa continuava... Essa é a dança da co-dependência.

Um aspecto importante da jornada do relacionamento envolve, em primeiro lugar, o reconhecimento de nossa co-dependência, e depois o modo como a aceitamos. Para todos nós, aceitar nossa co-dependência é aceitar uma parte de nossa humanidade, em vez de julgá-la, culpá-la ou rejeitá-la, o que a mantém enterrada e inconsciente. A aceitação da nossa própria co-dependência é algo que nos deixa humilhados, e isso pode nos levar a tomar consciência de uma dependência saudável, que chamamos de interdependência.

Existe uma grande diferença entre ter necessidade do outro (um aspecto da interdependência) e esperar ou exigir que o outro satisfaça essa necessidade (um aspecto da co-dependência). A interdependência implica assumir a responsabilidade pelos próprios sentimentos, desejos e ações. Quando não assumimos a responsabilidade por nossas ações, o que resulta é uma interação co-dependente. Um exemplo clássico é o homem que se irrita com a esposa porque ela não consegue encontrar as meias preferidas dele. Em sua mente inconsciente, ele está querendo e esperando que a mulher (mamãe) cuide dele. Se reconhece essa projeção em sua vida e aceita a parte dele que precisa dos cuidados dela, ele pode não ser tão rigoroso com relação às "meias". Pode mesmo ver com alegria a necessidade que sua criança interior tem da "mamãe". Quando há um sentimento de alegria ou paz mesclado com a necessidade que temos da outra pessoa, estamos entrando em contato com a interdependência e vencendo a nossa co-dependência.

Outro exemplo de co-dependência é a mãe que reclama que os filhos adultos nunca telefonam para ela. Sua reclamação é uma capa protetora inconsciente para a sua necessidade de amor e atenção. Se ela puder ser emocionalmente mais honesta e simplesmente compartilhar sua necessidade de amor, essa honestidade lhe dará melhores chances de receber o que necessita. E o mais importante, se ela conseguir aceitar sua necessidade de amor, isso será a cura para as suas ações co-dependentes.

Nossa co-dependência muitas vezes pode se originar da necessidade de amor que tem nossa criança interior e do nosso mecanismo de defesa (a raiva do homem devido ao par de meias e a reclamação da mãe) para manter essa criança vulnerável fora da sua linha de visão — e por isso protegida de uma futura mágoa ou rejeição. A cura vem quando encontramos coragem para olhar a nossa vulnerável criança interior, aceitá-la e ficar em paz com o amor de que ela necessita.

Saber o quanto precisamos das outras pessoas física, emocional, psicológica e espiritualmente é uma atitude das mais saudáveis. Isso representa uma humilde aceitação do ponto em que estamos como seres humanos. É nocivo, contudo, projetar essas necessidades em outra pessoa e esperar ou exigir que ela se satisfaça. Essa projeção é manipuladora e está na raiz do comportamento co-dependente, bem como no de muitos outros problemas de relacionamento. Significa, ao menos em parte, buscar a fonte da felicidade fora de nós mesmos. Jamais a encontraremos lá. É mais saudável sentir tanto a nossa necessidade humana de amor quanto a origem divina desse amor em nós e nos outros.

Precisamos ser honestos com nós mesmos no que diz respeito à co-dependência e aos nossos meios nocivos pelos quais nos relacionamos com as outras pessoas. No entanto, só conseguimos nos curar e ser feliz quando aceitamos nossa interdependência, quando temos consciência de que não estamos sozinhos neste planeta. Precisamos muito uns dos outros. Nossa sobrevivência como espécie depende dessa nossa interdependência. Só podemos sobreviver se houver amor e cooperação — e se aceitarmos que precisamos uns dos outros e que precisamos ajudar uns aos outros.

A jornada da co-dependência para a interdependência tem sido importante em minha relação com Joyce. No começo de nosso relacionamento, nossa co-dependência foi um monstro oculto esperando para levantar sua horrível cabeça sempre que permitíamos que nossa recusa nos fizesse "dormir no ponto". Eu "dormia no ponto" quando negava minha parte humana (o pequeno Barry) que dependia de Joyce. Para mim, na época, precisar de outra pessoa era demonstrar fraqueza e insegurança, qualidades não muito desejáveis. E assim, sentindo dessa maneira, foi fácil empurrar essa parte infantil e carente que havia em mim para um reino inconsciente. Foi fácil me enganar, convencendo-me de que eu não tinha necessidade de Joyce, de que eu não era apegado a ela. Eu era dependente do mito de minha independência ao negar o meu medo de dependência e abandono.

Joyce, por outro lado, "dormiu no ponto" no começo de nossa relação, ao recusar a força de sua intuição. Ela costumava me procurar para eu ajudá-la a resolver seus problemas e entender as atitudes que as outras pessoas tinham com ela. Para ter a orientação de que precisava em sua vida, ela voltou-se mais para mim do que para a sua própria sabedoria interior. Seu sentimento de que dependia demais de mim era um reflexo de meu sentimento de que eu não dependia nem um pouco dela. Era difícil para Joyce sentir toda essa dependência, quando esta contrastava tanto com a minha aparente independência. Pelo fato de não aceitar esses sentimentos, ela, também de modo inconsciente, procurou não tomar conhecimento deles.

Nossa polarização poderia ter continuado por muito tempo. Até que algo aconteceu. No meu segundo ano de faculdade, Joyce e eu estávamos casados havia um ano. Uma amiga contou-nos, entusiasmada, que um antigo professor dela estava para lhe fazer uma visita, vindo de Los Angeles. Ela então nos convidou para uma festa que estava dando em homenagem a ele. O nome desse professor era Leo Buscaglia, hoje autor de livros bastante conhecidos sobre o amor. Não estávamos nem um pouco preparados o que aconteceria nessa festa.

Minutos depois de chegar, esse homem de meia-idade, de olhos brilhantes e um sorriso quase tão grande quanto ele próprio, envolveu-nos, a mim e a Joyce, num abraço tão apertado quanto aqueles que costumamos reservar só aos amigos mais antigos e queridos, e mesmo assim só depois de ficar muito tempo sem vê-los. E é bom lembrar que isso aconteceu numa época em que abraçar não era comum. A idéia, por exemplo, de o presidente dos Estados Unidos abraçar o seu vice seria inconcebível. Dizer que o abraço de Leo foi de nos fazer levitar seria dizer pouco.

Contudo, esse foi o começo de uma nova fase em nossa vida, um mergulho profundo na proposta de compartilhar abertamente nosso amor com as pessoas. Esse mergulho foi uma benção, pois aprendemos a abrir mais o nosso coração para os outros. Como casal, era só entre nós dois que cultivávamos o nosso amor e nossos pensamentos e sentimentos mais íntimos. De várias maneiras, essa fase da nossa vida serviu como base para o trabalho que hoje fazemos com nossos textos, palestras e seminários.

Foi também um desafio, especialmente para mim. Para uma pessoa que não aceita o fato de precisar emocionalmente das outras, o compartilhar do amor pode representar um problema. Tenho de admitir que eu não estava muito amadurecido nessa fase de minha vida. Eu tinha dificuldades para assumir a responsabilidade de ter um compromisso sério. Tinha medo de perder minha liberdade, de ser mantido cativo na prisão que, eu percebia, alguns relacionamentos haviam se tornado. Eu apreciava minha liberdade naqueles dias — pelo menos em sua expressão exterior. Mas, interiormente, eu estava distante de mim mesmo, e só eu não sabia disso. É claro que, sob o medo de perder a liberdade, estava o verdadeiro medo, que era o de estar muito próximo de outra pessoa (Joyce), ou seja, era o meu medo de intimidade, da vulnerabilidade e da dependência, e o meu medo de rejeição e abandono. Em meu raciocínio inconsciente, eu pensava que, se tivesse mais de um relacionamento íntimo, o medo e a dor de ser abandonado em algum deles seria menor. Infelizmente, as coisas não funcionavam assim. Tentando me proteger da dor, eu estava, em vez disso, protegendo-me do amor.

Então, enquanto eu racionalizava, aquele primeiro abraço de Leo deu-me a permissão de envolver-me com outras mulheres em nome da liberdade e do amor. E isso não era tudo que Leo estava ensinando. Ele estava ensinando a expressar livremente o amor e o carinho, mas minha necessidade de amor (minha co-dependência) me fez distorcer sua mensagem, transformando-a num meio de fugir do compromisso e da intimidade com Joyce.

Não é preciso dizer que esse foi um tempo doloroso, mas também de grande crescimento. Foi quando deixei de negar que minha criança interior precisava de amor. Antes eu projetava minha própria criança interior em Joyce, vendo somente a sua necessidade de amor e o quanto ela era dependente de mim. Nesse momento, eu estava passando a ver Joyce como um espelho da alma, refletindo-me de volta a minha própria criança interior, que tanto precisava ser amada. Comecei a ver essa necessidade e ver minha criança interior como algo que sempre estivera comigo, como algo saudável e positivo. Comecei a perceber que minha criança interior, se eu permitisse, não só me ensinaria sobre o quanto eu precisava do amor de Joyce, mas também sobre o quanto eu precisava do amor de toda a criação. Eu estava despertando para a realidade de minha co-dependência, um despertar que, por sua vez, me conduziria a uma compreensão de minha interdependência, de minha conexão com tudo e com todos.

Quando entramos em contato com essa ampla compreensão de nossa interdependência, uma luz é lançada também sobre nossa co-dependência. Ela não pode permanecer oculta da nossa visão. Nossa ligação com Leo e com outros amigos importantes dessa época, ao mesmo tempo que foi uma poderosa força para abrir nosso coração, também nos fez enxergar os aspectos nocivos de nosso relacionamento. Quando se ilumina uma casa, a luz acaba encontrando o seu caminho na escuridão, iluminando quartinhos e o que há lá dentro também. O mesmo ocorre com os recantos escuros de nossa alma. Para sermos livres, a luz tem de penetrar em todos esses lugares.

Em meus últimos dois anos na escola de medicina, nós nos mudamos para Los Angeles, onde freqüentei a University of Southern California. Joyce foi agraciada com uma bolsa para um programa de mestrado no Departamento de Psicologia Infantil da USC. E quem estava lá para ser um de seus principais preceptores? Leo Buscaglia! Nós chegamos até a ficar em sua casa em nosso primeiro fim de semana em Los Angeles, até descobrir um apartamento para alugar três casas mais abaixo, na mesma rua.

Leo exerceria uma influência profunda em nossa vida nos dois anos seguintes. Para quem estivesse perto dele, sua mensagem era sempre simples — entre em contato com o seu coração, com o amor, e veja através das ilusões de nossa existência a beleza da vida. Quando estávamos perto dele, parecia que a vida era plena de magia. É claro, todos atribuíamos muito da magia a Leo e não percebíamos que ela estava em cada um de nós, na química de estarmos juntos, compartilhando aquele espaço do coração, compartilhando uma atmosfera de amor.

Certa noite eu tive um sonho prodigioso. Eu estava num quarto escuro e sabia que havia muitas outras pessoas no quarto, mas não podia ver ninguém. Leo estava no meio do quarto, numa espécie de altar. Ele parecia concentrado, tentando fazer alguma coisa. Finalmente, uma luz pequena e resplandecente apareceu no altar. Ela aumentava de intensidade pouco a pouco, até que explodiu de repente, formando uma luz branca ofuscante. Soltei um grito e pulei na cama, acordando Joyce. Foi a primeira vez que sonhei com o poder da "Grande Luz Branca", comentada em tantas tradições, e eu não me sentia espiritualmente pronto para a experiência. Ela me deixou prostrado.

Dias depois, Leo visitou-nos em nosso apartamento. Contei-lhe sobre o sonho. Ele deu um pulo da cadeira e arregalou os olhos. Impressionado, contou-nos que havia tido o mesmo sonho. Durante três noites seguidas, ele se posicionara no mesmo altar, no mesmo quarto escuro, acendendo uma pequena luz. No sonho, ele se sentia um pouco triste porque ninguém parecia capaz de vê-lo. A terceira e última noite desse sonho foi aquela em que tive o meu. Então ele soube que seu trabalho não tinha sido em vão.

Nós três sentados, fascinados um com o outro, deixando o significado do sonho entranhar-se em nós. Estávamos profundamente comovidos pela conexão profunda que se dera entre nós. Sentíamos o privilégio sagrado que tivéramos: o de compartilhar aquela Luz.

Esse é o cerne da interdependência. A luz do amor passa de coração em coração, tornando-se como um colar de pérolas vivas. Nossos períodos de solidão são importantes não porque estamos isolados dos outros, mas porque sentimos nossa ligação com toda a criação. E, então, as horas em que estivermos trilhando nosso caminho ao lado de companheiros de viagem também podem ser mais gratificantes. A necessidade mais profunda da alma é dar e receber o néctar chamado amor.

DA CO-DEPENDÊNCIA À INTERDEPENDÊNCIA

Há uma criança dentro de você que precisa de amor, aprovação, reconhecimento e muito mais. Dê-se um tempo para refletir e sentir as necessidades dessa criança. Perceba que não há nada errado no fato de ter essa criança e suas necessidades. Se o adulto, a parte consciente de você, não aceita essas necessidades e essa criança interior, a energia se expressará como medo, raiva, manipulação, apego ou como uma série de outros meios de co-dependência que só encobrem as necessidades mais profundas.

Deixe-se sentir também a sua interdependência, o seu fio na grande tapeçaria da vida, o seu lugar em toda a criação. Você precisa dos outros. Os outros precisam de você. Você tem muito para dar à vida e para receber dela.

Agora imagine ou sinta uma grande luz ao seu redor e em você, embalando a sua criança interior com um amor incondicional. Essa luz está tomando conta de sua criança interior. Relaxe. Você não precisa trabalhar tanto só para receber os cuidados dessa presença divina. Essa luz está sempre presente e sempre à espera de sua disposição para receber o amor que você merece.

11

Como Aprender com o Espelho

Você que quer buscar o conhecimento,
procure a Unidade dentro de si.
Ali você encontrará
o espelho claro sempre à sua espera.

— HADEWIJCH II

À medida que empreendemos nossa jornada espiritual, várias questões vêm à tona e precisam ser confrontadas se quisermos florescer. Algumas das questões que discutiremos neste capítulo são pontos vistos e revistos em nossas sessões de aconselhamentos e em nossos seminários. Outras não são tão comuns, mas estão aqui incluídas porque nos ensinam importantes lições sobre a alma. Outras, ainda, são respostas a perguntas que nos foram enviadas do país inteiro por pessoas que estão tentando melhorar seus relacionamentos. Cada grupo de questões ilustra uma faceta diferente do caminho do "espelho da alma" para o crescimento espiritual — o processo mágico pelo qual cada problema de um relacionamento lhe dá a oportunidade de olhar mais profundamente para si mesmo. Porque, se cavarmos por sob a superfície de cada dificuldade, encontraremos uma oportunidade de crescimento. Mas, primeiro, para ajudá-lo a compreender de que modo os relacionamentos nos proporcionam um espelho da alma, talvez você queira meditar sobre a seguinte prática antes de prosseguir a leitura.

CONTEMPLE O ESPELHO

Sente-se em silêncio, sozinho. Respire profundamente para ajudar a aquietar a mente e a relaxar o corpo.

Quais qualidades de seu parceiro (ou da pessoa amada) lhes são difíceis de aceitar? O que ele faz (ou deixa de fazer) que você simplesmente não consegue ignorar? Dê-se um tempo para ver e sentir esse aspecto da maneira mais clara possível.

Agora imagine essa pessoa erguendo um painel de vidro levemente espelhado na frente de seu rosto. Você ainda pode ver o rosto dessa pessoa através do vidro, mas, mudando o foco, pode ver em vez disso o seu próprio rosto. Então, com uma leve mudança de foco, você se percebe olhando num espelho, para o seu próprio rosto, em vez de olhar através de um vidro, para o rosto de outra pessoa. Essa é uma parte crucial da prática da visualização. Ajudará você a assumir a responsabilidade pelo que estiver projetando no outro, para recuperar as qualidades que lhe pertencem.

A essa altura, você precisa sentir sua disposição em crescer e aprender as lições de alma que esse espelho tem a oferecer. Você precisa ser diferente da fútil rainha da história da Branca de Neve, que se recusava a aceitar a verdade do espelho mágico. Pede-se a você, neste momento, que reivindique todas as suas projeções.

Selecione uma qualidade ou comportamento da personalidade da pessoa amada que você ache difícil de aceitar. Examine atentamente os sentimentos ou pensamentos que lhe evocam essa qualidade ou comportamento em particular. Esses são os seus próprios pensamentos ou sentimentos. Talvez sejam desencadeados por outra pessoa, mas mesmo assim eles são seus.

A chave para o seu crescimento é olhar com atenção, agora, para aquilo que você acha inaceitável em *você mesmo*, em vez do que lhe parece inaceitável na outra pessoa. Lembre-se, aquilo de que você não gosta "lá fora", na verdade, está lhe mostrando coisas de que você não gosta em si mesmo. Pode ser a mesma qualidade ou comportamento em você mesmo, ou pode ser algo diferente, mas que vem à tona por meio da personalidade dessa pessoa. Você pode encontrar uma imperfeição em você que seja complementar à imperfeição da pessoa amada. No entanto, para o seu próprio crescimento, é imperativo descobrir como você contribui para reforçar essa imperfeição no relacionamento.

Da mesma forma, existe uma projeção "positiva", uma força ou beleza que você atribui unicamente à outra pessoa? Você de algum modo põe essa pessoa num pedestal, de modo que ela fique acima de você? Isso também o manterá afastado da verdadeira intimidade.

Tenha a coragem de olhar profundamente no espelho. Se fizer isso, você encontrará algo que precisa de amor e aceitação dentro de si mesmo. Então, dê esse amor e aceitação, e veja o seu relacionamento crescer e se desenvolver também.

O parceiro insensível

A carta a seguir, que recebemos de uma mulher, ilustra o espelho da alma em ação, assim como o modo de usá-lo com eficácia para o nosso próprio crescimento espiritual e o de nossos relacionamentos:

"Quando me apaixonei por Ethan, fiquei emocionada por ter encontrado, enfim, um homem realmente sensível. Ethan fez um grande trabalho interior. Ele havia feito terapia durante sete anos, começara a participar de um grupo de apoio para homens, e estava até mesmo se reconciliando com suas duas ex-esposas e inúmeras namoradas. Hoje, após dois anos de casamento, sinto que ele ainda é sensível e ponderado nas relações com todas as pessoas — só não é comigo. Parece mais sensível à sua ex-mulher, Patty, às suas ex-namoradas e mesmo à sua mãe. Isso me preocupa profundamente. Temos uma filha de 1 ano, e ele é ótimo com ela. O que posso fazer para que ele seja tão sensível às minhas necessidades quanto costumava ser? Ainda o amo muito, mas muitas vezes fico magoada, sinto-me confusa e frustrada por causa disso. Às vezes sinto como se eu fosse a última em sua lista de sensibilidades."

Eis um exemplo clássico de alguém que projeta no outro o que precisa ver dentro de si mesmo. Dissemos para ela o seguinte: "Talvez o maior passo que você possa dar para melhorar seu relacionamento seja se concentrar em sua própria insensibilidade, e não na de Ethan. Certo, a insensibilidade do seu marido pode ser muito mais evidente para você do que a sua própria, mas isso não significa que só ele esteja com problemas nessa área. Não estamos dizendo que ele não seja insensível com relação a você. A questão é, quanto mais você tenta trabalhar a insensibilidade dele, quanto mais você tenta fazer com que Ethan a respeite e considere mais, pior fica a situação, porque você está ignorando a sua *própria* insensibilidade.

"Eis o modo como o paradoxo do espelho da alma funciona: *você tem sido insensível à maneira insensível como trata você mesma*. É como ver um copo meio vazio em vez de meio cheio. É uma questão de perspectiva. Compreender o espelho do relacionamento é uma questão de aceitar um paradigma novo e mais profundo. Você precisa desenvolver uma compreensão mais profunda da verdadeira fonte de sua felicidade. Assumindo uma responsabilidade pessoal pela sua própria paz e pela paz em seus relacionamentos, você crescerá espiritualmente.

"E como ser mais sensível a Ethan? O modo mais óbvio, para nós, é ver de que maneiras ele é sensível a você. Temos certeza de que certas vezes Ethan leva em conta as suas necessidades. Em vez de reclamar da raridade dessas ocasiões, você terá a maravilhosa oportunidade de olhar esses momentos com carinho. E, acredite, voltando a sua atenção para isso você poderá enxergar mais do que nunca a sensibilidade de seu marido.

"Portanto, ao ver uma demonstração de respeito ou sensibilidade a você, ainda que pequena, reconheça e desfrute o máximo possível, sem nenhuma expectativa de que fazendo isso você possa mudá-lo. Se lhe parecer apropriado, demonstre o apreço que sente por Ethan pelo fato de ter consideração por você. Mas esse apreço verbal e exterior às vezes pode ser uma armadilha. Talvez seja melhor apreciar seu marido apenas interiormente. Isso surtirá o mesmo efeito sobre ele, sem que você corra o risco de que ele assuma uma postura defensiva ou, talvez, tenha a sensação de que você esteja agindo de maneira condescendente com relação a ele. Mais ainda, concentrando-se na sensibilidade dele a você, você estará cultivando a sua própria sensibilidade — consigo mesma e com seu marido. E este é o seu trabalho num nível anímico: *tornar-se aquilo que você deseja do seu amado*.

"Você mencionou que Ethan é ótimo com sua filhinha. Aí você tem outra oportunidade para demonstrar seu apreço por ele. Deixe que ele saiba como ele é bom pai e o quanto você é grata por isso. Isso não só fará com que ele se sinta melhor com ela, mas também o atrairá para mais perto de você."

A insensibilidade é simplesmente um hábito que adquirimos. Tão logo nós, seres humanos, conseguimos nos sentir à vontade numa situação particular, começamos a nos acomodar. Se nosso corpo é saudável, por exemplo, tendemos a esquecê-lo. Deixamos de ter consciência de sua preciosidade. Até que ficamos doentes ou sofremos um acidente. O resultado é um aumento na sensibilidade e na valorização. Como seria melhor dar graças pela saúde todos os dias em vez de esperar pela doença para se lembrar de valorizá-la!

O mesmo vale para os relacionamentos. À medida que nos tornamos mais seguros e confortáveis com nosso parceiro, à medida que nos tornamos mais previsíveis um para o outro, tendemos a "dormir no ponto" no relacionamento. Começamos a sepultar a chama da paixão divina. Os padrões habituais de nossa vida diária pode embotar facilmente a nossa sensibilidade à outra pessoa. É quando alguma coisa drástica pode acontecer, algo que ameaça o nosso relacionamento. O resultado de tal "sacudida" é um despertar, com um aumento na sensibilidade e na valorização.

Se queremos que nossos relacionamentos dêem vôos mais altos, se queremos o mais profundo respeito, intimidade e confiança, precisamos dar graças por cada dia, e saber valorizá-lo. Saiba que a sensibilidade é algo que pode ser cultivado. Alguns de nós acham que, se demonstrarmos apreço, prejudicamos nossa própria auto-estima. Não é bem assim. Como explicamos, o que você vê ou projeta no mundo exterior é, magicamente, aquilo em que você se torna. Voltando a sua atenção para o amor, com certeza você amará a si mesmo. Uma atenção amorosa ao seu espelho da alma é tudo o que você precisa para isso.

DIFERENÇAS NA EXPRESSÃO DAS EMOÇÕES

"Parece que Caroline é mais fraca do que eu", disse Joseph numa sessão de aconselhamento. "Basta que eu a olhe de modo diferente e ela já se desmancha em lágrimas. Coisas mínimas parecem aborrecê-la. Quando nos conhecemos, ela parecia tão mais concentrada. Hoje, volta e meia lá estou eu, perdendo um tempão para confortá-la, quando ela está emocionalmente abalada. Tenho medo de perder o respeito por Caroline."

Para começar, Joseph estava partindo do pressuposto de que expressar emoção é sinal de fraqueza. Talvez Caroline seja emocionalmente muito expressiva, mas muitas vezes isso vem a ser uma reação natural a um parceiro que manifesta o outro extremo, a repressão inconsciente ou o represamento das emoções. Essa dinâmica — um homem que não é plenamente consciente de suas emoções ligado a uma mulher que parece expressar excessivamente as suas — é típica, embora alguns casais apresentem o contrário — o homem excessivamente emotivo e a mulher inexpressiva do ponto de vista emocional.

Uma importante lição para Joseph no seu relacionamento seria tomar consciência de seus sentimentos. Enquanto não o fizesse, sua parceira seria a única a parecer insegura. Uma vez que Joseph temia e evitava a própria emotividade, e a via como uma fraqueza, ele atribuía tanto a emotividade quanto a fraqueza à pessoa que ele amava. Durante a sessão de aconselhamento, ele passou a ver que a "fraqueza" de Caroline era na verdade um ponto forte, e que seu (ponto) forte era na verdade uma fraqueza. Ele acabou compreendendo que o trabalho que precisava fazer em si mesmo era o de liberar suas emoções.

Lembro que fiz o mesmo juízo de Joyce. Pouco a pouco, com o passar dos anos, comecei a valorizar a sabedoria do amplo leque de expressões emocionais de Joyce. Se antes eu costumava ficar ofendido com as suas súbitas (e inesperadas) manifestações emocionais, hoje tento usá-las como chave para o que preciso aprender numa determinada situação. Hoje freqüentemente me sinto grato (embora isso às vezes possa demorar um pouco) pelo modo de Joyce ser como uma professora para mim.

Tendo sido educado como todo garoto, na nossa cultura, rapidamente captei a mensagem de que a expressão dos sentimentos (de qualquer sentimento) era considerada coisa de "maricas" ou uma fraqueza. Até que, no início da década de 60, aprendi que dar vasão aos meus sentimentos proporcionava-me a mais profunda de minhas forças. Agora é hora de integração. Pensar e sentir são igualmente importantes. O pensamento é como um vaso que pode conter sentimentos. O sentimento pode acrescentar vida ao pensamento. Ambos são igualmente belos e podem coexistir em delicioso equilíbrio.

Assim, uma pessoa não é "centrada" só porque é mais consciente de suas emoções, nem outra é "centrada" só porque é mais racional. A pessoa realmente "centrada" conseguiu um equilíbrio entre essas duas qualidades, dentro de si mesmo e da pessoa amada. E é por isso que estamos no relacionamento — para que possamos olhar no espelho da alma do nosso parceiro e valorizar o que está realmente dentro de nós mesmos. Assim aprendemos um com o outro e proporcionamos equilíbrio emocional à nossa vida.

EQUILÍBRIO MENTAL E EMOCIONAL

Sentem-se um de frente para o outro, ou então, se você estiver fazendo o exercício sozinho, feche os olhos e visualize o parceiro.

Você às vezes se acha emotivo demais ou pouco emotivo?

Você acha que expressa suficientemente seus sentimentos? Acha que é uma pessoa muito racional ou pouco racional?

Às vezes você acha que o seu parceiro também é assim?

Lembre-se de quando você era jovem, muito mais jovem.

Lembre-se de um tempo em que você era mental e emocionalmente equilibrado, quando era excitante ter pensamentos criativos *e* muitas sensações diferentes.

A capacidade de pensar e de sentir plena e criativamente ainda está em você. Achar que determinada qualidade é mais desenvolvida em seu parceiro é ignorar essa qualidade em você mesmo, embora ela talvez não seja tão evidente. Tente reconhecer essa qualidade em você mesmo. Ela está aí. Só precisa de um pouco mais da sua atenção.

Da mesma forma, achar que uma determinada qualidade é menos desenvolvida em seu parceiro é não o ver com profundidade suficiente. Se, aos seus olhos, seu parceiro não pensa de modo muito claro ou não expressa seus sentimentos, está na hora de reconsiderar o modo como você encara as atitudes de pensar e sentir, e se perguntar se falta equilíbrio entre essas duas qualidades, dentro de *você*. Se reconhecer essas qualidades em si mesmo, você conseguirá enxergá-las em seu parceiro, e o seu relacionamento se tornará mais equilibrado.

A LENTIDÃO NÃO É RUIM

Realizando um trabalho de psicoterapia com Pam e Mark, descobri um padrão interessante. Pam estava frustrada com a lentidão de Mark em processar emoções, em especial durante uma discussão ou nas ocasiões em que se sentia magoado. Nessas ocasiões, ela era capaz de despejar sobre ele toda uma cadeia de sentimentos relacionados, entremeando esses sentimentos com perguntas para Mark e tentando chegar até ele para de algum modo, apressar o seu "processador emocional". E ele se sentia como se estivesse tentando acompanhar uma Ferrari dirigindo um Volkswagen, o que só fazia aumentar a sua vergonha e sua sensação de inadequação.

Refleti que eu também era mais lento do que Joyce, quando se tratava de processar e integrar sentimentos. Perguntei a Mark:

— Existe algo no qual Pam é mais lenta do que você, e que o deixa frustrado?

Ele pensou um pouco, e então respondeu:

— Existe! Quando esquiamos! Eu amo a sensação do vento em meu rosto, enquanto deslizo pelas colinas abaixo. Eu queria que Pam pudesse me acompanhar. Sempre tenho de parar e esperar para ela me alcançar.

— Alguma outra coisa? — perguntei.

— Sim, só me lembro de mais um exemplo. Ela demora para entender a lógica das coisas. Às vezes me frustra ter de esperar até que ela encontre algum lugar num mapa ou consiga compreender as instruções sobre como algo funciona.

Evidentemente, Pam era em geral mais lenta do que Mark quando se tratava de expressões físicas ou mentais mais exteriorizadas, como a coordenação motora ou a lógica. Mark era mais lento do que Pam no processamento de expressões internas. Essas diferenças nada têm de incomuns.

Mark e Pam poderiam muito bem ser Barry e Joyce. Também nos encaixávamos nesse padrão, que de tempos em tempos nos causava algum conflito. Às vezes eu me sentia frustrado com a lentidão de Joyce em âmbitos físicos ou mentais, e ela se sentia frustrada com a minha lentidão em certos âmbitos emocionais.

Contudo, eu seria muito simplista se generalizasse. Há vezes em que fico impaciente com a lentidão de Joyce em processar algum ressentimento ou mágoa que envolva outra pessoa. E outras vezes é Joyce quem fica impaciente com a minha lentidão em tomar decisões.

A frustração, impaciência ou não-aceitação de alguma característica do parceiro reflete em nós esses mesmos sentimentos em relação a nós mesmos. Quando me sinto frustrado com a lentidão de Joyce, estou evitando a minha frustração com relação a minha própria lentidão.

Todos nós, mulheres ou homens, somos lentos em algumas coisas e rápidos em outras. Nosso relacionamento nos ensina que sentimos atração por pessoas que sejam compatíveis conosco. Isso significa que temos algumas coisas a ensinar a nosso parceiro e outras a aprender.

É preciso esclarecer algo sobre nossas atitudes críticas. *Julgar o outro é na verdade julgar a nós mesmos. Querer que o outro mude é querer uma mudança em nós mesmos*. Da próxima vez que você apontar o dedo para o seu amado, olhe mais de perto para a sua mão. Três dedos estão apontando para você, lembrando-o de assumir a responsabilidade por aquilo que você contempla no espelho do relacionamento.

Em vez de fazer uma crítica, podemos entender que o rápido nem sempre é melhor do que o lento. Em qualquer área particular do relacionamento, nada garante que a pessoa mais rápida é necessariamente o melhor professor. No caso da rampa de esqui, lembrei a Mark de que seu verdadeiro desejo era o de estabelecer uma ligação com Pam, mais do que uma descida vertiginosa colina abaixo. Diminuindo a velocidade e ajustando o seu ritmo ao de Pam, ele poderia dançar *com ela* em vez de com o ar. E poderia tomar mais consciência de cada movimento, fazendo do ato de esquiar uma meditação.

Da mesma forma, só porque Pam é mais rápida em processar emoções, isso não significa que ela seja a professora de Mark nessa área. Na verdade, a sua frustração revela os meios pelos quais ela precisa crescer e mostra que ela não está valorizando o processo de Mark. Ela quer que ele seja diferente do que é. De novo, o rápido não é melhor do que o lento. Também o objetivo de Pam é se ligar a Mark, e não competir com ele ou fazê-lo mudar. Para ela, diminuir a velocidade de seus processos interiores mentais e emocionais, respirar mais profundamente para dar a ele algum espaço entre a rápida sucessão de pensamentos e sentimentos lhe daria maior chance de acompanhar Mark. E ela também sentiria mais prazer e tranqüilidade.

Todos nós precisamos aceitar nossa própria lentidão, não como sinal de que somos fracos ou inadequados, mas como uma dádiva em nossa vida. Se criticamos nossa própria lentidão, é provável que critiquemos também a do parceiro. A maioria de nós simplesmente vive num ritmo febril. Muitas crianças parecem ter pressa de crescer. O ritmo dos avanços tecnológicos é cada vez mais acelerado. Mas só encontramos paz quando diminuímos o ritmo, em vez de aumentá-lo. Quando reduzimos a velocidade da nossa mente, gozamos mais a vida. Quando reduzimos a velocidade do nosso corpo (por exemplo, praticando T'ai Chi), desfrutamos mais cada movimento. Quando aceitarmos a dádiva de qualquer lentidão que apresentemos, poderemos aceitar a lentidão de nosso parceiro, e sentiremos uma ligação mais profunda com nós mesmos e com o outro.

Decidir de forma que todos ganhem

Tomar decisões pode ser um campo difícil nos relacionamentos, em especial quando as decisões dizem respeito a questões delicadas como dinheiro, educação dos filhos, questões legais, complicações advindas de um casamento anterior — e a lista poderia continuar indefinidamente. No entanto, tomar decisões também pode ser uma oportunidade para duas pessoas aprenderem a se entender melhor. Tudo depende de como abordam esse processo. Toda decisão tem de levar em conta os sentimentos das pessoas. *Todas têm de sentir que a sua opinião é desejada, respeitada e absolutamente necessária.* Eu e Barry temos visto problemas de relacionamento gerados pelo fato de um parceiro assumir a liderança e tomar uma decisão que afeta o outro, sem consultá-lo. Isso faz com que a pessoa ignorada sinta que seus sentimentos não são importantes ou valorizados. Ninguém gosta de sentir que foi posto de lado ou que é pouco importante. Se você está sempre em dúvida quanto a pedir ou não o conselho de seu parceiro sobre uma decisão — *pergunte!*

Mas e se você pedir a opinião dele e ela for contrária à sua? É importante, então, parar e se perguntar: "Estou mesmo querendo conhecer os sentimentos dele sobre esse assunto ou estou querendo convencê-lo de minha opinião?" Se a segunda alternativa for a verdadeira, está na hora de se sentar e ouvir mais. Nos relacionamentos, não é possível tomar uma decisão boa quando um dos parceiros faz sua vontade e o outro simplesmente obedece. Na verdade, essa é a receita para um desastre. Na tomada de decisões, um parceiro não pode sair vitorioso. Isso cria um perdedor, o que por sua vez gera ressentimento. O parceiro "vencedor", ao final descobrirá que o relacionamento é que saiu perdendo. Há um famoso ditado que diz: *ou você escolhe estar com a razão ou escolhe amar*. Se a escolha é o amor, todas as pessoas devem ser ouvidas, consideradas e valorizadas. Dessa forma, a decisão se torna um esforço conjunto que favorecerá o relacionamento.

Os parceiros muitas vezes abordam uma decisão de diferentes formas. Essa é uma das belezas do relacionamento, que se soma à variedade e ao equilíbrio. Valorizar o processo de cada pessoa é importante para a tomada de decisões. Talvez um dos parceiros seja mais intelectual, tome decisões a partir de fatos, de informações e do conhecimento que tem sobre um tópico. Freqüentemente, para equilibrar, o outro é intuitivo, às vezes chegando a ignorar completamente os "fatos". Esse processo tende a frustar a parte mais intelectual. Contudo, a pessoa racional precisa perceber que se sente atraída pelo parceiro talvez justamente por essa razão, e que o seu cérebro racional por vezes precisa do equilíbrio da abordagem não-linear do coração. Da mesma forma, a pessoa intuitiva eventualmente precisa de uma abordagem mais racional para tomar uma decisão. Ambos são necessários, e quando cada qual é valorizado, tomar decisões pode ser um meio realmente maravilhoso para aumentar a intimidade e o respeito entre o casal.

O segredo é aceitar as diferenças do outro em vez de tentar mudá-lo. Valorizar a abordagem da pessoa amada ao tomar decisões é também valorizar a si mesmo — e à sua própria abordagem. Em seu relacionamento, dê espaço para as diferenças, e com isso as semelhanças brilharão ainda mais. Respeite o que é diferente em seu amado, e vocês se unirão de uma maneira mais profunda.

Quando for preciso tomar decisões difíceis, lembre-se de reconhecer em primeiro lugar, a sua própria decisão de estar inteiramente presente nesse relacionamento. Lembre-se do sentimento de retidão e do conhecimento interior de amor e respeito. Se você conseguir chegar a decisões a partir de uma perspectiva que valorize a sua ligação, essas decisões servirão para alçar o seu relacionamento a alturas ainda maiores.

A esfera do compromisso

Kevin e Marsha não pareciam ser "alegres convivas" quando se sentaram juntos para uma sessão de aconselhamento. Há dois anos e meio Kevin vinha mantendo um relacionamento "estritamente não-sexual" com outra mulher, Michele. Ele não conseguia entender por que Marsha sentia tamanho ciúme de Michele. Por que ele não podia ter uma amiga, do sexo oposto, tanto mais que essa amizade de forma alguma o afastava da esposa? Sua posição parecia bastante inocente.

Então, voltei minha atenção para Marsha. Sentia-se insegura no relacionamento, e aí estava todo o problema.

— Se ao menos eu não sentisse tanto ciúme da atenção que Kevin dá a essa mulher, Barry — disse ela de cabeça baixa —, eu estaria mais aberta para Kevin quando ele demonstrasse seu amor por mim.

— O que o seu relacionamento com Michele está lhe proporcionando? — perguntei a Kevin.

Ele pensou um momento, e então respondeu:

— É um relacionamento fácil. Temos uma ligação profunda e espiritual, sem nenhum conflito. Somos bons amigos. Não me sinto atraído sexualmente por ela. Somos apenas bons amigos.

— E o seu relacionamento com Marsha? —, perguntei.

Kevin olhou-a de modo hesitante. Incentivei-o a ser completamente honesto.

— Sinto-me sexualmente atraído por Marsha e quero continuar casado com ela — começou —, mas o relacionamento parece tão difícil!

No decorrer da sessão, tornou-se claro que o relacionamento com Michele era exclusivo. Kevin revelou como era importante para ele estar sozinho com Michele. Embora não houvesse sexualidade ali, ele não dava espaço para Marsha em seu relacionamento com Michele, de modo que essa relação estava claramente afastando Kevin do casamento. Daí a insegurança e o ciúme de Marsha. Na verdade, Kevin vinha tendo um relacionamento pessoal e íntimo, um caso com Michele, ainda que não houvesse sexo entre eles.

Olhei para os dois enquanto continuavam a contar seus problemas. Eu estava percebendo a falta de um compromisso verdadeiro naquele relacionamento, quando me ocorreu uma imagem interessante. Senti um " ponto" ou foco de compromisso entre eles, quase a indicar onde residia a preocupação mútua. Essa esfera de compromisso parecia residir não num ponto central entre eles, e sim mais próximo da cabeça de Kevin. Noutras palavras, havia uma distorção que fazia com que o compromisso estivesse mais próximo de Kevin do que de Marsha.

Contei a Marsha e a Kevin sobre a imagem e sobre o desequilíbrio que eu sentia no compromisso deles. O compromisso de Kevin era mais com ele mesmo, com a sua própria verdade, com a sua felicidade e seu bem-estar. É claro que esse tipo de compromisso é necessário, mas havia um desequilíbrio pelo fato de ele não se preocupar com a felicidade e o crescimento de Marsha. E o compromisso de Marsha era mais com Kevin. Ela estava mais preocupada em estar com ele do que consigo mesma. Ser uma esposa devotada parecia mais importante do que o respeito para consigo própria.

Ambos balançaram a cabeça em sinal de assentimento e disseram que jamais tinham visualizado a falta de equilíbrio de forma tão clara. Não que Kevin não devesse ser totalmente comprometido com sua própria felicidade. Um comprometimento profundo consigo mesmo é necessário para que o relacionamento dê certo, mas é preciso um comprometimento igualmente forte para ser sensível às necessidades do parceiro. Da mesma forma, não há problema nenhum em Marsha ser devotada a Kevin. A sensibilidade dela às necessidades do marido também é um aliado poderoso do seu relacionamento, mas, se ela ignora as próprias necessidades, sem respeitar a própria verdade, o relacionamento não consegue florescer. Ele é um ato de equilíbrio com sensibilidade. Excesso de atenção a si mesmo é egocentrismo; a atenção demasiada aos outros pode caracterizar uma co-dependência. Para o relacionamento dar certo, a "esfera do compromisso" precisa pairàr entre os dois parceiros — em equilíbrio.

Se Kevin puder reconhecer Marsha como um espelho da alma, ele verá a preocupação e consideração que tem pela mulher através da imagem e do reflexo da atenção que ela tem por ele. O seu compromisso com Marsha está de certa forma oculto dele mesmo, mas com certeza existe. Esse compromisso com Marsha, com uma pessoa exterior a ele, pode se tornar visível — se ele aceitar que Marsha está lhe servindo de espelho.

Da mesma forma, é importante que Marsha aceite Kevin como um espelho da alma. Ele está refletindo o compromisso consigo próprio e que Marsha está precisando ver. Essa é a imagem do envolvimento de Kevin com ele mesmo.

Com o passar dos anos, passei a ter uma sensibilidade maior para perceber desequilíbrios na "esfera do compromisso", muito embora eu jamais tenha conseguido articular muito bem o que sinto quanto a isso. No início de nosso relacionamento, Joyce era Marsha, e eu, Kevin. Nossa "esfera de compromisso" era tão desigual quanto a deles. À medida que fui aceitando Joyce como um espelho da alma, fui aprendendo a dedicar-me incondicionalmente ao bem-estar dela, sem deixar de ter respeito por mim mesmo. Na verdade, sempre que faço alguma coisa com a intenção de fazer Joyce feliz, de proporcionar-lhe uma dádiva espiritual, eu acabo ficando mais feliz. Preciso me abrir para Joyce a fim de equilibrar minha tendência para o egocentrismo. Joyce, por outro lado, tem aprendido a ser completamente verdadeira com o seu próprio coração. Sempre que faz isso, ela se devota mais a mim, pois está equilibrando a tendência que tinha nos primeiros anos, de se devotar excessivamente a mim e não o suficiente a si mesma.

Deus, o espírito universal do amor, está tanto dentro quanto fora de nós. Nenhum lugar é mais ou menos importante. Nosso maior compromisso é com o espírito do amor e não com a personalidade, seja a nossa própria ou a da pessoa amada. Sabendo disso e confiando que isso é verdade, a nossa "esfera de compromisso" permanecerá sempre equilibrada.

SONHOS DIFERENTES

Num relacionamento, ocorre muitas vezes de um parceiro se sentir compelido a seguir numa direção que desafia o outro. Quando isso ocorre, é possível que o casal permaneça unido, muito embora seus caminhos pareçam divergir.

Somos seres humanos únicos. Então, por que esperar que a união entre um casal deva de algum modo eliminar nossos sonhos, visões e esperanças individuais — nossos caminhos individuais para a totalidade? Nosso destino último é o amor, mas os caminhos para esse destino podem diferir, assim como somos diferentes um do outro.

No entanto, para que um relacionamento dê certo, é preciso que haja um compromisso com alguma base ou ideal fundamental. É preciso que haja um fundamento comum a partir do qual o indivíduo possa crescer. As raízes do relacionamento têm de estar firmes no mesmo solo, fornecendo uma base sólida para que os indivíduos conciliem os próprios sonhos com os sonhos compartilhados. Os parceiros podem ter personalidades, filosofias, modos de expressão e interesses completamente diferentes, mas para que o seu relacionamento seja gratificante, eles precisam concordar num nível mais profundo. Casais realizados também compartilham a mesma base *espiritual*. Por exemplo, ambos os parceiros concordam que o relacionamento é mais importante do que as condições materiais ou a vida profissional do casal.

Todos temos nossos sonhos. Precisamos continuar sonhando para crescer e ser bem-sucedidos. No entanto, há sonhos que realçam o relacionamento e sonhos que o prejudicam. Os sonhos que realçam o relacionamento são os que o expandem em novas direções, fazendo-o crescer mais e aprofundando a ligação do casal. O parceiro que cultiva esses novos sonhos é ponderado e tem consideração para com a pessoa amada. Por outro lado, os sonhos que prejudicam o relacionamento solapam-no desde os fundamentos. O parceiro que deseja seguir esses novos caminhos costuma estar preocupado consigo mesmo, deixando de considerar os pensamentos e sentimentos do outro.

Quando eu fazia residência em psiquiatria, imaginei eu e Joyce conduzindo grupos de adultos. Na época, Joyce dedicava-se ao seu trabalho com crianças e, quando lhe contei sobre meu sonho, ela expressou o receio que tinha de estar diante de grupos de adultos, o medo de se sentir incompetente e ser criticada. Eu tinha tanta confiança nesse sonho de trabalharmos juntos que só pude amá-la e aceitar seus medos, compreendendo-os em vez de reagir a eles e tentar mudar os sentimentos dela, ou, o que seria pior, achar que ela estava impedindo meu sonho de se realizar.

Há outro ponto importante que pode nos ajudar a entender como funciona o relacionamento. *Se não conseguimos aceitar uma qualidade ou um sentimento do parceiro, ou se lutamos para mudar essa pessoa, isso é sinal de que estamos evitando o espelho.* Sentimentos de aversão, de desgosto ou de não-aceitação indicam que estamos projetando na outra pessoa algo que é nosso. Por outro lado, *acei-*

tar o outro como ele é, e sentir por ele amor e compaixão, é ver realmente essa pessoa em vez de ver o nosso próprio reflexo. Além disso, sentir compaixão pela luta de outra pessoa é um modo de sentir compaixão por nossas próprias lutas. Esse reflexo positivo também é o espelho em ação e uma expressão de nosso próprio crescimento e maturidade espiritual.

No momento em que Joyce compartilhou o seu medo comigo, o receio ficou mais importante do que a minha ligação com o meu sonho. Meu sonho ainda era importante, e eu confiei que algum dia trabalharíamos com grupos de adultos, mas os sentimentos de Joyce precisavam ser aceitos e reconhecidos em primeiro lugar. Quando fiz isso, e Joyce não sentiu pressão de minha parte pelo fato de ela ser diferente, ela sentiu que meu sonho era possível. À medida que o seu medo ia sendo reconhecido e aceito por mim, Joyce ia reconhecendo e aceitando o próprio medo, dando início ao processo de vencê-lo. Hoje, ela gosta de trabalhar com grupos de adultos tanto quanto eu.

E existem sonhos prejudiciais ao relacionamento. Há alguns anos, tive um desvario por certa "professora espiritual". Na época, eu estava convencido de que ela era uma pessoa importante para mim, e acabei entrando em desequilíbrio. Fiquei desnorteado, longe do meu centro. (Quantas vezes não ficamos cegos para o nosso próprio desequilíbrio — quando estamos fazendo algo que nos afeta — e a nosso relacionamento — de um modo nocivo!)

Essa "professora" estava convencida de que eu e Joyce estávamos apegados demais um ao outro, que éramos excessivamente dependentes. Ela instigava-me a ser mais independente, para que não andássemos tanto de mãos dadas, para que não meditássemos juntos. E, o cúmulo, ela achava que o meu relacionamento sexual com Joyce estava impedindo o nosso crescimento rumo à totalidade. Ela defendia a abstinência, e que dormíssemos em camas separadas.

Em meu zelo cego pela evolução espiritual, fui aceitando seus "ensinamentos". Enquanto isso, Joyce sentia seu coração pesado e triste. Ali estava eu, aparentemente entusiasmado com o meu "caminho espiritual", enquanto para Joyce ele não fazia sentido — não parecia verdadeiro, no coração dela. Sua mente hesitante tentava convencê-la de que ela estava se colocando no caminho do meu bem-estar. Quando ela expressava essas dúvidas para mim, eu achava que ela estava tentando me segurar por causa de seus próprios medos. Mas, nesse meio-tempo, ambos sentíamos falta de uma expressão de amor em nosso relacionamento. Isso sempre tem sido, e sempre será, um indicador de que algo está errado. Algumas pessoas toleram mais do que outras a falta de amor no relacionamento. Joyce e eu achamos difícil ignorar um impasse, e por isso somos cada vez mais grato ao nosso relacionamento.

Joyce finalmente teve de aceitar que não podia apoiar-me no novo caminho. Então, tentando ser o mais honesta possível, ela expressou a dor que sentia com minhas atitudes. Essa foi uma chave: *minhas atitudes não foram a causa da dor que ela sentia*. Minhas ações desencadearam os seus sentimentos, sentimentos que ela estava precisando trabalhar em si mesma. Antes, ela simplesmente poderia ter projetado todos os seus próprios sentimentos em mim, zangando-se comigo por "causar" a sua dor. Nesse momento, contudo, ela conseguiu assumir a responsabilidade de ser honesta com sua dor, sem me culpar. Ela contou o quanto sentia a minha falta, contou também que precisava muito do meu amor — *e da minha afeição física.*

Agora eu estava diante de uma grande decisão. Esse novo caminho estava me levando ao encontro do meu verdadeiro sonho ou não? Estaria eu ouvindo o desejo de meu coração, do meu verdadeiro eu? Para a maior parte de nós, essa não é uma decisão fácil, especialmente quando o "sonho" de um dos parceiros coincide com o sofrimento do outro. É possível que um deles siga o próprio coração e com isso ameace ou assuste o parceiro, mas, quando o amor e os medos desse parceiro são aceitos, a mais elevada verdade sobre o novo sonho é mais facilmente revelada. Se eu estivesse realmente seguindo o meu coração, isso traria paz e clareza de idéias, além de mais amor e aceitação de minha parceira *e* de todos os seus sentimentos.

A atitude de Joyce, de assumir a responsabilidade por seus próprios sentimentos, concedeu-me a dádiva de entrar em contato mais facilmente com os meus próprios sentimentos mais verdadeiros. Levou-me a algumas buscas anímicas profundas, até que finalmente vi o caráter nocivo do caminho que eu estava trilhando. Percebi que aquilo não só estava me separando de Joyce, como estava também me separando de meu verdadeiro eu. Abandonar o meu recém-encontrado "caminho" foi para mim uma vitória modesta, mas ainda assim foi um tempo de alegre celebração em nosso relacionamento.

Nesse caso, nosso relacionamento estava sendo ameaçado pela perda da nossa maior base, que era (e é) para nós o compromisso de seguir nosso coração, amar e acreditar que ser íntimo e estar próximo da pessoa que se ama é uma escolha saudável.

Se desejamos um relacionamento que nos realize, precisamos valorizar o caráter único do outro — *e* encontrar, no âmbito espiritual e no relacionamento, um fundamento comum de amor. Precisamos deixar a pessoa amada seguir o seu próprio coração, dando-lhe liberdade para ouvir a sua própria orientação interior. Se essa orientação provoca sentimentos desagradáveis em nós, temos de assumir a responsabilidade por esses sentimentos, e conforme for, dividi-los com o parceiro. Se cultivarmos uma sólida base de confiança e respeito, poderemos cultivar uma paz mais profunda no relacionamento.

Voltando a ficar juntos

A maior parte dos casais passa muitas horas por dia imersa em atividades muito diferentes. Freqüentemente um dos parceiros, ou ambos, saem correndo de casa toda manhã, rumo a locais de trabalho diferentes. Ao final do dia, voltam um para junto do outro e perguntam-se por que não há mais alegria nesse reencontro.

Quando nossa primeira filha, Rami, era um bebê, eu trabalhava como médico numa clínica em Santa Clara, a uma hora de carro de nossa casa. Embora eu só trabalhasse ali de dois a três dias por semana, cada jornada durava treze horas e atendia no mínimo quatro pacientes por hora. Enquanto isso, Joyce passava o dia cuidando do bebê e da limpeza da casa. Na maioria das vezes, ela só via outro adulto quando eu chegava em casa. A nossa rotina diária, para dizer o mínimo, era muito diferente.

Quando eu, finalmente, chegava em casa, sentia um estranho misto de fadiga e nervosismo, e minha mente ainda estava ocupada com todo o tipo de paciente que havia passado por mim. Joyce também estava cansada, mas da delicada e sensível condição de cuidar de um recém-nascido. Não importava o quanto eu me esforçasse para entrar em casa sem perturbar o ambiente, Joyce via a minha chegada como o proverbial elefante numa loja de cristais. Não raro ficava irritada com minhas energias dissonantes e então se afastava. Às vezes eu me senti magoado e rejeitado com seu afastamento. Se nessas horas eu ao menos pudesse compreender que Joyce era meu espelho de alma, eu poderia ter visto o seu afastamento como um reflexo de minha própria situação mental conturbada.

Acabamos nos dando conta de que precisávamos de um ritual de "reentrada". Eu precisava me preparar espiritualmente para voltar para casa. Eu fazia isso parando em meu trajeto para uma caminhada em meio à natureza, ouvindo uma música mais suave e meditativa enquanto dirigia e, finalmente, ficando sentado no carro por alguns instantes antes de entrar em casa. Nessa fase, trabalhei ainda mais para me acalmar e para me livrar do nervosismo que estava trazendo para casa. Descobri que a prática da visualização da luz à minha volta (prática usada por muitas pessoas em meditação) servia como um meio de aquietar minha mente. Isso me ajudou a voltar para casa e para Joyce menos nervoso, menos frenético, e com a mente menos ocupada com aquelas vozes aflitas que eu ouvia durante o dia.

Também Joyce precisava se preparar para a nossa reunião. O método favorito dela era lembrar que o seu amado estava em meio a uma rotina por vezes atarefada e estafante, e que chegaria em casa após um dia agitado no trabalho. Fazer o mesmo com Joyce também foi importante para mim. O trabalho interior de nosso relacionamento era enxergar para além da condição exterior do outro e ater-se firmemente ao eu real, à pessoa que verdadeiramente amávamos e que estava sob aquela superfície. Era esse o nosso trabalho espiritual no relacionamento: ver periodicamente um ao outro (e a nós mesmos), ao longo do dia, como o nosso mais elevado eu.

Essa combinação de esforços ajudou-nos enormemente. A chegada tornou-se um processo consciente. A alegria voltou a reinar nos nossos reencontros.

Reencontros dolorosos não acontecem só entre casais. Ocorrem também entre pais e filhos, entre amigos que se reencontram no final do dia e mesmo em encontros amorosos. Tomar banho, pentear-se e maquiar-se é bom, mas precisamos também nos preparar de modo mais profundo para encontrar outras pessoas. Meditação, exercícios de respiração, visualizações com imagens de luz e práticas de concentração na beleza interior do outro podem permitir uma religação mais agradável e amorosa. Isso também nos ajuda a perceber, tão depressa quanto possível, que a pessoa amada está chegando, para que possamos começar a nos preparar para ela. Pode não parecer muito, mas faz uma enorme diferença quando a pessoa que trabalha fora chega à casa do parceiro já preparada para o reencontro.

Quando ambos os parceiros cooperam no processo de reencontro, a riqueza do relacionamento torna-se muito maior. Esse é mais um lembrete da importância do trabalho interior no relacionamento, em especial da importância de enxergar para além da aparência exterior da outra pessoa. Quando fazemos uma pausa para lembrar quem somos e quem é essa outra pessoa, que somos muito maiores do que parecemos ser, tudo na vida espelha essa grandeza.

O espelho no pedestal

A maior parte deste capítulo tratou das projeções "negativas", qualidades de que não gostamos no outro como reflexos de qualidades que não gostamos em nós mesmos. Contudo, projeções positivas, a bondade em nós mesmos que só conseguimos ver no outro, também podem atrapalhar o crescimento da relação. Quando vemos mais beleza ou força no outro do que em nós mesmos, não nos sentimos iguais a essa pessoa. Nós a colocamos num pedestal, e isso impede a intimidade. Quando vemos o relacionamento como um espelho, podemos perceber que a beleza que projetamos nessa pessoa está também dentro de nós. Uma realização como essa pode devolver a igualdade ao relacionamento e restabelecer o equilíbrio espiritual dentro de nós mesmos.

John tinha trinta e poucos anos e estava convicto de que Linda, a mulher com quem estava casado havia quatro anos, era espiritualmente mais evoluída do que ele. Essa convicção o impedia de acompanhá-la em suas práticas espirituais, razão pela qual ele evitava orar e meditar com ela, ler livros espiritualistas ou discutir questões espirituais com a esposa. Uma vez que a colocava num pedestal, muito acima dele próprio, ele a via como se estivesse fora de seu alcance, e isso impedia que tivessem um relacionamento íntimo.

O trabalho que eu e Barry fazíamos com John consistia em ajudá-lo a ver que ele estava olhando não só para Linda, mas também para a sua própria imagem refletida num espelho. Eu o incentivei a olhar para a sua própria beleza espiritual, senti-la e reivindicá-la. Para ele, fazer isso era algo novo, pois ele jamais havia pensado em si mesmo como uma pessoa espiritualizada. Mas isso foi revigorante e serviu para abrir seus olhos. À medida que ele percebia que Linda não estava acima ou à frente dele, ela foi se tornando uma pessoa mais real, mais presente no âmbito da relação.

Outro exemplo de uma projeção "positiva" mas nociva aconteceu no início de nosso relacionamento. Em 1972, quando Barry fazia sua residência em psiquiatria, eu trabalhava no departamento de psiquiatria infantil na Universidade de Oregon Medical Center. Como os departamentos de psiquiatria adulta e infantil eram próximos um do outro, eu sempre sabia onde Barry estava. Sempre que ele estava conduzindo um grupo, era fácil para mim dar uma escapada até a sala de observação para vê-lo pela janela, sem que ele ou o grupo pudessem me ver. Era comum que os professores e colegas de Barry na residência também ficassem na pequena sala para observar a eficiência dele com o grupo. Eu costumava ignorar seus comentários e concentrava toda a minha atenção em Barry. Mais do que meramente eficiente, eu o achava brilhante e cheio de compaixão.

Certa vez, um dos psiquiatras notou o modo como eu o observava, que era cheio de prazer. Ele se aproximou de mim e sussurrou:

— Você poderia fazer um trabalho tão bom quanto esse que Barry está fazendo agora.

— Ah, não, não... — eu logo respondi. — Ele tem um dom. Eu jamais poderia fazer algo assim.

— Olhe para dentro de si mesma — ele respondeu, com um sorriso.

Suas últimas palavras causaram-me um impacto profundo. Eu sempre tivera como pressuposto que Barry era melhor do que eu no trabalho com grupos. Eu também achava que ele tinha mais habilidade para relacionar-se socialmente. Ele era uma pessoa mais fácil de lidar e falava sem nenhum embaraço com qualquer pessoa. Parecia que as pessoas gostavam mais dele do que de mim.

Essas projeções "positivas" eram um obstáculo à minha capacidade de sentir minhas habilidades e pontos fortes. Gradualmente, as palavras do psiquiatra começaram a fazer sentido para mim. Todo aquele tempo eu pensava que estava olhando *através* do espelho da sala de observação, quando na verdade eu estava olhando *no* espelho. Dei-me conta de uma poderosa verdade: *o que vemos no outro nós já vimos em nós mesmos*. Não havia nada de errado em ver tanta grandeza em Barry. O que estava errado era não ver a grandeza em mim mesma. Ver Barry possuindo alguma coisa que eu não possuía era colocá-lo num pedestal acima de mim e, por essa razão, evitar que tivéssemos uma verdadeira intimidade.

Nos anos que se seguiram, com a ajuda de amigos e professores, tomei mais consciência da minha própria beleza e amabilidade. O fato de aceitar meus próprios dons não me impediu de ver e apreciar os dons do meu amado marido. Muito pelo contrário, eu podia vê-los com uma nitidez ainda maior. A reivindicação do que eu via no espelho de meu relacionamento me ajudou a aceitar mais minhas qualidades e a confiar mais em mim mesma, e isso possibilitou uma intimidade mais profunda no nosso relacionamento.

Hoje, eu e Barry conduzimos grupos juntos, e isso nos realiza profundamente. O reconhecimento de minhas próprias forças tem feito com que minha liderança seja gratificante, decidida e agradável.

A RECUPERAÇÃO DAS PROJEÇÕES

Agora está em suas mãos. Está em suas mãos ter a coragem de olhar no espelho do relacionamento e ver o que você pode ter projetado cegamente ali. A negatividade que você vê no outro está lhe falando em alto e bom som sobre a sua própria negatividade, neste momento. As diferenças que são difíceis de aceitar no outro são reflexos das coisas difíceis de aceitar em si mesmo. E, tão importante quanto isso, a beleza e a força que você contempla no outro não estão só *lá fora*. Estão também em você. É preciso coragem para aceitar que você é o que vê — que o modo como você está se sentindo em qualquer momento em particular refletir-se-á instantaneamente no modo como vê o mundo e todas as outras pessoas. Exercite essa coragem — olhe profundamente no espelho da vida — e viva a vida em todo o seu potencial!

12

A Raiva no Espelho

Um ser humano amar o outro, essa que é a mais difícil de todas as tarefas, o teste e a prova máximos e finais, o trabalho para o qual todos os outros trabalhos nada mais são do que uma preparação.

— Rainer Maria Rilke

O conceito de "espelhos de alma" serve, antes de mais nada, para lidarmos com a raiva, essa emoção ardente que pode acabar com qualquer relacionamento. Quando estamos com raiva de alguém próximo a nós, é comum que não queiramos ver essa pessoa como um espelho de nós mesmos. Isto é, não queremos aceitar que nossa raiva na verdade está dizendo algo sobre nós mesmos, refletindo-nos de volta as qualidades que são nossas, mas não estamos aceitando. Contudo, se queremos crescer em amor e amizade, precisamos assumir a responsabilidade pelos sentimentos de raiva. Precisamos compreender o processo de projeção, pelo qual assumimos inconscientemente partes inaceitáveis de nós mesmos e as atribuímos aos outros. A projeção pode ser extremamente sutil, e tornar-se difícil para nós perceber que é a nós mesmos que deixamos de amar, e não ao nosso parceiro, quando estamos com raiva.

Certa vez, Don confessou a mim e a Joyce, em seu escritório: — Estou com tanta raiva da minha sogra! Ela me critica rispidamente por uma série de decisões que tomei com relação à família. Ah, como seria bom se ela as aceitasse!

— Como *você* se sente com relação a essas decisões que tomou?

— Sinto-me bem — Don disparou sem hesitar.

No entanto, após um instante em silêncio, Don, mais humilde, acrescentou:

— Retiro o que disse. Não estou tão certo de que foram as melhores decisões.

— É por isso que você fica com tanta raiva de sua sogra — eu disse a ele. — Se estivesse em paz com suas decisões, você não sentiria raiva. Você pode ficar triste por alguém criticar você, mas a raiva está demonstrando a crítica interior que você dirige a si mesmo.

A sogra de Don era o espelho dele. A sua crítica estava refletindo a própria crítica que ele fazia a si mesmo.

Da mesma forma, quando alguém está com raiva de nós, muitas vezes é difícil ver que essa pessoa está, pelo menos em parte, projetando em nós a sua própria frustração e a raiva que ela tem de si mesma. Tomando consciência disso, contudo, estaremos em condições de aceitar tanto a raiva do outro quanto a nossa.

A raiva é algo que acontece. Podemos até desejar que ela não ocorra. Podemos desejar chegar a um ponto, em nossos relacionamentos, em que não precisemos jamais ficar irritados, mas, enquanto tivermos este corpo, estaremos mergulhados na condição humana. E isso inclui sentir raiva. No entanto, a raiva não precisa ser um flagelo. Na verdade, é uma bênção abrir-se para as lições que a raiva tem a ensinar.

Em primeiro lugar, é importante compreender a natureza da raiva, bem como a sua finalidade e utilidade. A raiva é uma forma de energia e um modo de usá-la, um meio de a nossa energia ou vitalidade ser acionada. Na maioria das vezes, ela é um meio de nos protegermos da dureza da dor e do medo — sensação e sentimento que às vezes podem se tornar insuportáveis para a nossa psique frágil e desnuda.

Muitas pessoas acham que a raiva é o aspecto mais complicado de seu relacionamento e freqüentemente nos perguntam sobre meios construtivos de trabalhar com a raiva, quando ela surge. Em primeiro lugar, precisamos distinguir entre raiva e RAIVA. Há uma grande diferença entre os pequenos aborrecimentos que são inevitáveis nas relações e a raiva mais séria, que surge de questões mais profundas. Pode não ser apropriado buscar um significado mais profundo nos aborrecimentos comuns. Talvez seja o caso de meramente prestar mais atenção nos nossos hábitos. Se algo que fazemos aborrece o nosso parceiro, precisamos nos perguntar o quanto é importante para nós continuar com esse comportamento. Talvez seja uma coisa de que possamos abrir mão, para manter a harmonia.

Além disso, precisamos estar dispostos a resolver essas pequenas frustrações, a vê-las de modo distanciado, a desculparmo-nos sinceramente quando ficar claro que alguma de nossas atitudes aborreceu nosso parceiro. Isso é tão importante quanto expressar nosso próprio aborrecimento, quando não gostamos de algo que nosso parceiro fez ou falou. E é sempre melhor conversar sobre isso no mesmo instante do que esperar por uma ocasião melhor. Caso contrário, esses pequenos aborrecimentos serão sepultados no subsolo de nosso ser, apenas para vir à tona numa outra ocasião. Além disso, se você só expressa seu aborrecimento na sexta vez em que o seu parceiro faz algo que lhe aborrece, será apenas a primeira vez que ele terá ouvido os seus sentimentos. Talvez seja necessário que ele se comporte dessa forma cinco vezes para que se lembre de que não deve mais se comportar assim.

Quando a raiva torna-se muito forte, é preciso entender que questões mais profundas podem estar implorando pela nossa atenção. Essa raiva intensa está, na maioria das vezes, relacionada a feridas anteriores ao relacionamento, ainda que seja desencadeada pela situação presente. Por exemplo, durante um de nossos seminários, Harold estava com raiva da mulher por ela ter saído para ir ao banheiro sem o avisar. Sua reação simplesmente não foi proporcional à ofensa. Quando o questionamos mais profundamente, ele confessou que se sentia abandonado pela esposa. Quando perguntamos se ele sentia que fora abandonado por outra pessoa, ele revelou um sentimento profundo de abandono gerado pelo comportamento de sua mãe, que o deixou quando ele tinha 6 anos. Para Harold, a atitude da esposa desencadeou os mesmos sentimentos causados pela atitude da mãe.

A raiva não é apenas um ataque; é mais freqüentemente uma defesa contra a dor. É difícil não se ressentir da raiva que nosso parceiro eventualmente nos dirige, já que é comum nos sentirmos atacados ou censurados. Mas isso é uma cortina de fumaça. Vociferar ou enfurecer-se são, na verdade, apenas um meio de encobrir a própria mágoa ou dor. É um sinal de que a pessoa está magoada. Lembrar disso é essencial.

A raiva, por essa razão, é um grito de socorro. Uma das melhores coisas que eu e Joyce fazemos em nosso relacionamento é reconhecer essa verdade. Quando um de nós fica irritado, o outro tenta lembrar que isso é um pedido de socorro, e por isso tenta ouvir o parceiro da forma mais aberta possível. Quando estamos com raiva, tudo o que queremos é que nossos sentimentos sejam aceitos. Joyce falou-me da necessidade que tem de que eu abrace quando ela está zangada, muito embora ela pareça estar me atacando. Isso para mim não é fácil, e exige um pouco da mais profunda coragem que posso reunir. Na verdade, é mais fácil para mim dar apoio a estranhos e amigos que estejam zangados do que a Joyce. Com ela, por causa da ligação que temos, costumo reagir imediatamente, como se a raiva dela fosse uma ofensa pessoal. Mesmo assim, em algumas ocasiões eu a tomei nos braços, ainda que ela estivesse brava comigo. Isso a ajudou a deixar a raiva ir embora e entrar em contato com a dor que ela encobria. Outras vezes, foi Joyce que conseguiu vir até mim, vencendo a raiva que eu sentia por ela e abraçando-me. Nós dois precisamos dessa ligação na mesma proporção. Muitas vezes não somos bem-sucedidos com esse método nos primeiros estágios da raiva, e nos fechamos numa atitude defensiva, o que faz a raiva crescer ainda mais.

Quando lembramos que a raiva é um pedido de socorro, conseguimos pôr abaixo nossas defesas, e, ironicamente, é na ausência de defesas que reside nossa verdadeira força. E, quando esquecemos que a raiva é um pedido de socorro, sentimo-nos atacados e ficamos na defensiva, num esforço para nos proteger. Mas quanto maior for a nossa consciência de que uma pessoa com raiva é uma pessoa magoada, mais poderemos responder com amor. O proverbial leão com o espinho na pata ruge com dor e raiva. Você pode assumir uma postura defensiva e presumir que o leão está irritado com você. Afinal de contas, essa besta selvagem está rugindo sonoramente e olhando na sua direção. Mas o animal está simplesmente sentindo dor, e você pode amavelmente tranqüilizá-lo, removendo o espinho.

Toda energia represada precisa ser liberada, desobstruída ou transformada de alguma forma. E com a raiva não é diferente. Às vezes, só o que precisamos é deixá-la fluir, e com isso nos sentir melhor — e talvez possamos em seguida entrar em contato com nossos mais profundos sentimentos de dor ou medo. É preciso lembrar, porém, que a raiva não precisa ser dirigida contra o nosso parceiro para ser liberada. Ela pode ser expressa de maneira eficaz por nós mesmos, quando, por exemplo, gritamos com o travesseiro ou batemos nele. O que importa é que não ignoremos essa energia nem desviemos dela a nossa atenção. Algumas vezes, basta expressar a raiva verbalmente ("estou com raiva neste momento"). E haverá vezes em que não será necessário expressá-la externamente. Pode ser suficiente senti-la (e aceitar que você a está sentindo), encarando-a como um meio de aceitar o seu caráter humano. Manter um diário pode ser um instrumento útil, assim como fazer exercícios físicos ou buscar o contato com a natureza.

Em última análise, se queremos crescer espiritualmente, precisamos assumir inteira responsabilidade pela nossa raiva e pelo que está por trás dela. Está em nossas mãos aceitar a mágoa, a dor ou o medo que possam estar sob a nossa raiva, e defrontar-se com eles. Manter uma postura de raiva é uma forma de enganarmos a nós mesmos, pois continuamos a encobrir nossos sentimentos mais profundos e vulneráveis.

O que há de mais destrutivo na nossa raiva não é o fato de ela magoar as outras pessoas, embora possa, de fato magoá-las profundamente. O principal dano causado pela raiva é o dano que fazemos a nós mesmos. Nossa raiva sempre nos magoará mais do que a pessoa que estamos tentando magoar. Os sentimentos de raiva roubam-nos a paz e a vitalidade, e podem nos deixar literalmente doentes. Num nível mais profundo, persistir na raiva é algo que nos machuca principalmente pelo fato de nos impedir de aprender as lições pelas quais precisamos passar em nossa vida. Por exemplo, nossa raiva pode estar tentando nos fazer enxergar nossas expectativas fantasiosas, como a de querer mudar o outro em vez de deixá-lo ser quem ele é.

Um dos meios pelos quais podemos evitar a raiva é cuidando melhor de nós mesmos. Na maior parte dos casos, a raiva é um grito de socorro que vem de dentro. Nossa criança interior precisa de amor e aceitação, mais do que tudo. Quando nos esquecemos disso e tentamos conseguir amor e aceitação de nosso parceiro ou de qualquer outra pessoa, ficamos frustrados, desapontados — e com raiva.

ESTILOS DIFERENTES DE RAIVA

Casais freqüentemente nos pedem ajuda para harmonizar seus estilos particulares de expressar a raiva. Descobrimos que cada casal mantém um padrão único em seus períodos de desarmonia, e o que funciona para um casal pode não funcionar para outro. Existem, todavia, alguns estilos um tanto comuns. É importante reconhecer nossos estilos de expressar a raiva. Só então podemos aceitar a nós e ao parceiro, e mudar em nós os comportamentos que se deseja mudar.

Muitas vezes acontece de um dos parceiros ser mais "explosivo", enquanto o outro é um "vulcão adormecido". Esse tende a ser o padrão do meu relacionamento com Joyce. A raiva de Joyce arde de uma maneira imediata, como uma labareda, e depois se consome de forma relativamente rápida. A minha tende a ser mais como um carvão em brasa, que pode durar horas. Por isso, é visível que Joyce em geral está pronta para reconciliar-se antes de mim. Contudo, toda regra tem suas exceções. Estilos de raiva, como estilos de vida em geral, podem mudar de acordo com a situação. Às vezes sou explosivo, ao passo que Joyce arde lentamente; nessas ocasiões sou eu o primeiro a estar pronto para restabelecer a harmonia.

Joyce cresceu no seio de uma família em que a raiva costumava ser contida, e por isso era expressa num silêncio tenso. A minha família, porém, era espalhafatosa. Falavam alto e a raiva era expressa da mesma maneira. Os sentimentos não só eram expressos — eram expressos além da conta! A nosso ver, talvez os nossos estilos de raiva sejam padrões que se estabeleceram devido ao clima que reinava no lar da nossa infância e que aprendemos com base no nosso modelo familiar. Contudo, vimos também outros casais cujo padrão não era fruto desse ambiente. Seus estilos de raiva pareciam ter sido aprendidos e interiorizados em decorrência da educação que receberam dos pais. Em todo o caso, padrões são padrões, e podem ser mais profundos do que a educação familiar.

Outro padrão típico em casais é a síndrome "do gato e do rato". Quando há conflito, e conseqüentemente insegurança, um dos parceiros espreita o outro como um gato, para comunicar-se e resolver o conflito, enquanto o outro "foge" da comunicação, seja física ou emocionalmente. Eu e Joyce tínhamos essa tendência no início de nosso relacionamento. Ela me espreitava em busca de comunicação, pois achava que a falta de amor entre nós era intolerável. E eu corria porque me sentia muito inexperiente, vulnerável e desprotegido, sem falar que eu também achava custoso lidar com meus sentimentos (lembre-se de que sou um fogo em brasa). Joyce então reagia física e emocionalmente com medo e sentimento de abandono e espreitava-me ainda mais em busca de comunicação e ligação. Eu reagia sentindo-me pressionado e corria mais ainda. Realmente, não era um ciclo muito produtivo!

Graças a Deus, não ficamos por muito tempo nesse sorvedouro de energia. Lembrávamos de que estávamos seguros — não simplesmente seguros um com o outro, mas seguros por estar nos braços do *próprio amor*. Lembrávamos que a outra pessoa não estava procurando deliberadamente nos magoar ou abandonar-nos. Isso nos encorajava a dar os primeiros passos em direção à reconciliação.

Se você considera o seu relacionamento algo sagrado, é natural que queira fazer todo o possível para curar os padrões nocivos existentes em sua vida. E veja só que oportunidade abençoada você tem no relacionamento! O respeito é uma palavra-chave. Precisamos saber como respeitar as diferenças de cada um. Precisamos aprender a aceitar a pessoa amada tal como ela é, em vez de procurar torná-la mais parecida conosco. É a sua diferença que traz diversidade, equilíbrio e, sim, mais beleza para nossa vida.

A COMPREENSÃO DO NOSSO PADRÃO DE RAIVA

Pondere sobre as seguintes questões:

Como você costuma expressar a raiva?

Como o seu parceiro costuma expressar a raiva?

Qual de vocês dois expressa a raiva de um modo mais produtivo?

Qual de vocês insiste em manter uma atitude contraproducente?

Quais eram os seus padrões familiares durante a sua fase de crescimento?

Reserve um tempo para conversar com o parceiro sobre os seus estilos de raiva. Queira ter a gentileza de não fazer observações sobre o padrão do parceiro a não ser que ele peça sinceramente a sua opinião. É sempre mais seguro tentar ser vulnerável e conversar sobre os seus próprios padrões e sobre seus conflitos.

O PLANO DE ACUSAÇÃO

Quando éramos jovens, mais precisamente calouros imaturos na faculdade, eu e Barry éramos muito teimosos e sempre achávamos que tínhamos razão. Lembro de uma caminhada que fizemos juntos, quando tínhamos 18 anos. Caminhávamos agradavelmente lado a lado até que começamos a discutir sobre em qual lado da rua deveríamos caminhar. A discussão intensificou-se, tornou-se uma briga. Terminamos cada qual caminhando num lado diferente da rua, de modo que podíamos ver um ao outro durante todo o percurso. Um amigo que nos cruzou no caminho perguntou o que estava acontecendo. Ficamos embaraçados ao tentar explicar que o outro não queria caminhar no "nosso" lado da rua. O amigo balançou a cabeça, incapaz de entender nossa teimosia, e seguiu seu caminho. Nós nos sentimos um tanto tolos, mas continuamos a andar cada um na sua calçada.

Nossos primeiros anos foram como uma grande montanha-russa — uma intimidade profunda e uma atração apaixonada, alternando-se com teimosas oposições que nos faziam agir das maneiras mais ridículas. Hoje eu consigo rir de nossas primeiras manifestações de raiva. Na primeira vez em que fiquei realmente zangada com Barry eu o chutei na canela, e ele devolveu o chute. Isso deu origem a um confronto físico presenciado por um grupo de estudantes que residiam nos alojamentos da universidade e que por acaso estavam olhando pela janela. As pessoas achavam que nosso relacionamento não tinha futuro. No final de nosso segundo ano de faculdade, nossos colegas de classe nos elegeram o casal com menos chance de dar certo.

Nós progredimos e ficamos mais maduros em nossas expressões de raiva. Deixei de chutar Barry, e deixamos de nos machucar fisicamente. A teimosia, contudo, está muito viva e passa bem, obrigado. Ambos nos mostramos bastante rebeldes quando nos sentimos dominados.

Às vezes, há quem se surpreenda que autores de tantos livros sobre relacionamentos possam sentir tanta raiva quanto qualquer outra pessoa. Sentimos que é a nossa própria humanidade que nos dá o poder de escrever e ensinar sobre esse assunto, ao qual nos agarramos apaixonadamente cada dia de nossa vida.

Há alguns anos, Barry e eu estávamos atravessando um período particularmente difícil do nosso relacionamento. Tínhamos acabado de construir nossa casa, que usávamos também como um centro para retiros. A fase de construção correu com tranqüilidade; parecíamos concordar em quase todas as decisões. O *stress* veio quando percebemos o quanto eram caras as parcelas da hipoteca.

Logo que nos casamos, decidimos que o dinheiro jamais seria uma questão importante. Mantínhamos um estilo de vida simples, dirigindo carros velhos, comprando nossas roupas em lojas baratas e procurando não ter cartão de crédito. Durante vinte anos, recusamo-nos a dever dinheiro pelo que quer que fosse.

O terremoto mudou tudo isso. Fomos obrigados a sair da casa pela qual pagávamos um aluguel barato, defrontando-nos com o mundo dos aluguéis caros. Decidimos tentar realizar nosso sonho de ter um terreno e construir, mas não imaginávamos que as parcelas da hipoteca seriam tão altas. Começamos a ficar inseguros, e, pela primeira vez em nosso casamento, o dinheiro se tornou importante. O *stress* e a incerteza pesaram, e começamos a discutir mais do que nunca.

Felizmente, depois de alguns meses, percebemos que poderíamos fazer o ajuste financeiro necessário. Começamos a acreditar que as necessidades financeiras seriam atendidas assim como haviam sido todas as nossas necessidades até então.

Até o momento de recobrar a confiança, havíamos projetado nosso próprio *stress* e insegurança no outro, e culpávamo-nos mutuamente. Estávamos ignorando o espelho do relacionamento, recusando-nos a ver que a verdadeira dor vinha de dentro. Ambos percebemos que essa projeção precisava ser confrontada e que estava se revelando mais freqüente, e por isso tínhamos de olhar mais seriamente para ela. Começamos a passar mais tempo juntos para cuidar de nossa relação e de nossos velhos e enraizados padrões de relacionamento. Justamente quando pensávamos que estávamos entendendo tudo de forma clara, o velho hábito composto de raiva, acusações e teimosia insistia em se manifestar. Quando essa energia estava presente entre nós, nossos períodos de clareza e compreensão pareciam muito distantes.

Certo dia, nossa raiva veio à tona; acusávamos sonora e teimosamente um ao outro. Nossas filhas, Rami e Mira, presenciaram a briga e ficaram chateadas por ver seus pais em tão acirrada troca de acusações. Costumávamos fazer de tudo para proteger nossas filhas dessas brigas. Às vezes passávamos para outro cômodo da casa. Outras vezes esperávamos até que elas saíssem. Mas às vezes acontecia de elas testemunharem o conflito. Achávamos que, uma vez ou outra, até seria interessante que elas presenciassem nossa desarmonia — testemunhando também o modo como superávamos cada uma das brigas. Nessas ocasiões, oferecíamos às nossas filhas um modelo de como duas pessoas podem estar zangadas uma com a outra, reencontrando porém, ao final, a harmonia.

Rami, que estava aprendendo positividade no colégio, disse-nos que estávamos agindo como crianças e que deveríamos procurar um conselheiro. Mira só olhava para nós com tristeza. Olhei para Rami. Aos 16 anos, era tão sábia e madura quanto qualquer mulher adulta que eu conhecia e, no entanto, era também uma criança. Então olhei para Mira. Aos 7 anos, era ainda uma criança linda, cheia de confiança e amor.

— Mamãe, papai, parem de agir como crianças — repetia Mira. — Por que vocês não procuram ajuda?

Eu e Barry olhamos um para o outro e nos sentamos. As garotas se sentaram perto de nós. Sabíamos que Rami estava certa: precisávamos de ajuda. Pensamos em quem poderíamos procurar. Queríamos um pessoa que agisse de acordo com os princípios que defendia, que praticasse o que recomendava aos casais. Então começamos a pensar nas qualidades que desejaríamos encontrar num conselheiro. Teria de ser alguém que não aderisse a nenhum dos lados, que visse e respeitasse cada um deles da mesma forma. E tinha de ser alguém que não tivesse medo de fazer cada um de nós se defrontar com suas próprias questões.

Enquanto pensávamos na pessoa que poderíamos procurar, Rami acendeu-se como um farol e disse:

— Eu posso ajudar vocês.

Imediamente concordamos, e então ela nos pegou pela mão e nos levou até o quarto. Mira seguiu-nos, e todos nos sentamos. Rami começou a dar uma explicação certeira de como ela via ambos os lados. Ela havia testemunhado muitas discussões entre nós durante o seu tempo de vida até ali, geralmente sobre pequenas coisas, mas todas tinham um padrão parecido, pelo qual cada um de nós queria ter razão, culpando o outro e apegando-se à sua teimosia. Ela conseguiu falar para nós dois, e por isso pudemos compreender melhor o ponto de vista um do outro. Depois de aconselhar casais por vinte anos, foi humilhante ter nossa filha de 16 anos refletindo para nós uma imagem tão clara de nossos padrões enraizados.

Eu e Barry passamos o resto do dia juntos, enquanto as meninas cuidavam de John-Nuriel para nós. Percebemos que havíamos chegado a um ponto do nosso crescimento no qual não havia escolha a não ser culpar um ao outro por questões de nossa relação. Não poderíamos continuar acusando um ao outro. Já era tempo de assumir inteira responsabilidade pelo fato de nós próprios nos afastarmos do amor, por fecharmos nosso coração.

Essa percepção nos chegou como um raio, e sabíamos que precisávamos de um plano para realizá-la. Vimos que, à medida que diminuíamos as acusações e parávamos de "achar que sempre tínhamos razão", nosso relacionamento começava a melhorar. Percebemos a bênção que foi essa mudança e desenvolvemos um plano que poderíamos pôr em prática sempre que esse padrão negativo ameaçasse se impor.

Oferecemos aqui o nosso plano como um modelo que você precisará adaptar, pois todo relacionamento é diferente, bem como os padrões negativos. Esperamos que, no seu relacionamento, você se sinta desafiado a descobrir esses padrões e desenvolver um plano para ajudá-lo a superá-los. O plano que você desenvolver não o ajudará só em seu relacionamento, mas também em seu crescimento individual. Sempre que você é desafiado a vencer uma dinâmica que não lhe serve mais, o amor e a força se unem para preencher o vazio.

No passado, como Barry descreveu, tão logo eu sentia o menor distanciamento entre nós, eu me punha a falar sobre isso. Urgentemente eu procurava razões para a nossa desarmonia (e, esquecendo o espelho, para mim, Barry costumava ser o culpado). Barry muitas vezes se sentia atacado e censurado por minhas palavras, e também me censurava. Com a minha raiva bem na frente do seu nariz, aquele ambiente deixava Barry desesperado, e ele então costumava sair de casa. Isso fazia com que eu me sentisse ainda pior. Até que começamos a tentar permanecer ambos ali e revidar. Ainda estávamos censurando um ao outro, mas pelo menos éramos *dois* a externar a raiva.

Então, concordamos que, em qualquer ponto desse processo de raiva e acusações, qualquer um de nós poderia pôr em ação o seguinte "plano". Ambos estávamos igualmente dispostos a executá-lo. Ambos tínhamos participado de sua criação.

Em primeiro lugar, concordamos em nos sentar juntos, em silêncio, durante cinco minutos, com os olhos fechados. Nesse tempo, deveríamos nos concentrar em como cada um de nós *se distanciava do amor*. O segredo estava em atentar mais para os nossos próprios erros do que para os do outro. Essa parte era mais difícil para mim do que para Barry; mas saber que ela duraria apenas cinco minutos tornou-a mais tolerável.

Depois de cinco minutos, abrimos os olhos e demonstramos verbalmente nosso apreço um pelo outro. Bem, isso foi difícil de fazer, mais até para Barry do que para mim. Quando me sinto distante dele, a última coisa que eu quero fazer é demonstrar meu apreço, mas o próprio ato de buscar algo positivo muda o sentimento negativo. Pode ser difícil começar, mas elogiar um ao outro em voz alta é um método que sempre nos ajudou.

Os primeiros comentários de apreciação podem ser superficiais:

"Obrigado por preparar aqueles lanches especiais para as crianças hoje de manhã."

"Gostei de vê-lo levando o lixo para fora sem eu precisar pedir."

Continuando assim, permitimos que as demonstrações de apreço se aprofundem:

"Gosto de ver todo esse amor que você me tem dedicado todos esses anos."

"É bom vê-la disposta a trabalhar essas dificuldades comigo, para que assim possamos começar a nos sentir próximos outra vez."

Depois de termos demonstrado nosso apreço de maneira significativa, estamos prontos para o próximo passo. Dizemos um ao outro como, a nosso ver, nos afastamos *do amor*. Dizemos o mais claramente possível como nós mesmos contribuímos para criar a desarmonia. Depois que ambos assumimos a nossa responsabilidade pessoal pela nossa parte na briga, ela está terminada. Não há mais pelo que brigar. A questão mais profunda por detrás da raiva e das acusações agora pode ser focalizada, para ser resolvida.

Quando estávamos discutindo sobre dinheiro, por exemplo, a verdadeira questão, se a víssemos à luz do espelho, era a nossa própria insegurança. Projetando no outro essa insegurança, ambos percebemos uma falta de confiança proveniente do outro, irritamo-nos e trocamos acusações. No entanto, à medida que cada um de nós assumia a responsabilidade pela própria insegurança com relação a questão do dinheiro, conseguíamos compartilhá-la, e isso permitiu que mostrássemos nossa vulnerabilidade e confortássemos um ao outro. Com essa nova consciência — além de uns poucos meses de experiência vendo todas as contas serem pagas —, recobrávamos a fé e a confiança de que tudo daria certo.

Nosso plano tem funcionado maravilhosamente cada vez que recorremos a ele. Contudo, algumas vezes nos rebelamos, ficamos muito magoados ou simplesmente queremos nos deixar levar por nossos velhos hábitos. Cada vez que isso acontece, o que voltamos a ver, em última análise, é o quanto essas acusações são destrutivas para a nossa harmonia e união. Esperamos que, pelo uso do nosso plano, possamos acabar treinando nossa mente para reconhecer automaticamente os nossos próprios erros em vez de acusar um ao outro. Estamos tentando mudar a nós mesmos e crescer, em vez de tentar mudar o outro. Nosso plano, a partir do momento em que começamos a pô-lo em prática, tem gerado entre nós um amor e um respeito cada vez mais profundos.

O plano em ação

Numa recente viagem às margens de um rio, eu, Joyce e as crianças estávamos procurando uma trilha especial até uma queda d'água maravilhosa. John-Nuriel estava empolgado com a idéia de demonstrar sua capacidade de percorrer a trilha. Com suas irmãs logo à sua frente, empreendemos a caminhada.

Depois de cinco minutos percorrendo a trilha, com as garotas e nossos amigos na nossa frente e fora da nossa linha de visão, John-Nuri começou a se mostrar aborrecido por ter ficado para trás. Eu *pensei* que Joyce tivesse ouvido a reclamação dele e visto o quanto estava aborrecido. Ledo engano! Nesse momento, Joyce lembrou-se do salva-vidas de John-Nuri. Como achou que ele fosse precisar dele mais adiante, pois haveria um lugar onde precisaríamos atravessar um lago profundo a nado, com penhascos de ambos os lados, ela pediu-me então que eu fizesse o trajeto de volta para pegar o salva-vidas de John-Nuri, enquanto os dois me esperariam. Ela estava com medo de atravessar os vários trechos de rio sem a minha ajuda. John-Nuri estava visivelmente agitado porque não podíamos mais ver ou ouvir os demais, mas, por alguma razão, Joyce não estava percebendo isso.

Eu disse a Joyce que voltar para pegar o salva-vidas era algo que tomaria muito tempo, e que ele não precisaria mesmo dele. Eu sabia que era perfeitamente capaz de atravessar o rio a nado com John-Nuri.

Sem saber o quanto era importante para John-Nuri alcançar os outros, Joyce achou que eu estava apenas sendo preguiçoso. O salva-vidas era importante para ela. Ela estava pensando na segurança de John-Nuri. Eu estava pensando em sua felicidade. Ambos estávamos pensando em ser os melhores pais para ele.

Para Joyce, a situação trouxe à tona também outra questão. No passado, eu nem sempre fora tão sensível quanto ela às necessidades de John-Nuri. Isso havia causado atritos, especialmente em viagens como aquela, uma vez que, fisicamente, Joyce se sentia menos confiante. Esse tipo de "recapitulação" de questões passadas costuma ser a causa de discussões que rapidamente se tornam acaloradas.

Rapidamente, a divergência foi se tornando raiva, troca de acusações, vociferação e até mesmo alguns palavrões. Joyce deixou-me com John-Nuri enquanto ela voltou para pegar o salva-vidas. Eu avancei com ele para tentar alcançar os outros. Quando Joyce finalmente nos alcançou, havia ainda mais raiva do que antes. Com os ingredientes adicionais de sentimentos feridos e da sensação de ter sido traída, eram os adultos que estavam precisando de um salva-vidas!

Só horas depois pudemos finalmente sentar-nos um ao lado do outro e pôr nosso "plano" em ação. A dor de não estar em harmonia é excessiva para que dure muito. Muitas vezes é o próprio sofrimento que nos faz olhar para dentro e assumir a responsabilidade por nossa parte na discussão. Então, quando nos sentamos lado a lado, estávamos ambos tristes o bastante e prontos para olhar para dentro.

De minha parte, percebi que eu estava enganado a respeito da consciência de Joyce acerca dos sentimentos de John-Nuri. Joyce percebeu que ela estava enganada a respeito da minha preguiça. Ambos pudemos demonstrar nosso apreço um pelo outro como pais bons e atenciosos. Pudemos cada qual nos desculpar pelas palavras rudes ditas no momento da raiva. Quando finalmente sorrimos e nos abraçamos, ouvimos palmas e vivas de nossos filhos e amigos na área da cozinha de nosso acampamento. Um pouco embaraçados pela falta de privacidade nessa praia particular, sorrimos e nos abraçamos ainda mais, alegres por nos sentirmos próximos uma vez mais.

A CRIAÇÃO DE UM PLANO PARA O CASO DE ACUSAÇÕES

Agora você precisa criar o seu próprio "plano para o caso de acusações". Pode ser com um parceiro, com o pai ou com a mãe, com um filho ou com um amigo íntimo. Escolha uma fase em que vocês estiverem se sentindo próximos o suficiente para criar o plano, em vez de uma fase em que estiverem se sentindo desesperados para colocar em prática um plano como esse, como, por exemplo, no calor de uma discussão.

Procure perceber o que mais o ajudaria a vencer a vontade de acusar essa pessoa. Você precisa de um tempo em silêncio? Precisa de um tempo para sentir apreço pelo outro? Do que você precisa para entender o modo como *você* "se afasta do amor" ou fecha o coração? Você talvez queira usar nosso plano como um modelo ou criar um que seja mais adequado às suas necessidades únicas. O seu plano tem de ser perfeito para o seu relacionamento, que é único. Certifique-se de que ambos estejam plenamente de acordo com o plano — o ideal é que ele seja criado por ambos e não por um só parceiro.

Algumas pessoas têm descoberto que gestos com as mãos, previamente combinados, ou outros sinais corporais podem ser uma parte importante do plano, especialmente no começo, quando a comunicação verbal pode falhar. Por exemplo, fazer a letra "T" com as duas mãos, como forma de "pedir um tempo", pode ser uma deixa para um período de silêncio.

Compartilhe o seu plano com um amigo. Isso o ajudará em seu compromisso com o seu próprio plano, e também pode ajudá-los.

Acusação unilateral

Uma forma de acusação especialmente perigosa é a acusação unilateral, na qual um dos parceiros acusa o outro por um certo problema e a parte "acusada" concorda. Isso é uma conspiração que estará continuamente trabalhando para destruir o relacionamento — e *bloquear* o crescimento de ambos.

Acusar um ao outro é pôr a perder o que há de bom em vocês dois. Para acusar alguém, você tem de fechar o coração para essa pessoa, deixando de sentir amor. Não é possível fechar o coração para o outro e ainda mantê-lo aberto para a sua própria beleza e bondade. E quando você fecha o coração para você, isso faz estancar o fluxo de amor entre vocês. Ambos saem perdendo, não importando quem acusou quem.

Num recente seminário, Larry revelou um problema pelo qual estava passando em seu casamento de 22 anos. Ele não só havia tido um caso com outra mulher, mas também havia se apaixonado por ela. Ao falar sobre o caso, mantinha a cabeça baixa, cheio de vergonha, e deixava as lágrimas rolarem enquanto compartilhava a dor que isso trouxera para a mulher e os filhos. Cynthia, sua esposa, estava sentada perto dele com uma expressão distante, inalterável. Parecia que seu coração estava fechado para o marido.

À medida que eles conversavam, ficou claro que ambos acusavam Larry de ser a causa da crise no casamento. Esse sentimento de culpa impediria que algum dia eles se sentissem próximos um do outro. Larry queria desesperadamente ser perdoado por Cynthia e, no entanto, ele próprio não conseguia se perdoar, uma vez que estava se sentindo profundamente culpado. Cynthia se sentia inocente e indignada, com razão, pela traição de Larry àquele compromisso de 22 anos.

Enquanto eu estava ali sentado, olhando para aquele casal, voltei no tempo, para 1971, quando Barry e eu estávamos casados havia três anos. Nós nos amávamos há sete anos, e eu achava que tínhamos um ótimo relacionamento. Sentíamo-nos atraídos um pelo outro, e a energia que fluía entre nós era viva e fervilhante. Sentia-me totalmente devotada a Barry. Eu o estava sustentando financeiramente enquanto ele cursava a escola de medicina, uma tarefa criticada pelas minhas amigas do grupo da libertação feminina, mas que, no entanto, eu considerava uma honra. Eu cozinhava, limpava e cuidava de todos os detalhes rotineiros para que ele pudesse estudar, muito embora eu trabalhasse em período integral como enfermeira. Eu o via todos os dias na hora do almoço, e nessa hora nós nos abraçávamos e beijávamos intensamente.

Então Barry teve o "caso". Eu me senti totalmente traída, e meu único pensamento era abandonar completamente aquele relacionamento, o que eu, como já expliquei, realmente fiz. No decorrer da semana seguinte, Barry passou por uma mudança que o curou profundamente e o fez crescer. Nós voltamos, porém algo havia sido perdido — algo havia morrido em nossa relação. Continuamos a nos encontrar para o almoço todos os dias, mas faltava nos beijos e abraços a espontaneidade que havia antes. A ferida daquele caso ainda estava aberta a parecia criar um distanciamento entre nós. Eu sentia que Barry havia agido errado, que *ele* fora a causa do distanciamento e da dor que ambos sentíamos. Barry também sentia culpa, sentindo que, se não fosse pelo erro dele, nós poderíamos ter continuado com a felicidade que antes desfrutávamos.

Se tivéssemos permanecido nesse padrão de acusações unilaterais, nosso casamento provavelmente não teria sobrevivido. Felizmente, um bom amigo viu que estávamos num impasse e sugeriu que eu começasse a pensar na maneira como eu mesma havia contribuído para o caso de Barry. Minha primeira reação foi a incredulidade. Atribuir alguma responsabilidade *a mim* por aquele problema? Eu fora uma esposa-modelo.

No entanto, à medida que os dias e as semanas foram passando, eu examinei meu comportamento. Eu sempre me dedicara demais a Barry, acreditando que ele precisava de muita atenção e cuidados de minha parte. Comecei a entender que, com minha exuberante devoção a ele, eu havia negligenciado a mim mesma. *Considerava-o como se ele fosse mais do que eu.* Esse era o meu modelo de uma boa esposa. Eu estava mais concentrada em sua beleza e forças do que nas minhas próprias. E em parte por causa disso, Barry também estava me respeitando um pouco menos. Nenhum de nós tinha consciência do caráter nocivo da minha devoção unilateral.

Comecei a transformar minha devoção total a meu marido em devoção ao Deus-eu, à mais elevada consciência, dentro de nós dois. Comecei a valorizar minha própria beleza, minhas forças e capacidades. À medida que fui me tornando uma pessoa mais íntegra dentro de mim mesma, Barry pôde amar-me e respeitar-me mais profundamente. Em razão de eu jamais ter realmente mostrado minha força ao dizer "não" a Barry, ele achou que eu continuaria devotada a ele, não importando o que ele fizesse. Ambos começamos a ver que o caso não fora só culpa de Barry, mas deveu-se também ao desenvolvimento de um padrão nocivo em nosso casamento, uma devoção excessivamente unilateral, que não estava beneficiando a nenhum de nós.

Eu já não me sentia totalmente inocente, e Barry deixou de arcar com toda a culpa. Com essa mudança de perspectiva, nossa união passou a acontecer num nível mais profundo do que até então. Passou a haver ainda mais respeito e apreço, e um compromisso renovado em nosso casamento. Novamente escolhemos o caminho da monogamia, mas agora com uma compreensão maior. Nossos beijos e abraços, na hora do almoço assumiram um sentimento mais profundo do que nunca. Vinte e três anos depois, ainda olhamos para essa época como o verdadeiro começo de nosso casamento espiritual, como o início do espelhamento entre nossas almas.

A história de Carol e Len nos dá outra visão da acusação unilateral: Len estava indignado com o fato de Carol gastar muito. O dinheiro era gasto em parte com ela mesma, com roupas e jóias. Boa parte dele, contudo, era gasto com o seu crescimento pessoal e com o relacionamento, como por exemplo em seminários, livros e fitas de auto-ajuda, trabalhos corporais e terapia. Quando ele a criticava por isso, ela sentia vergonha e culpa, muito embora estivesse se beneficiando desses instrumentos de crescimento.

O que ocorre é que ambos estavam vendo apenas parte do quadro. Embora Carol gastasse mais dinheiro do que Len, ela estava dedicando mais amor e cuidados a Len do que ele a ela. Da mesma forma, Len gastava menos dinheiro, tendendo a represar também o seu amor — o fluxo do coração. Com a ajuda da terapia, Carol começou a ver como a parte nociva de seus gastos aumentava sempre que ela se sentia criticada ou culpada por Len, especialmente quando ela sentia culpa e vergonha de si mesma e presumia que era ela quem causava o maior problema do relacionamento. Len começou a ver os aspectos nocivos de sua "economia", fosse ela de dinheiro ou de amor. E, o mais importante, eles viram como cada um deles estava contribuindo, na mesma proporção, para o problema, em vez de um acusar o outro.

Culpar o parceiro por um problema do relacionamento é uma atitude que acaba sufocando o amor e causando o fim da relação. Precisamos procurar dentro de nós mesmos os meios pelos quais nós contribuímos para as dificuldades em nossas relações íntimas. Tudo o que acontece em nossos relacionamentos é uma dança intrincada na qual ambos os parceiros estão envolvidos. Ao nos darmos conta disso, não só cresceremos enormemente, mas ajudaremos nosso parceiro a se libertar de culpa e da vergonha, permitindo-lhe crescer também. Por maiores que sejam os problemas, eles nos dão uma enorme chance de crescimento enquanto casal. Se ambos os parceiros estiverem dispostos a olhar para dentro e crescer, o relacionamento também pode subir uma oitava em amor e intimidade.

A DESCOBERTA DA ACUSAÇÃO UNILATERAL

Existe alguma conspiração de acusação unilateral em seu relacionamento? Existe algum problema em seu relacionamento que você atribua, em sua maior parte, à outra pessoa? Ou você se sente coagido pelo parceiro ou por alguém próximo a você a aceitar sua culpa, sentindo por essa razão culpa ou vergonha?

É tempo de lembrar que o relacionamento é uma dança que envolve mais de uma pessoa. Qual é a parte da pessoa "inocente" nessa dança? Como ela (ou você) contribui para o que há de nocivo no relacionamento?

Dê-se um tempo para sentir suas respostas a essas perguntas. Então registre as suas reflexões num diário e/ou compartilhe-as com o parceiro.

O poder terapêutico do toque

Você já notou que pode estar com raiva e sentindo-se distante do seu parceiro e ainda assim ter momentos em que sente atração por ele? A mente costuma abafar esse sentimento de atração ou se recusa a deixá-lo vir à superfície: "Não estou me sentindo atraído por você. Estou com raiva de você." Contudo, os sentimentos de atração e raiva podem estar acontecendo ao mesmo tempo. Mesmo quando duas pessoas se amam e ficam zangadas uma com a outra, seus corpos ainda sentem atração. Isso porque nosso corpo demora mais para registrar todos os emaranhamentos de nossos conflitos mentais e emocionais. Nosso corpo guarda lembranças profundas de intimidades, carícias e sensações agradáveis do passado. É quase como se nossos corpos dissessem um para o outro: "Que importa se sua mente é esquecida e insensível? Vamos fazer as pazes aconchegando-nos um ao outro e tendo sensações agradáveis e ardentes outra vez." O ego, por outro lado, não pensa dessa forma e insiste em demonstrar sua posição e, até mesmo, em vingar-se. O fato é que nosso corpo, pelo menos por enquanto, ainda espera que a intimidade seja uma valiosa chave para o término do conflito.

Os cientistas estão começando a entender o quanto o toque estimula a liberação de endorfinas, substâncias químicas que elevam o humor do corpo. As carícias podem, na verdade, reduzir a pressão do sangue e ajudar as pessoas a se sentirem mais calmas e em paz. Muitas vezes, ao nos tocarmos, podemos encontrar mais facilmente uma solução para o conflito.

Algumas vezes por ano, eu e Barry ministramos seminários para casais. Costumamos atrair casais que querem tanto aprofundar como melhorar o relacionamento. Às vezes, aparecem alguns casais com sérios problemas. Num desses seminários, apareceu um casal pronto para terminar o relacionamento. Evelyn e Wally estavam com raiva e sentiam-se muito distantes um do outro. Ambos sentiam-se como se estivessem desistindo de sua união. O distanciamento entre eles tornou-se dolorosamente óbvio quando eles começaram a fazer os vários exercícios do seminário. No início dos trabalhos, quando cada casal fica de frente para o grupo enquanto um parceiro apresenta o outro, Wally e Evelyn mantiveram uma boa distância entre eles e sentiram dificuldade para expressar quaisquer palavras positivas sobre o outro. Durante um exercício de comunicação, feito a seguir, instaurou-se na sala um clima de entusiasmo à medida que os outros casais iam assumindo riscos e compartilhando aspectos difíceis do relacionamento. Evelyn e Wally, no entanto, deitaram-se no fundo da sala, cada um num canto, e cochilaram.

À noite, os casais procuraram encontrar soluções para seus conflitos. Nós contamos que, se eu e Barry estávamos com problemas na hora de ir dormir, concordávamos em nos deitar bem próximos um do outro e resolver o conflito na manhã seguinte. Quando nossos corpos estão próximos um do outro, nós começamos a relaxar, a nos sentir mais calmos e, finalmente, adormecemos juntos. Na manhã seguinte, a solução vem mais rapidamente. Se o conflito for mais sério, podemos não conseguir dormir, mas a intimidade física nos ajuda a nos sentar na cama e pensar sobre as coisas.

Nessa noite, Wally e Evelyn foram passar a noite na casa de amigos. Essa seria a primeira noite que dormiriam juntos depois de um bom tempo. Seus filhos pequenos costumavam precisar deles à noite, razão pela qual eles se revesavam dormindo com as crianças. Nessa noite, contudo, as crianças estavam com as babás. Uma vez que a comunicação entre eles havia deixado de existir, decidiram seguir nosso conselho e simplesmente se deitaram na cama juntos. Acordaram de manhã um nos braços do outro. Nessa manhã, Evelyn e Wally conseguiram se comunicar e começaram a resolver suas diferenças. Quando voltaram para o retiro, nós mal podíamos acreditar na mudança positiva que havia neles. Eles perceberam que uma parte importante de sua cura estava em simplesmente restabelecer a intimidade física.

Acariciar, abraçar e tocar o outro (sobretudo de forma não-sexual) é um ingrediente essencial em todo relacionamento. O toque pode ser uma maravilhosa medida preventiva contra a dolorosa separação e o conflito por que passam muitos casais. Um ato tão simples pode ser mais capaz de sustentar e curar nossos relacionamentos do que a mente pensa ser possível.

A ACEITAÇÃO DA SUA RAIVA

Prepare-se para passar um tempo em silêncio ou para meditar.

Sinta ou imagine os seus sentimentos de raiva como uma bola vermelha de fogo, na região de seu plexo solar (umbigo). Sinta e/ou visualize atentamente essa bola vermelha.

Agora, em vez de tentar expulsá-la ou livrar-se dela, perceba que essa bola vermelha precisa de sua aceitação. Posicione suas mãos em torno dela. Note que ela não é quente como o fogo costuma ser. Em vez disso, é cálida ao toque. Segure essa bola cálida como se estivesse segurando uma criancinha que estivesse precisando de seu amor e aceitação.

Note que a bola está na verdade aquecendo você a partir de dentro, trazendo mais energia vital para seu ser. Enquanto abraça essa bola vermelha de fogo, saiba que ela está lhe proporcionando uma dádiva.

Enquanto abraça a sua raiva, aceitando e reconhecendo que você tem esse sentimento, a sua raiva abraça você. Ela se torna sua amiga, sua aliada, em vez de sua inimiga.

13

A Importância de Dizer "Não"

Amar a verdade é melhor do que conhecê-la.

— Confúcio

Aprender a dizer "não" quando necessário é um passo fundamental para aprender a amar. É bom dizer "sim" sempre que possível, mas isso nem sempre é suficiente para manter o equilíbrio da equação da vida. Aprender a dizer um "não" honesto para a outra pessoa significa, na verdade, que estamos sendo fiéis, em primeiro lugar, à relação que temos com nós mesmos — honrando nossos sentimentos, respeitando nossos limites e amando a nós mesmos. Para muitas pessoas, essa é uma lição difícil de aprender.

Sempre que surge uma situação em que há necessidade de decidir entre um "sim" e um "não", treine-se para, em primeiro lugar, ouvir sua voz interior para saber se aquilo está bem para você. Se você não conseguir entrar em contato direto com os seus sentimentos, simplesmente peça mais tempo para tomar a decisão. É crucial que você tenha esse sentimento de satisfação dentro de si mesmo, antes de comprometer-se com alguma coisa.

Dizem que Abraham Lincoln, talvez um dos presidentes mais excepcionais dos Estados Unidos, demorava um longo tempo para tomar decisões. Ele muitas vezes evitava consultar um conselho consultivo complexo, ao contrário dos presidentes de hoje. Em vez disso, ele confiava em sua intuição. Às vezes, Lincoln frustrava as pessoas que esperavam dele a decisão correta. Quando ele finalmente recebia uma resposta clara de sua intuição, agia com bastante convicção, sem hesitar ou duvidar de sua decisão.

Temos visto muitos relacionamentos em que um dos parceiros pressiona o outro para que faça o que ele quer. A parte pressionada acaba cedendo porque acha que é mais fácil ceder do que defender com firmeza o que sente. Nessa situação, perdem ambas as partes. Os parceiros que cedem por causa da pressão estão se respeitando menos, e é provável que fiquem ressentidos por serem forçados a ir contra sua orientação natural. Os parceiros que "vencem a guerra", na verdade, não vencem nada, porque venceram pela força, e não pelo amor e pelo respeito. Se conseguirem vencer dessa forma, esses parceiros perdem o respeito tanto por si mesmos como pelo outro.

Quando nossa filha mais velha, Rami, era um bebê, passamos um tempo no monte Shasta para fazer um retiro de verão. Todo o retiro era dedicado ao desenvolvimento de nossa capacidade de ouvir nossa voz interior. Certo dia, Barry saiu para uma exploração e voltou entusiasmado com um lugar que havia achado. Era um lindo e pequeno lago, situado há mais de quinze quilômetros ao longo de uma estrada esburacada e coberta de pedras. Barry queria levar-nos, eu e Rami, para acampar ali. Eu lhe disse que precisava me sentar e sentir se aquele lugar era bom para mim.

Quando me sentei ali, sozinha, imediatamente senti que não deveria levar Rami para aquele lugar. Havia alguma coisa na viagem que me causava um mal-estar e eu recebi um "não" bastante claro.

Voltei e comuniquei minha decisão a Barry. Ele baixou o rosto, desapontado, e disse:

— Ah, eu queria tanto mostrar-lhes esse lugar maravilhoso.

Não consegui suportar o desapontamento que minha resposta lhe causou, e então concordei em ir.

Imediatamente comecei a ter uma sensação ruim no estômago. Eu sabia que estava indo contra minha intuição, mas eu queria agradar Barry. A cada quilômetro daquela estrada esburacada, eu me sentia pior. Dito e feito, depois de andarmos dez quilômetros em meio daquele território selvagem, quebrou-se a embreagem de nossa velha van Volkswagen. Foi preciso um dia inteiro e uma parte da noite para levarmos aquele carro sem embreagem de volta para casa. Cada quilômetro mais parecia uma eternidade. Rami chorava o tempo inteiro. Foi um dia péssimo para todos nós.

São experiências como essas que têm feito que eu e Barry aprendamos a dar importância e a respeitar tanto o nosso "não" interior quanto o "não" do outro. Estamos aprendendo a agradecer em vez de ficar desapontados ou ressentidos quando o nosso parceiro não se sente bem com algum plano ou idéia. Amar alguém envolve aceitá-lo exatamente como ele é, permitindo que tenha seus sentimentos e diga o seu "não". Aprendemos depois de cometer muitos erros que decisões e planos só funcionam quando ambas as partes se sentem bem com relação a eles.

Lembro-me de um tempo em que um "não" apareceu em nosso relacionamento de uma maneira forte. Em 1972, quando Barry estava em seu último ano da escola de medicina, eu sentia que estávamos mais próximos um do outro do que jamais estivéramos. Pássavamos juntos todo o tempo possível. Contudo, ainda sentíamos alguns padrões negativos em nosso casamento. Barry estava propenso a ter ligações mais profundas com outras mulheres, sentindo que precisava disso para o seu crescimento. Eu me sentia insegura, mas incapaz de dizer "não". O desejo de Barry era fazer com que eu tomasse consciência da minha insegurança. Nosso relacionamento estava prestes a passar por uma enorme provação.

Quando uma amiga minha atravessou o país para nos visitar, logo percebi o reavivar de uma atração que sempre existira entre ela e Barry. Essa atração havia sido uma coisa agradável para eles, e tolerável para mim. Não tinha sido um problema. A atitude que tínhamos um com o outro sempre me parecera apropriada e respeitosa.

Nessa ocasião, porém, ela nos procurara porque estava numa situação difícil. O marido dela, com quem estava casada havia um ano, a deixara por outra mulher. Ambos estávamos sentindo muita compaixão por nossa amiga e queríamos confortá-la. Contudo, ela parecia apreciar mais a companhia de Barry do que a minha, o que me deixava preocupada.

No dia seguinte, fui trabalhar e Barry ficou em casa, pois não teria aulas na faculdade. Pedi a ele que distraísse minha amiga. Eu achava que eles fossem se divertir, mas não estava esperando que isso pudesse envolver sexo.

Quando Barry me contou o que fizeram nesse dia, o que ele queria sinceramente era que eu soubesse que ele me amava tanto quanto antes. Em vez de fazer do acontecimento um segredo guardado a sete chaves, ele estava tentando ser honesto e aberto comigo. Ele realmente não compreendia a dor que suas ações me causariam. Mesmo assim, fiquei arrasada. O que me recordo com mais clareza dessa experiência foi o "não" que parecia brotar do meu corpo de modo instintivo. Eu não tinha nenhuma dúvida de que não conseguiria viver com aquilo. Tranquei-me no banheiro, gritei e chorei durante horas.

Às quatro da manhã, eu estava deitada no chão do banheiro considerando minhas opções. Eu só parecia ter duas escolhas. Poderia tentar conviver com o desejo de Barry de sair com outras mulheres (e não ter a garantia de que ele não voltaria a extrapolar os limites e se envolver sexualmente) ou então eu poderia respeitar aquele "não" dentro de mim, cuidar de mim mesma e deixá-lo. Mesmo nesse momento de cólera, eu senti compaixão por nós dois. Eu amava Barry mais do que qualquer outra pessoa no mundo e, no entanto, sabia que tinha de respeitar em primeiro lugar a mim mesma. Olhando no espelho do meu amor por Barry, pude ver um amor mais essencial, um amor por mim mesma. Para respeitar esse amor, eu precisava romper o relacionamento.

Em silêncio, arrastei-me para fora do banheiro, joguei algumas roupas na mala, chamei nosso cachorro e saí do apartamento — e da vida de Barry. Eu estava arrasada por deixar meu marido, mas o sentimento de respeito por mim mesma era novo e trouxe para mim um sentimento de valor e poder que eu raramente sentira até então. Em vez de ceder à insegurança e ao medo de perder Barry, eu estava respeitando o "não" dentro de mim, que me deu forças para deixá-lo.

Muitas vezes eu olhei para trás, para aquele tempo, e tentei imaginar o que teria acontecido se eu tivesse tentado aceitar o desejo de Barry de sair com outras mulheres. Senti que ele perderia o respeito por mim, já que eu não estaria acatando a minha própria voz interior. Se eu tivesse ficado, teria sido por medo de perdê-lo, um medo que provavelmente o teria levado cada vez para mais longe de mim. Ironicamente, correndo o risco de acabar com o nosso relacionamento para honrar os meus sentimentos, terminei encontrando a mim mesma. No período em que estive fora, comecei a sentir uma força interior que me era desconhecida. Comecei a compreender quem eu realmente era. Eu sabia que jamais poderia ignorar o meu eu interior e a orientação que estava começando a fluir através de mim. De muitas formas, dizer "não" de uma maneira decidida foi o início consciente de meu despertar para a minha própria luz interior e para a Presença de Deus.

Dizer "não" para nós mesmos

Talvez o mais importante de todos os "nãos" seja aquele que precisamos dizer a nós mesmos. Ele pode ser ainda mais difícil do que o "não" ao nosso parceiro, pois requer mais autodisciplina, requer que olhemos mais fundo, dentro de nós mesmos. O "não" interior é necessário para impor limites a nossos desejos nocivos ou ações desorientadas. Como já disse, o amor por nós mesmos e a maturidade espiritual necessários para dizer "não" a nós mesmos são tão importantes quanto dizer "não" para nosso parceiro.

O fato de Joyce ter rompido o relacionamento depois da minha relação sexual com sua amiga ajudou-me a aprender melhor essa lição. Na época eu não era particularmente forte no controle de meus impulsos, e parte de mim se orgulhava dessa espontaneidade. No entanto, eu precisava aprender a diferença entre espontaneidade e impulsividade. A espontaneidade é uma expressão de verdadeira liberdade. A impulsividade indica meramente que não temos controle sobre os desejos da mente ou do corpo. Eu também não era particularmente forte no que diz respeito a limites, os meus próprios ou dos outros, sobretudo quando se tratava de limites sexuais. Eu estava sinceramente querendo compartilhar meu amor com todos, porém não compreendia a enorme diferença entre abrir o meu coração para alguém e permitir a expressão física ou sexual desse sentimento de amor. Eu não estava sendo sensível à dor que isso estava causando em Joyce e à confusão que estava causando em mim.

Quando Joyce me deixou, eu tive a oportunidade de ver e de sentir as conseqüências o fato de haver ultrapassado um limite: *a minha própria dor que perturbava a minha alma*. Eu não imaginava que perdê-la me causaria tanta angústia. Eu não imaginava que eu estivesse tão apegado a ela e ao nosso relacionamento. Foi a dor que acabou me ensinando a respeitar os limites do que é saudável. A curiosidade de uma criança pequena faz com que ela enfie um grampo numa tomada. A dor lancinante do choque elétrico ensina a criança a não fazer aquilo novamente. De algum modo, a minha curiosidade fez com que eu tomasse um choque, e também eu aprendi com aquilo. Aprendi a dizer "não" às manifestações *inadequadas* de meu desejo sexual, a *atos que causavam sofrimento ou confusão em mim e nos outros*.

Um ano depois de nossa breve separação (e foi a semana mais longa de toda a minha vida), senti-me atraído por outra mulher. E foi de modo mais consciente que pude observar o fenômeno como um todo. Eu fazia residência em psiquiatria, e Rachel era um membro de minha equipe. Percebi a atração que existia entre nós, uma atração que surgiu naturalmente a partir da atenção e respeito que demonstrávamos um pelo outro. Eu gostava de trabalhar com ela, de estar com ela, e falávamos abertamente sobre nossa relação. Joyce conhecia bem Rachel e também gostava muito dela. Ainda não havia sido ultrapassada nenhuma fronteira.

O relacionamento é um excelente professor e espelho. Tenho sempre tentado ser um estudante dedicado, ávido por aprender com cada oportunidade que surge à minha frente. Bem, nesse caso eu tinha mais uma. Um dia, Rachel e eu estávamos almoçando juntos no trabalho quando aconteceu de ficarmos sozinhos. Olhando dentro de seus olhos, comecei a compreender que estávamos passando a ter um relacionamento mais íntimo — um relacionamento que absolutamente não incluía Joyce. Eu só tinha de cruzar uma fronteira. Se Joyce estivesse sentada ali, perto de nós, ela certamente se sentiria mal e excluída dessa nossa ligação. Felizmente, em razão das lições aprendidas com o meu último caso, e de meu próprio crescimento, eu estava com uma aguda consciência de tudo isso.

Ao mesmo tempo, tive um vislumbre raro, mas que começava a ser real, de um futuro em potencial. Era um daqueles momentos decisivos que podem mudar completamente o curso de nossa vida. Percebi que estava cada vez mais envolvido com Rachel. Imaginei como seria tê-la como parceira. Imaginei como seria, depois que o período romântico e ardente da lua-de-mel tivesse passado. Sim, imaginei até mesmo alguns conflitos básicos de personalidade que eu havia ignorado até então. Pude ver que, do ponto de vista espiritual, o relacionamento com Rachel não serviria para nenhum de nós. E pude ver a dor que nós três sentiríamos. Foi uma experiência iluminadora. Nesse momento, fiz a escolha consciente de dizer "não" para um envolvimento romântico com Rachel e com isso dizer "sim" para a continuidade de nossa amizade. Foi uma dessas vitórias da alma que nos trazem aquela doce alegria.

E quanto à minha atração por Rachel? Diminuiu com a minha decisão? Foi embora? De forma alguma. Aprendi que a atração é algo muito mais profundo do que sensações físicas ou sentimentos românticos. É um processo interior de reconhecimento anímico, fôssemos dois amigos voltando a se encontrar. A chave aqui é a descoberta de que a *atração por alguém que não é a sua parceira ou parceiro não é uma experiência ruim ou imoral*. O conflito surge quando achamos que temos de fazer alguma coisa em resposta aos nossos sentimentos. A educação própria de nossa cultura nos diz que é preciso fazer alguma coisa em resposta à atração que sentimos, porém, *nada há que precise ser feito.* Não precisamos agir com base nessas sensações (ou em algumas delas). Tudo o que precisamos é sentir o que estamos sentindo, gostar do que estamos sentindo e aprender com o que sentimos. Essa a verdadeira liberdade de expressão que eu sempre busquei. E essa liberdade depende da minha capacidade de dizer "não".

Hoje em dia, às vezes viajo sozinho para ministrar seminários. Esse trabalho me põe em contato com um grande número de homens e mulheres. Gosto dessas ligações, que se tornam ainda mais doces porque, no meu coração, sempre incluo Joyce. Quando abraço outra mulher, Joyce está ali comigo. Não é nada que eu tenha de me esforçar para fazer. Há tanta profundidade em meu relacionamento com Joyce que eu naturalmente quero levá-la comigo em tudo o que eu faço. Quando sinto uma ligação forte com alguém, muitas vezes reconheço qualidades nessa pessoa que me parecem algo familiar. Essa pessoa pode parecer um velho amigo, um irmão ou irmã, uma filha ou filho, um pai ou mãe, e, sim, até mesmo um amante de outro tempo ou lugar. Gosto desse reconhecimento e não sinto necessidade de fazer algo que ultrapasse fronteiras e viole a confiança sagrada que tenho em meu relacionamento com Joyce.

Estou sempre aprendendo a diferença por vezes sutil entre sexo e amor. Estou aprendendo a dizer "não" para a minha impulsividade, que freqüentemente requer que eu dê para mim mesmo um tempo para refletir antes de partir para a ação. Fazendo isso, estou aprendendo a dizer "sim" a um amor e a uma espontaneidade mais real em minha vida. Estou criando relacionamentos mais profundos com as outras pessoas, mas, sobretudo, sem cruzar fronteiras. Estou criando um relacionamento seguro e sagrado com Joyce.

Há muitos outros meios de dizer "não" para nós mesmos que serão uma bênção para nossos relacionamentos. Por exemplo, em certas fases, o meu sentimento de responsabilidade no escritório, nos negócios, torna-se mais importante do que o amor por mim mesmo e pela minha família. É quando estou ficando viciado em trabalho. Sempre que consigo dizer "não" para o trabalho no escritório, impondo limites saudáveis ao tempo que passo ali, quando fica claro que Joyce e as crianças estão precisando mais de mim, é uma vitória de minha alma.

Para que nossos relacionamentos dêem certo, é preciso que eles se tornem uma prioridade na nossa vida, o que significa dizer "não" para muitas distrações que desviam a nossa atenção e nos fazem sair do nosso coração. Um relacionamento saudável precisa de muito tempo e energia. A mídia não tem feito o bom trabalho que seria ensinar-nos isso. Algumas pessoas passam mais tempo cuidando de seu carro do que de seu parceiro. Outras passam mais tempo cuidando de assuntos profissionais ou pessoais do que com seu cônjuge. Quando concedemos tanto do nosso tempo a coisas menos importantes, é o nosso relacionamento com a pessoa amada que sai perdendo. Dizer "não", impor limites quando está claro que essas outras questões podem esperar, é algo que abençoa e nutre o nosso relacionamento.

DIZER "NÃO" COM AMOR

Pode ser difícil ouvir eu dizer um "não". Eu e Barry percebemos que é freqüentemente um desafio encontrar o meio correto de dizê-lo. Há vezes em que o "não" precisa ser dito de maneira enérgica e forte. Outras vezes é preciso dizê-lo com suavidade e ternura. Um exemplo disso é quando o parceiro o aborda com intenções sexuais. É claro que haverá vezes em que você estará aberto para o sexo, mas haverá outras em que você não estará pronto ou disposto. O que acontecerá então? Se você aquiescer aos avanços do parceiro com medo de magoá-lo ou deixá-lo zangado, o tiro sairá pela culatra. Se você realmente sentir um "não" dentro de si, e não obstante continuar aquiescendo aos desejos do outro, ambos se sentirão distantes um do outro depois da experiência.

Se você sentir pouco desejo para uma intimidade sexual, mas sentir um "sim" dentro de você porque quer se dar para o parceiro, a experiência pode ser positiva. Você então estará agindo pautado num "sim", num "vá em frente" interior, o que dá poder às suas ações.

O problema em tantos relacionamentos é como dizer "não" quando o parceiro se aproxima de você com beijos e abraços ou palavras "de amor", e você sente o desejo sexual dele mais do que seu amor. Como você diz "não" sem rejeitá-lo ou magoar seus sentimentos?

O primeiro passo é perceber que você tem o direito de dizer "não". Muitas vezes as pessoas se sentem tão mal consigo mesmas por estar dizendo "não", que reagem com uma atitude inflexível ou zangada. Com esse tipo de reação, o mais provável é que o parceiro se sinta rejeitado e magoado. O sentimento que estava por detrás de suas palavras magoou o amante mais do que as próprias palavras. O seu maior desafio é sentir-se bem consigo próprio quando quer ou precisa dizer "não". Quando você aprende a amar a si mesmo dizendo "não", a sua resposta é muito mais clara. Tende incutir mais amor e ternura em sua resposta "não", como você faria ao dizer "sim".

Quando Barry me aborda sexualmente e eu não estou me sentindo receptiva, tento reconhecer e apreciar a sua afeição e o seu amor. Muitas vezes eu lhe dou um grande abraço e um beijo, e então digo que estou cansada ou preocupada com alguma coisa, e isso me impediria de estar realmente com ele. Ambos tentamos incutir amor a essas ocasiões em que precisamos dizer "não", para que nenhum de nós se sinta rejeitado ou magoado. Algumas vezes sinto tamanha clareza em minhas respostas "não" que sou capaz de dar risada de nós mesmos, do quanto somos engraçados. Barry, em especial, aprecia essa boa disposição de humor, tão diferente dos efeitos destrutivos que acompanham os comentários sarcásticos.

É um processo simples. Contudo, é preciso muito tempo para compreender o modo de dizer "não" de uma maneira positiva. Se você não conseguir da primeira vez, e seu parceiro ficar magoado com a sua resposta "não", continue a aperfeiçoar a sua técnica. Quando ambos aprenderem a dizer "não" com amor, o seu relacionamento assumirá um nível mais elevado de confiança e compreensão.

E quando o "não" de seu parceiro nasce de uma sensação de medo? É preciso muita sensibilidade e amor para lidar com esse tipo de "não". Algumas vezes é melhor respeitar o "não", muito embora você entenda que ele provém de um sentimento de medo. Outras vezes você pode amavelmente renovar a confiança do parceiro, e talvez ele comece a conversar sobre o medo.

Como Barry já mencionou, na primeira vez em que ele sugeriu que começássemos a ministrar seminários para grupos de pessoas, eu imediatamente respondi: "Não." Falar em público sempre foi uma coisa que me aterrorizou. Barry amavelmente abriu um espaço para que eu falasse sobre o meu medo. Incentivou-me e apoiou-me para que eu tentasse a experiência de trabalhar com grupos. No final de nossa conversa, eu ainda não queria, mas estava disposta a tentar. Ele acreditou que eu pudesse falar em público e estava disposto a trabalhar comigo o medo que eu tinha. E o fez. Ainda hoje eu às vezes fico nervosa antes de falar para um grupo grande, mas depois de começar eu passo um bom tempo expressando meus pensamentos e sentimentos.

É preciso paciência para encarar um "não" quando você acredita que ele provém do medo de seu parceiro. Se ele se fecha para você ou fica irritado quando você tenta ajudá-lo a vencer o medo, é provável que você o tenha forçado muito. Você pode não ter demonstrado suficiente aceitação e sensibilidade.

Ouvir a sua sensibilidade interior é o maior presente que podemos dar a nós mesmos, a nossos parceiros ou para todo aquele com quem nos relacionemos. Se esse sentimento ou sensação interior nos aconselha a não fazer nada a respeito, obedeça a ele com um sincero "não". Quando uma resposta "não" vem do fundo do coração, ela pode ser amorosa, compassiva e ainda assim poderosa. A longo prazo, uma resposta "não" que esteja de acordo com à sua verdade interior servirá para aproximar o casal.

Ouça sua voz interior e não tenha medo de dizer "não" se o seu coração estiver pedindo por isso. Esse "não" pode se tornar um fundamento sólido a partir do qual o "sim" pode alcançar as estrelas.

DIZER "NÃO"

Você precisa dizer "não" a alguém? Você está com medo de magoar os sentimentos dessa pessoa? Está com medo da cena que isso pode provocar?

Se você sente um "não", então você precisa dizê-lo. Imagine-se dizendo-o com clareza e amabilidade. Lembre-se, você tem o direito de expressar seus sentimentos, e isso inclui o "não". Agora, sinta o poder e o amor que flui em sua direção como resultado de você ter dito a verdade.

Em seguida, procure perceber se você precisa dizer um "não" para si mesmo. Existe algo que você esteja fazendo e que esteja prejudicando você ou o seu relacionamento? Imagine-se dizendo "não" para si mesmo com a mesma clareza e amabilidade com que você diz "não" aos amigos. Novamente, sinta como se você estivesse realmente dizendo "sim" para a sua própria alma, concordando em considerar o amor uma prioridade em sua vida.

Comprometa-se a fazer disso uma prática constante.

14

Paixão e Compaixão

O meu coração tornou-se um oceano, apaixonado, desde que você verteu o seu amor sobre ele.

— Hazrat Inayat Khan

O sexo pode ser uma experiência fisicamente extasiante, profundamente emocional e espiritualmente gratificante. O modo como um homem e uma mulher encaram a experiência sexual pode ser bem diferente, mas com paciência e atenção ambos podem compartilhar a riqueza de fazer amor.

O sexo é e sempre foi uma parte bonita de nosso relacionamento, ainda que isso tenha exigido algum esforço. Eu e Barry escrevemos nossos livros com base em muitos anos de aprendizado, em que conseguimos proporcionar uma consciência mais elevada e uma ligação de coração ao nosso relacionamento sexual. Esperamos que esse trabalho possa inspirar outras pessoas.

Temos uma relação monogâmica. Optamos por compartilhar a experiência sexual um com o outro. Sentimos que essa decisão é abençoada e temos aprendido que a monogamia instaura um nível profundo de confiança entre nós, o que torna a experiência sexual mais gratificante.

Certa vez ouvi um homem que fora casado por muito tempo comparar sua relação monogâmica com o ato de saborear uma refeição preparada por um *gourmet*, e preparada com amor, usando ingredientes de alta qualidade. Essa refeição é servida numa mesa lindamente decorada. A pessoa sente-se honrada e senta-se como um convidado especial. A refeição tanto é deliciosa quanto satisfaz profundamente. Ele então comparou múltiplos parceiros sexuais com o ato de comer numa lanchonete que serve refeições rápidas. "A comida da lanchonete pode encher o estômago e pode mesmo ter um gosto bom", ele disse, "mas deixa uma insatisfação na alma." Num relacionamento monogâmico, onde o ato sexual é abordado com amor e respeito, uma confiança sagrada pode ser construída, e a experiência do *gourmet* pode se tornar ainda mais maravilhosa ano após ano.

O fato de eu estar absolutamente convicta, em minha mente e meu coração, de que jamais buscarei um parceiro sexual para ter momentos de excitação ou satisfação, permitiu que a experiência sexual com Barry se tornasse profundamente bela. Saber que Barry está fazendo o mesmo faz com que meu coração se abra ainda mais para ele.

Também compreendemos que abordamos a experiência sexual de diferentes maneiras. Às vezes, basta um beijo para Barry ficar pronto para ir para a cama. Eu posso ter gostado do beijo, mas poderia, com a mesma facilidade, sair para caminhar com ele ou ter uma conversa interessante. Há muitas vezes em que de fato acabamos nem fazendo sexo. Às vezes ele logo desiste de seu desejo. Às vezes não, e minha sugestão de fazer outras atividades é recebida com uma amável persistência de sua parte. A pergunta é: eu realmente não quero fazer amor ou apenas não estou com a mesma vontade que ele, embora gostaria de estar? Conhecendo o outro como nós conhecemos, ele sabe desse pequeno diálogo que ocorre dentro de mim. Ele sabe que eu não entrarei no terreno sexual a não ser que eu esteja com vontade, mas ele também sabe que algumas vezes eu preciso de um pouco de atenção e paciência para acompanhar o desejo dele.

— Posso massagear suas costas? — ele se oferece, sorrindo. Essa é uma senha que ele tem usado muitas vezes, provocando risos em nós dois. Às vezes eu aceito a massagem nas costas, muito embora eu saiba que ele pode estar querendo mais. Enquanto massageia minhas costas, ele também começa a me dizer palavras de amor. Quando digo "sim" para a massagem nas costas, também estou dizendo "sim" para o autêntico fluxo de amor de Barry. Ele é paciente comigo e parece contente em massagear minhas costas e em me dizer palavras de amor. Não me pressiona de forma nenhuma. Às vezes, não demora muito para que meu desejo seja beijá-lo e deixar que nossos corpos se fundam um com o outro. Eu preciso dessa aceitação extra, desse amor sem pressão, e permissão para dizer "não" a qualquer hora. Às vezes a massagem me relaxa tanto que sinto que vou dormir. Barry aceita isso também.

Ocasionalmente sou eu a abordar Barry com intenções sexuais. Isso é tão inesperado que ele raramente recusa e em geral fica entusiasmado com a idéia. E há muitas vezes em que estamos ambos com a mesma vontade desde o começo. Essas são na verdade ocasiões lindas em que permitimos que a expressão do amor flua através de nossos corpos unidos.

Comunicar nosso desejo e fazer contato visual ao longo da experiência sexual é importante para nós dois. Tentamos compartilhar a experiência, em vez de deixar que um de nós se isole em sua própria "viagem". Muitas vezes paramos e mostramos nosso apreço um pelo outro. Essas trocas verbais aprofundam a nossa ligação.

Nosso principal propósito ao nos unirmos sexualmente é fundir-nos espiritualmente. Pela oração, pelo contato dos olhos, pela comunicação, pela valorização e pelo respeito, a experiência sexual une nossos corações numa abertura extasiante e nos põe em contato com a fonte de nosso ser. Sentimos a razão de estarmos juntos e o fluxo do grande amor universal que jorra dentro de nós, permitindo que encontrássemos um ao outro. Cada união sexual é um lembrete maravilhoso da união de nossos corações e almas.

O JARDIM SECRETO

O sexo sempre foi uma parte importante do meu relacionamento com Joyce. No nosso primeiro encontro, nossas mãos se encontraram num cinema escuro, provocando um frêmito no nosso corpo. Mais tarde, nessa mesma noite, nossos lábios se tocaram brevemente num beijo de despedida, e nesse momento pudemos ter um vislumbre dos lugares mais profundos pelos quais nossas almas poderiam viajar. Como acontece no início de tantos relacionamentos, o fluxo de nossa energia abriu as portas para uma dimensão mais elevada, permitindo-nos respirar a fragrância dos aromas de um jardim interior e secreto. O sexo foi uma experiência muito forte e espiritual.

Ainda adolescente, fui iniciado na doçura dessa extasiante energia de criação. Tão poderoso foi esse despertar sexual que eu logo fiquei dependente desse néctar dos deuses. No começo de minha relação com Joyce eu não conseguia manter minhas mãos afastadas dela — e isso não mudou muito em trinta anos, embora agora eu tenda a ser mais sensível no que diz respeito ao tempo certo, às necessidades de Joyce bem como às minhas próprias.

Acho graça quando penso no nosso filho, John-Nuriel. Quando ele estava mamando, os seios de Joyce eram a sua fonte de nutrição. Quando tinha 3 anos de idade, adorava botar as mãozinhas nos peitos da mamãe. A essa altura secos e evidentemente mais flácidos, os seios da mãe se tornaram para ele uma espécie de brinquedo. Sua admiração era inocente. Ele só queria estar naquele estado divino que a amamentação lhe permitia usufruir. Os seios de Joyce eram a sua ligação física com essa lembrança.

De certa forma, a experiência sexual, a intimidade do meu corpo com o de Joyce, e os sentimentos sensuais profundos têm sido um modo de eu mamar nos seios de uma mãe maravilhosa, de um divino ser criador. Lembro-me do quanto era difícil ficar separado de Joyce nos dois últimos anos da faculdade. Sempre no espaço de algumas poucas semanas, passávamos o fim de semana juntos e ficávamos quase todo o tempo nos "curtindo". Nesses primeiros anos de nosso relacionamento, nossa ligação física foi de vital importância para nos elevar a uma dimensão espiritual do ser, como um meio de sentir as poderosas energias do amor.

Sabemos que o mais profundo desejo que permeia o nosso relacionamento sexual é e sempre será o de sentir amor. Com o passar dos anos, temos aprendido meio não-sexuais de nos ligarmos à fonte do amor, nossa essência espiritual, como a meditação, a oração, a troca de idéias e sentimentos ou o serviço aos outros por meio do nosso trabalho. Dessa forma, nossa vida está se tornando mais equilibrada, sendo menor a necessidade de nos realizarmos por meio do sexo. Nossa ligação física, contudo, continua importante e mágica como sempre foi, por causa desse equilíbrio.

Nosso relacionamento sexual, tal como o nosso relacionamento em geral, não tem sido isento de problemas. Às vezes, conforme já mencionei, eu dava excessiva importância à intimidade física, como se esse fosse o único meio de satisfação, e minhas expectativas acabavam interferindo na experiência. Em vez de fazer do sexo uma expressão natural de nossa intimidade, eu estava tentando usá-lo como um meio de me sentir mais próximo de Joyce — e de meu próprio coração. Eu estava tentando usar outra pessoa (Joyce) para me proporcionar a experiência de me amar, em vez de me voltar para esse amor por mim mesmo. Essa abordagem jamais pode funcionar. Sem o amor, nenhum método físico ou exterior pode dar acesso aos reinos espirituais ou interiores. Tentar fazer isso é usar o sexo como uma droga, o que é *abuso* — e não uso. O amor em forma de atenção, respeito, sensibilidade e disposição para ouvir, tem de estar presente para que a experiência sexual seja uma experiência mágica. Em outras palavras, *o sexo por si mesmo não cria amor. É o amor que cria mais amor*.

Outras vezes, Joyce e eu ficamos confusos com os vários ensinamentos espirituais sobre sexualidade. Uma vez tentamos o celibato como sendo o mais elevado caminho espiritual. Ter ficado certa vez seis meses sem sexo foi algo que sentimos como um feito espiritual. E ainda não sabíamos por que estávamos tendo dores de cabeça tão fortes!

Nessa época, víamos nosso desejo sexual natural como uma força que se movia numa espiral descendente e que estava exaurindo a nossa energia vital. Isso era confirmado pelas ocasiões em que nossas experiências sexuais eram menos espirituais e mais físicas, com uma paixão animalesca, e que nos deixavam esgotados. Não entendíamos que era a falta de amor no sexo que nos esgotava — e não o sexo em si mesmo. Pois, quando o amor está presente antes, durante e depois do ato físico, nossa energia aumentava, e não o contrário.

Quando finalmente percebemos que aquele celibato não era a mais elevada opção sexual *ou* espiritual que poderíamos fazer, nossos corpos chegaram juntos a uma explosão de paixão. Isso nos deixou frente a frente com nosso dilema seguinte: permitir que a energia terrena e física coexistisse com o amor — sentir a nossa paixão *e* a nossa compaixão. Algumas vezes a paixão seria tão envolvente que nos perderíamos nas sensações físicas. O orgasmo, então, seria mais uma liberação física do que uma união. Muito embora nessas ocasiões estivéssemos menos conscientes do amor, precisávamos aprender a não nos julgar ou "dar notas" a cada experiência sexual. Não há nada de intrinsecamente errado com o sexo apaixonado, físico. É a nossa mente preconceituosa que cria os maiores problemas. Somos seres humanos tanto quanto espirituais. Nosso crescimento depende de aceitarmos a nós mesmos bem onde estamos, e não onde gostaríamos de estar. Em nossa alma, mantemos uma lembrança dos mais elevados amor e êxtase sensual. Nosso trabalho é o de ser mais gentis com nós mesmos quando a nossa experiência na Terra não refletir completamente aquela perfeição de que nos recordamos.

Eu e Joyce estamos sempre aprendendo sobre paixão e compaixão. Estamos nos tornando mais sensíveis à nossa intenção antes de fazer amor. Estamos aprendendo a desfrutar a viagem inteiramente em vez de enfatizar a chegada a um determinado objetivo particular. Estamos aprendendo a orar com o coração agradecido antes, durante e depois de fazer amor. Estamos aprendendo a nos mover lentamente, a saborear cada pedacinho da refeição, e mesmo a parar todo o movimento para integrar tudo o que aconteceu até aquele ponto. Estamos aprendendo a sentir a plena intensidade da deliciosa paixão em nosso coração que jorra com a plenitude do amor compassivo. Estamos aprendendo a sintonizar a experiência um do outro, a desfrutar o que o outro está desfrutando, e por isso esperar alegremente para que o outro esteja pronto para o orgasmo. E estamos aprendendo a permitir que o orgasmo seja mais uma implosão do que uma explosão, sentindo a luz da criação preencher cada célula do nosso corpo à medida que dois corações se tornam um.

QUANDO É HORA DE FAZER AMOR?

Um homem de seus trinta e poucos anos certa vez me confidenciou que estava no início de um relacionamento e, naturalmente, pensar em sexo era algo que ele fazia freqüentemente. Ele admitiu que, no passado, ele havia pressionado a parceira para que tivessem um envolvimento sexual o quanto antes, mas sentiu que não era bom agir com tanta pressa. Ele queria saber quando era a hora de entrar no terreno sexual.

Em primeiro lugar, precisamos perceber que não há começo nem fim para o relacionamento sexual. Em *The Shared Heart*, incluímos um capítulo sobre relacionamento sexual chamado "Fazer Amor Para Deus". Pode ser um título alarmante para algumas pessoas, mas, se queremos que nosso relacionamento seja tudo o que ele possa ser, precisamos começar a pensar no sexo em termos muito mais amplos. A sexualidade envolve um fluxo de amor, de força vital, através de nosso ser. Tomamos o sexo por uma coisa ofensiva porque o encaramos apenas como a expressão física do amor. Mas o sexo é muito mais do que um ato físico. Quando olharmos profundamente nos olhos do outro, quando somos vulneráveis, deixando à mostra toda nossa fraqueza e nossa força, esses momentos são tão sexuais quanto espirituais. Isso tudo é fazer amor.

Então você pode perguntar, se um relacionamento é sempre tão sexual quanto espiritual, então por que esperar para partir para o ato físico do amor?

Quando o nosso filho, John-Nuriel, era ainda um recém-nascido, eu e Joyce ficamos intrigados olhando aquele pequenino ser crescer e mudar. Espantava-nos o ritmo perfeito do universo. Assim como acontecera com nossas duas filhas mais velhas, olhávamos com reverência a transição gradual de John-Nuri no mundo físico. No começo, havia uma docilidade celestial enquanto a sua consciência mergulhava livremente para dentro e para fora de seu corpo de recém-nascido. Então, ativamente, ele foi se firmando aqui na Terra, tornando-se cada vez mais presente no mundo físico, cada vez mais alerta e consciente de seu corpo.

Ocorre algo muito parecido com um novo relacionamento. Há muitas vezes a mesma docilidade celestial quando duas almas começam a compartilhar o amor. Há inspiração e êxtase a partir dessa união não-física. Então, paulatinamente, como uma evolução natural, o relacionamento se firma à Terra. Passa dos reinos mais elevados e espirituais para incluir a dimensão psicológica e a emocional e então, finalmente, a dimensão física. Apressar esse processo é algo tão pouco natural quanto apressar um bebê a entrar em seu corpo. Em certo sentido, a alma de um bebê tem com seu corpo o mesmo galanteio que duas almas têm ao cultivarem uma amizade. Esse processo de galanteio é importante para o relacionamento. Desenvolve um nível razoável de confiança, à medida que o relacionamento mergulha na expressão física, onde é mais fácil perder de vista a inspiração e a finalidade do relacionamento. Sem essa confiança, essa amizade cultivada, é como se depositássemos um novo barco diretamente em mar aberto, sem primeiro tentar sair com ele nas águas mais calmas do ancoradouro.

É muito comum vermos relacionamentos recentes enfrentando problemas porque o casal não é sensível a essa evolução natural da sexualidade. Às vezes é preciso uma sensibilidade mais sutil. O casal pode *pensar* que está pronto para fazer amor. O seu relacionamento parece-lhes plenamente maduro e pronto. No início do relacionamento, as pessoas colocam um filtro na frente dos olhos, que as faz achar que já foram muito mais longe do que de fato foram. No entanto, essa sensação de que se está pronto para o amor está muitas vezes baseada mais na ilusão e no desejo físico do que na mais elevada verdade para cada um de nós e para o nosso relacionamento.

Fazer amor prematuramente é um pouco como tomar uma droga psicodélica. Pode nos aproximar do sentido de amor, mas nunca nos levar até ele. Não é a coisa real. O amor real é uma experiência que tem de ser conquistada por meio das experiências da vida e pela maturidade de nossa alma. Mas isso é tão típico da natureza humana, tantas vezes temos pressa de amar que tentamos forçar o amor. A parábola de Jesus a respeito da festa de casamento é um grande exemplo. Nessa parábola, um homem tenta entrar numa festa de casamento sem o traje apropriado. Ele não está pronto para a festa, não se preparou para ela. E é claro que foi expulso, e houve "choro e ranger de dentes" (sofrimento) como resultado. Há conseqüências naturais quando se força a abertura da porta sensível da sexualidade sem a preparação apropriada. Isso não raro resulta em perda da confiança, perda da segurança e perda do amor.

Como você pode saber se já esperou o tempo suficiente para fazer amor? Você sentirá uma confiança profunda no outro. Você arruinará essa confiança se fizer sexo e descobrir que se precipitou? É claro que não. Todo relacionamento é um processo de tentar ouvir a voz interior, agindo de acordo com o que você acha que ouviu ou sentiu, cometendo uma porção de erros e então, humildemente, tentando de novo. Se você fizer amor muito cedo e sentir que isso tirou algo de sua intimidade ou amedrontou alguma parte de você, converse sobre isso. Comunicar aberta e honestamente de seus sentimentos é o meio de recuperar a confiança e renovar a amizade. Vocês podem ambos decidir esperar um pouco mais antes de fazer amor novamente. Não há nada errado em esperar. Não significa que vocês fracassaram ou que seu relacionamento fracassou. Tentativa e erro é um método válido para aprender e ganhar experiência.

O que sempre dizemos aos casais que querem viver no mais elevado estado de amor é o seguinte: dediquem o tempo que for necessário para cultivar a amizade e a confiança entre vocês antes de iniciar uma expressão física da sexualidade. O ato de fazer amor é passageiro, mas a amizade é eterna.

Como reavivar a paixão

Muitos casais que estão muito tempo juntos se queixam que o sexo não tem a mesma intensidade e paixão do início do relacionamento. Eles querem saber como reacender o fogo da paixão.

Em primeiro lugar, precisamos abandonar a imagem hollywoodiana da relação sexual. De acordo com essa imagem, não há espaço para que o relacionamento sexual cresça e se transforme — o ideal hollywoodiano é um ideal estático. Quer estejamos num relacionamento de poucos meses ou celebrando bodas de ouro, o sexo é supostamente o mesmo.

Mas como isso pode ser verdade, se os outros aspectos de nosso relacionamento estão sempre mudando? À medida que o relacionamento evolui, o mesmo acontece com a sexualidade. Assim, o desafio não é uma questão de recuperar algo que foi perdido. É mais uma questão de encontrar o nível seguinte de expressão sexual, uma expressão que está em sintonia com a pessoa que somos hoje.

E sobre a natureza da atração sexual? Algumas vezes a atração sexual surge de um desejo de distração e excitação. Todos nós chegamos a ter esse desejo, de ser entretido, estimulado, provocado — *por nosso parceiro*. Pensando mais profundamente, todos um dia quisemos que outra pessoa tomasse conta de nós, em vez de assumirmos a responsabilidade por nós mesmos. Mas, em última análise, se queremos crescer espiritualmente, *tudo o que desejamos que o outro faça por nós, temos de fazer nós mesmos*.

Aqui novamente temos o espelho em ação. Quando sentimos atração sexual por outra pessoa, isso na verdade significa que permitimos àquela pessoa catalisar uma abertura ou fluxo de energia através de nosso corpo. Na verdade, somos nós que nos abrimos para essa energia de vida divina e criativa. Assim, num nível mais profundo, somos *nós* que nos sentimos atraídos e *nós* que precisamos assumir a responsabilidade por esse maravilhoso fluxo de energia amorosa em nosso próprio corpo e consciência. Com isso não estamos nos referindo ao prazer solitário, embora as pessoas possam precisar desse tipo de prazer algumas vezes em sua vida. Estamos falando sobre assumir responsabilidade pelo lugar em que se origina o amor. Ele *vem de dentro do nosso coração, e não de outra pessoa*. Por isso, para acender a chama da paixão no nosso relacionamento, precisamos reconhecer que ela vem de dentro de nós, e não de nosso parceiro.

Algumas pessoas podem achar que, à medida que envelhecem, elas precisam abrir mão da intensidade e da paixão. Não é verdade. Temos encontrado um número crescente de pessoas idosas — para não mencionar os casais de meia-idade — cuja vida sexual pode ser tudo, menos monótona e sem vida. Então qual é o segredo delas? Elas descobriram que a intensidade e a paixão eram um modo de vida, um estado de consciência, em vez de uma expressão da sexualidade. Elas vivem a vida intensa e apaixonadamente. Apreciam-se apaixonadamente. Estão comprometidos em compartilhar seus sentimentos um com o outro. Eles reservam tempo para o seu relacionamento. Não deixam que irritações ou ressentimentos menores se infiltrem sem trabalhá-los completamente. Eles procuram tornar intensa e apaixonada cada parte de seu relacionamento, atitude transposta também para o ato de amor.

A expressão sexual num relacionamento continua a crescer e a evoluir. À medida que o relacionamento amadurece, o ato de amor pode cada vez mais assumir uma dimensão espiritual. Pode se tornar mais aberto, mais consciente, mais pleno de amor. Pode se tornar mais coeso com os outros aspectos do relacionamento. Embora isso seja mais gratificante para a alma, não significa que seremos menos sensuais ou teremos menos prazer. Pelo contrário, a sensualidade pode se tornar mais intensa — mas trata-se de uma sensualidade mais profunda e madura. Trazendo a nossa alma e cada parte de nós para o nosso ato de amor, atingimos níveis mais elevados de sensualidade.

Muitas vezes, pensamos equivocadamente na sensualidade como algo que pertence ao corpo, mas, e quanto à sensualidade emocional? Sentimos um intenso prazer quando compartilhamos profundamente de nossos sentimentos e idéias. E quanto ao êxtase espiritual — a experiência sensual básica? A experiência da energia radiante, da luz de Deus fluindo pelo corpo é intensamente prazerosa. Eu e Joyce temos sentido, especialmente depois de uma meditação, uma união extasiante pelo simples fato de nos olharmos nos olhos. Nesses momentos, o sentimento do amor em nosso coração é acompanhado por um prazer sexual profundo em nosso corpo, e tudo isso sem o menor contato físico. E não somos os únicos a desejar essas experiências. Saber que um número de casais cada vez maior está chegando a esses níveis espirituais de sensualidade nos deixa muito felizes. Esse êxtase está ao alcance de todos.

POR FAVOR, SÓ ME ABRACE!

Marty e Sheila estavam bloqueados. E bloqueados como tantos outros casais que eu e Joyce temos visto em nossas sessões de aconselhamento e nos seminários. O sexo já não estava indo bem. Marty estava sexualmente frustrado e desapontado com a falta de interesse de Sheila por sexo.

Perguntei a Sheila de que ela estava precisando. Ela pensou por um momento, e então respondeu:

— Eu só queria que Marty me abraçasse.

Foi duro para Sheila dizer isso, assim como é duro para muitas pessoas manifestar suas necessidades mais profundas. Tanto os homens como as mulheres muitas vezes se sentem culpados com relação às suas necessidades de um toque não-sexual, como se houvesse algo de errado com eles por não estarem instantaneamente prontos para o sexo. Descobrimos em Sheila, como em muitas outras mulheres, uma necessidade profunda de experimentar o amor de um pai, os cuidados e a aceitação sem pressões de um homem. Não que Sheila não quisesse ter sexo com Marty; na verdade ela demonstrava uma forte atração por ele. O seu relacionamento simplesmente havia avançado até o ponto em que as necessidades mais profundas de Sheila vieram à tona, e ela não conseguia mais reprimi-las.

E quanto à frustração de Marty? Para Marty, e para muitos homens (mas não para todos), o ato sexual é talvez o principal meio de dar e receber amor no relacionamento. Ele precisava aprender a dar e receber amor de outras formas, não-sexuais. Ele precisava praticar a capacidade de ouvir, compartilhando o seu eu mais verdadeiro, seus sentimentos mais vulneráveis, o toque e o abraço não-sexuais. Uma solução para Marty, como para muitos homens, era tornar-se consciente de sua própria necessidade de receber cuidados maternais. É natural em garotos pequenos a transição da total dependência da mãe para um estágio de afastamento, de crescimento rumo a uma confiança maior em si mesmo. Mas, no final das contas, todos os garotos precisam ter satisfeitas as suas necessidades de nutrir-se do amor de mãe. Na verdade, buscamos o amor revigorante de mãe e do pai ou o arquétipo da maternidade e da paternidade. É um tanto artificial separar esses cuidados paternais por sexo.

À medida que Marty se abria para a sua necessidade de amor maternal, que poderia ser atendida por meio de Sheila, ele tornou-se mais vulnerável a ela. À medida que ele permitiu que ela o abraçasse e cuidasse dele como se fosse uma criança, ele pôde abraçar e nutrir a criança interior de Sheila, algo de que ela precisava. Em outras palavras, à medida que ele aceitou as necessidades profundas de sua própria criança interior, ele pôde aceitar as necessidades que ela também tinha.

Sheila precisava dar voz, de maneira clara e livre de culpa, à sua criança interior. Ela precisava saber que não há problema em precisar de amor de maneira não-sexual. À medida que ela compreendia que as necessidades de sua alma eram aceitáveis, ela pôde comunicá-las mais claramente — sem raiva, introspecção, depressão ou qualquer um desses sentimentos reprimidos que venham à tona. Além disso, à medida que ela aceitou as necessidades de sua própria criança interior, ela também conseguiu aceitar as necessidades da criança interior de Marty. Isso a pôs mais em contato com o seu eu que a nutria, o seu próprio arquétipo parental.

Quando há espaço para a expressão não-sexual de carinho numa relação, a expressão sexual pode ser mais satisfatória. Quando a alma, bem como a criança interior, sente-se segura e bem tratada, e quando o coração está aberto para o amor, o corpo fica pronto para sentir os níveis mais altos de êxtase.

Fiz com que Marty e Sheila praticassem o exercício seguinte. Para eles, foi uma grande revelação e ajudou-os profundamente. Talvez ajude você também.

ABRAÇO NÃO-SEXUAL

Reserve alguns momentos para abraços que não tenham conotação sexual. É bom deixar claro que esses momentos *não* levarão absolutamente ao sexo. Isso é especialmente importante quando há uma quebra na confiança ou alguma outra dificuldade no relacionamento sexual. A situação é crítica quando um dos parceiros sofreu algum trauma sexual na infância.

Um de cada vez, tomem-se nos braços assim como um pai ou mãe amorosa abraçaria uma criança pequena que precisa ser acalentada. Compartilhem seus sentimentos um com o outro — tanto como uma criança que precisa ser abraçada como um pai ou mãe que necessita abraçar o filho.

Façam com que esse seja um momento de total segurança, reservado apenas para demonstrar e receber afeição.

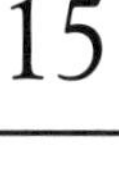

15

A Dança do Ciúme

A glória da amizade não está na mão estendida, nem no sorriso amável, nem na alegria do companheirismo; está na inspiração espiritual que nos ocorre quando descobrimos que alguém acredita em nós e está disposto a demonstrar essa confiança.

— Ralph Waldo Emerson

O ciúme é um desafio que a maior parte das pessoas terá de enfrentar em alguma ocasião. Quando ambos os parceiros trabalham juntos para vencer esse desafio, eles podem aumentar o amor e o entendimento entre eles. Quando o ciúme é encarado como um defeito da outra pessoa, contudo, cria-se um problema que pode ser difícil de superar. Censurar o ciúme de um parceiro é recusar-se a vê-lo como espelho da alma, refletindo o nosso papel na dança. É importante compreender que a maior parte dos problemas relacionados com o ciúme é uma co-criação de ambos os parceiros no relacionamento, e costumam ser um sintoma de um desequilíbrio mais profundo no relacionamento — e um reflexo exterior das inseguranças das duas almas.

Como explicamos antes, quando Barry terminou sua residência em psiquiatria em 1973, viajamos por mais de um ano estudando com vários mestres espirituais. Nossa peregrinação nos levou aos Alpes franceses para aprender com Pir Vilayat Khan, um professor sufi. Moramos por dois meses num acampamento numa pradaria no alto das montanhas. Foi a primeira vez, em nosso relacionamento de nove anos que vivemos tão próximos de tantas pessoas (mais de duzentas), a maior parte das quais, solteira. Na época eu era ainda muito tímida e preferia estar com Barry e, talvez, mais uma ou duas pessoas. Barry, por outro lado, estava justamente aproveitando sua liberdade recém-adquirida. A escola de medicina e a residência haviam restringido muito sua liberdade. Agora ele estava sentindo uma exuberância interior que ainda não expressara plenamente.

Nosso professor, Pir Vilayat, sentiu a quietude de minha natureza interior e sugeriu que eu passasse o máximo de tempo possível sozinha em meditação. Isso eu fiz com gosto e tive muitos benefícios. Ele também sentiu em Barry a necessidade de estar com os outros e pediu-lhe que fosse o médico do acampamento. Barry aceitou, e iniciou sua tarefa com grande entusiasmo. Havia muitos problemas médicos, e ele estabeleceu ligações profundas com muitas pessoas. Infelizmente, parecia-me que a maior parte dessas ligações se dava com mulheres atraentes e disponíveis. Sentimentos de ciúme começaram a crescer dentro de mim como nunca antes.

Certa vez, durante uma refeição, Barry levantou-se de nossa mesa para falar com uma mulher atraente sobre um problema de saúde que ela tinha. Pareceu-me ter transcorrido um espaço de tempo suficiente, de modo que me levantei da mesa e parei junto a Barry. Senti que ele ignorava a minha presença de propósito. Mais tarde ele disse que não sabia que eu estava lá. E de fato eu não abrira a boca. Nesse meio-tempo a mulher lançava olhares de aborrecimento em minha direção. Para mim ficou óbvio que essa mulher me via como uma ameaça ao seu relacionamento recém-estabelecido com Barry. Também percebi que ela nem imaginava que eu fosse a mulher de Barry. O ciúme despedaçou meu coração. Eu não estava com medo que Barry viesse a ter um relacionamento sexual com essa mulher. Nós já havíamos trabalhado isso em nosso relacionamento. Eu me senti excluída, de alguma forma, desamparada e à margem de seu círculo de relacionamentos.

Até que finalmente desabafei: "Sou a mulher de Barry", minha voz traindo o ciúme que eu estava sentindo. A mulher pareceu chocada e logo desculpou-se, dizendo que não sabia que Barry era casado. E em seguida foi embora.

Meus olhos soltavam faíscas para Barry, meu ciúme dando vazão à raiva. Barry não sabia que havia feito algo errado e estava aborrecido comigo por agir de maneira imatura. Ele não entendia por que eu estava sentindo ciúme e raiva. Mas eu, sim. Eu estava com raiva por ele ser tão amigável com todo mundo, mas estava com mais raiva ainda de mim mesma. Pensei que eu é que estivesse com o problema maior.

Depois disso, Barry tornou-se ainda mais amigável e extrovertido com as pessoas; fiquei mais quieta e retraída. Ambos achamos que eu tinha um problema relacionado a ciúmes e que Barry era inocente em suas interações com as mulheres. Ele parecia exteriormente feliz, e fingia fazer novos amigos, mas eu podia ver que o crescente distanciamento entre nós também o entristecia. Era-me impossível realmente amá-lo enquanto ambos pensávamos que eu era o "problema".

Começamos a nos ver menos entre as aulas, tentando buscar uma solução. Enquanto o foco se deteve em mim e no *meu problema*, a distância permaneceu. Até que um dia, eu parei e perguntei a mim mesma: "O que realmente está me machucando nessa situação com Barry?" Percebi que o que me magoava mais não era o fato de Barry ter todas aquelas novas amigas, mas o de eu me sentir excluída e não-reconhecida como sua esposa. O papel de Barry no "problema do ciúme" veio à tona — *ele não estava me incluindo em suas novas amizades*. Ele não contava a essas mulheres que era casado e, ao mesmo tempo, preferia não usar aliança. No começo de nosso casamento, ele insistira que não se sentia confortável com a aliança no dedo. No entanto, a ausência da aliança parecia indicar um mal-estar mais profundo em Barry, que se somava à minha insegurança no casamento.

Quando hoje olhamos para trás, para aquele tempo, podemos visualizar num nível mais profundo o que estava acontecendo. Eu ainda estava insegura com relação à devoção e ao compromisso de Barry para comigo e minha preocupação era ser amada por ele. Contudo, não era eu a única insegura. Barry ainda se sentia inseguro quanto à necessidade que tinha de meu amor, de modo que percebeu uma espécie de segurança ao alargar seu círculo de amizades com outras mulheres. Fazia apenas um ano ou dois que havíamos conscientemente empreendido uma viagem rumo ao crescimento espiritual, após aquela grande crise em nosso casamento. Éramos completamente novos nessa questão de "crescimento pessoal".

Na época, mesmo tendo uma compreensão limitada do que estava acontecendo, concordamos que todas as vezes em que eu me aproximasse de Barry, estando ele com algum de seus novos amigos ou amigas, ele me cumprimentaria calorosamente e me apresentaria. Barry também decidiu contar logo, a cada novo amigo que fazia, sobre o nosso relacionamento. Decidi que eu manteria em meu coração o sentimento do quanto Barry realmente me amava, e lembrei-me de me sentir valorizada por ser incluída em seus novos relacionamentos.

Na vez seguinte em que ele teve de dar um conselho médico para uma mulher, caminhei até ele e pus meus braços em torno dele. Barry abraçou-me em retribuição e apresentou-me. Um sentimento caloroso fluiu entre mim e a mulher. Percebi que ela estava pronta para se tornar *minha* amiga também.

Nosso novo padrão acrescentou uma dimensão inesperada e importante também à vida de Barry. Por meio desse reconhecimento de nosso relacionamento e de nosso amor, suas amizades com as mulheres se aprofundaram. As mulheres se sentiam mais seguras em ser amigas dele; com ele, elas sabiam onde estavam pisando. Além disso, minha nova confiança em mim mesma e no relacionamento permitiu-me apreciar mais o jeito extrovertido e amigável de Barry. Logo eu já saía para encontrar novos amigos e apresentá-los a Barry.

Desde então, todas as vezes em que o ciúme se torna um problema, voltamos às lições que aprendemos durante nossa estadia nos Alpes: *o ciúme é sempre um problema do casal e não, de um dos parceiros. Ambos contribuem para a dança.* Quando duas pessoas estão crescendo em amor e compromisso, cada um dos parceiros precisa saber que está seguro na presença do outro. Toda pessoa precisa saber que não será excluída, não importa para onde for o parceiro. E, caso um deles se sinta excluído, ambos terão de saber que poderão trabalhar juntos para resolver os sentimentos e a situação. Acima de tudo, cada parceiro precisa se sentir reconhecido e amado — e aceito, seja qual for o sentimento que venha a ter.

É importante sempre buscar um meio de incluir a pessoa que amamos na nossa vida. Certa vez, numa festa, fiquei profundamente absorvida numa conversa com um amigo. Acho que conversamos por mais de meia hora até que Barry chegou e sentou-se conosco. Ele havia ficado no quintal, brincando com as crianças, e estava com um humor infantil, cheio de risadinhas. Nosso amigo tinha começado a contar algumas questões dolorosas de sua vida. Nossa conversa séria e profundamente sentida contrastava com a leveza de Barry. Dei uma boa acolhida a Barry e expliquei a situação. Ele sabia que podia escolher entre participar de nossa conversa ou sair e rir um pouco mais com as crianças. Barry optou por ficar e logo foi contagiado pelo nosso estado de espírito, acrescentando opiniões interessantes. Se eu e nosso amigo tivéssemos excluído Barry, teríamos gerado ciúme e tensão. Em vez disso, demos-lhe boas-vindas — bem como a opção de participar.

O medo e a mágoa de ser excluído é talvez uma das principais razões de as relações não-monogâmicas raramente terem sucesso. Você pode imaginar-se entrando muito inocentemente num quarto em que seu parceiro estivesse fazendo sexo com outra pessoa? E ele lhe sorriria, dizendo "Que bom que você chegou!" É provável que não! O sentimento de não ser bem recebido em tal situação magoa profundamente, e é difícil se livrar dele. O ato sexual é tão profundamente íntimo entre duas pessoas que é quase impossível superar o ciúme por ter sido deixado de lado.

Tentar manter o coração aberto para o parceiro em todas as ocasiões é uma prática maravilhosa. Sei que estarei segura ao me incluir em qualquer ligação que Barry tenha com outra pessoa. Sinto que serei recebida com respeito. Barry sente o mesmo. A porta do nosso coração está sempre aberta para o outro, criando um sentimento de segurança que permite que nossos corações se fundam ainda mais profundamente em amor.

16

Dádivas da Decepção

Aprenda que a eternidade é agora. Não existe um passado, um presente ou um futuro como períodos separados de tempo. Tudo está dentro do abraço da alma agora. É a reação ao agora que é o seu futuro. Jamais olhe para o futuro e imagine isso, aquilo ou aquilo outro, pois fazer isso é viver no medo. Viva hoje com Deus, e o seu futuro nada conterá que não seja alegria.

— White Eagle

Quantas vezes já aconteceu de você planejar uma noite especial com a pessoa amada e isso não funcionar do jeito que você gostaria? Talvez você estivesse preparando e desejando que as coisas tomassem certo rumo, o que acabou não acontecendo. Talvez você estivesse se preparando para uma noite de amor, romântica, e o seu parceiro caiu no sono. Talvez você tenha planejado um piquenique, e o seu marido se esqueceu. Talvez você estivesse precisando de um tempo de comunhão profunda, e a sua esposa se mostrou consumida por preocupações e foi incapaz de relaxar. Talvez você estivesse esperando poder dar um toque mágico ao seu relacionamento, e o seu companheiro nem ao menos percebeu. E essas coisas acontecem todo o tempo nos relacionamentos.

Como você encara a decepção? Quando estamos querendo uma ocasião especial, cheia de encanto, comunhão profunda e magia, tendemos a acreditar que estamos buscando uma ligação com outra pessoa. Mas não é esse o caso. Na verdade estamos buscando uma ligação com nosso espírito. É nossa alma que quer estabelecer uma ligação mais profunda com nossa condição celeste. O grito interior de cada alma, não importando o quanto ele seja sutil, é um apelo para que voltemos a sentir o deslumbramento, o êxtase, a alegria e a natureza mágica de nossa fonte. Quando desejamos esse nível de ligação com nosso parceiro e planejamos atingi-lo, na verdade estamos respondendo a um chamado interior para sentir a nossa verdadeira essência.

Há razões em que nosso parceiro pode estar conosco, desejando a mesma profundidade de ligação e querendo sentir conosco a magia do nosso amor. Pode haver belas ocasiões em que não haja limite para o amor puro que ambos possam sentir. Contudo, nem sempre funciona dessa maneira. Às vezes, o nosso parceiro simplesmente não está no mesmo estado de espírito que nós ou não está sentindo no momento o mesmo desejo de profundidade que nós. Ou talvez ocorra o contrário, com o parceiro sentindo essa vontade e nós não.

Essas decepções nos relacionamentos são um desafio do dia-a-dia, especialmente para quem estiver desejando, planejando e esperando uma ocasião especial. O que você faz quando está planejando uma noite especial? Põe para tocar uma música romântica. Veste roupas que seu parceiro apreciou no passado. Deixa as crianças na casa de amigos. O parceiro chega em casa, nem olha para você e liga a TV. Talvez então você desligue a TV, num esforço para chamar a atenção dele. Com a sua voz mais carinhosa, você explica que as crianças não estão e que você gostaria de ter uma noite especial com ele. O parceiro olha para você com um ar cansado, esgotado de seu dia, e aponta para um lugar no sofá, convidando você a compartilhar a agradável experiência de assistir à televisão juntinhos um do outro. Você explica que não é isso o que você quer. O parceiro se levanta e liga a TV, dizendo a você (na voz mais doce possível) que está cansado e que tudo o que quer é que você o deixe em paz.

Então, o que você faz? Você pode assistir à TV, sabendo que isso não irá satisfazer a necessidade de ligação de sua alma. Você pode se irritar com o parceiro, arrasando-o com a mesma energia que o fez planejar essa noite especial. Isso provavelmente tornará essa noite terrível para ambos.

Ou você poderia perceber que seu desejo de ligação e magia tem que ver, na verdade, com a sua própria vida. Você precisa compreender a intenção por detrás do plano. Você precisa sentir-se ligado à sua própria alma e essência espiritual. Você precisa sentir sua própria mágica e sua sensação de maravilhamento, em vez de projetar a sua necessidade de realização em seu parceiro. O seu parceiro tem de ouvir o seu próprio chamado de profundidade e ligação. Você poderia ficar emburrado com o fato de seu parceiro não o acompanhar, ou poderia aproveitar essa oportunidade para amar-se verdadeiramente e valorizar a sua própria essência espiritual, tendo uma noite especial consigo mesmo.

Nossa alma necessita desse momento de solidão para ligar-se interiormente. Esse desejo inato não raro se manifesta pelo desejo de compartilhar esse sentimento espiritual com o parceiro. Isso é algo belo e necessário num relacionamento, mas nem sempre é possível. As pessoas passam, o tempo todo, por diferentes estados de consciência. É decepcionante quando o seu parceiro não tem o mesmo desejo de intimidade que você. Essa decepção pode ser devastadora para nós ou pode nos despertar para a nossa própria necessidade de união espiritual com o nosso ser interior.

Essas ocasiões frustrantes podem se revelar uma oportunidade real para o crescimento interior. À medida que aprofunda a comunhão consigo mesmo, quando você estará amando a sua verdadeira essência mais plenamente, você também saberá como despertar o desejo de ligação de seu parceiro. Isso se dará por meio do amor, e não da força. À medida que você aprende a ter um romance consigo próprio, o seu parceiro se sentirá atraído por você de uma forma natural e magnética.

Tive experiências parecidas com Barry, só que não era a TV que estava no caminho. Era o trabalho dele no escritório. Quando eu finalmente me dava conta de que a ocasião mágica não funcionaria com ele, eu deixava a sala e me sentava num lugar calmo. Ali eu tinha o que chamo de pequenas "conversas" comigo mesma. Minha parte "mãe" conversava com a minha parte "garotinha": "Joyce, o que você está sentindo?"

Às vezes, lágrimas rolavam no rosto do meu eu criança. Ela se sentia decepcionada, magoada ou solitária. Então, eu deixava que a minha mãe interior abraçasse e confortasse a garotinha que tenho dentro de mim. (Tente visualizar ou sentir isso por si mesmo).

Depois de terem sido expressos os sentimentos de minha criança interior, minha mãe interior perguntava: "Agora, o que devo fazer para diverti-la e, ao mesmo tempo, ajudá-la a ligar-se à beleza de sua alma?"

Talvez a minha garotinha ainda se sentisse aborrecida e se mostrasse rebelde. Ela podia dar uma sugestão não muito boa, como tramar uma estratégia para tentar mais uma vez me aproximar de Barry. Minha mãe interior amavelmente guiava a criança magoada que tenho dentro de mim para uma atividade mais construtiva. "Que tal dar uma caminhada para expressar a sua gratidão?", ela convidava.

Essa é uma de minhas atividades favoritas — simplesmente caminhar e agradecer a Deus, a luz sempre presente, por todas as bênçãos de minha vida. Gosto também de ler alguns de meus livros inspiradores favoritos, como *The Quiet Mind*, de White Eagle, e então refletir em como as palavras dele se aplicam à minha própria vida. Gosto de ficar descansando numa banheira quente e sentir a beleza de todas as pessoas que eu conheço, terminando comigo mesmo. Essas atividades nutrem a minha alma e satisfazem a minha sede de ligação interior.

Depois de ficar sozinha dessa forma por alguns instantes, muitas vezes sinto-me tão feliz interiormente que poderia até dançar. Costumo voltar para junto de Barry, que até então pode já ter terminado com seu trabalho e ficar bem feliz em estar comigo. Sem ter sobre si a pressão para que proporcione a profundidade da ligação de que eu estava precisando, muitas vezes ele sente uma alegria mais profunda em mim e sente-se atraído por mim.

Expectativas depositadas em nós mesmos ou em nosso parceiro levam inevitavelmente à decepção. As expectativas impedem que as pessoas ou as coisas sejam como elas são e também nos proíbem de viver o momento presente. Isso é muito diferente do sentimento de *esperança*, que é na verdade uma disposição para receber todo o bem que possa vir até nós. Não obstante, como humanos que somos, continuaremos a ter expectativas — e decepções. Deixe que essas expectativas sirvam como chamado de despertar para a necessidade de nos amarmos mais.

Barry pode ser uma pessoa incrivelmente sábia. Ele sabe dizer coisas para as pessoas que lhes dão inspiração mesmo nas situações mais difíceis. Houve um tempo em nossos primeiros anos juntos, em que eu comecei a depender demais da sabedoria de Barry. Nos tempos difíceis, eu ficava ansiosa, à espera dele, para que pudéssemos conversar. Algumas vezes, contudo, ele não podia estar comigo do modo como eu precisava. Ele podia chegar em casa cansado ou aborrecido. Então eu ficava desapontada porque sentia que precisava dele para me dar apoio.

Com o passar dos anos, como eu sempre esperasse a volta de Barry para casa no final do dia, percebi que, na verdade, eu estava precisando acatar a minha própria sabedoria interior. Comecei a transformar a minha dependência de contar com a sabedoria de Barry em minha própria capacidade de lidar com situações difíceis. Essa decepção, que me ocorreu ao descobrir que Barry nem sempre poderia ser o meu sábio conselheiro, que sempre dava conforto, deu origem ao conselheiro igualmente sábio dentro de meu próprio coração. Hoje, busco esse lugar interior de sabedoria, em primeiro lugar. A sabedoria que flui por meio de Barry é como uma doce sobremesa. A sabedoria que flui de meu próprio coração é o elemento substancioso que confere orientação e realização a tudo o que eu faço.

O relacionamento nos dá a oportunidade de crescer — se estamos dispostos a ver o nosso parceiro como um espelho a refletir de volta para nós os meios de que necessitamos para fortalecer-nos a partir de dentro. Se Barry estivesse sempre ali para me dar sabedoria e conforto, eu não teria aprendido essas lições valiosas para a alma. Se o nosso parceiro estivesse sempre ali para dançar conosco, jamais aprenderíamos a dançar sozinhos.

17

Os Desafios Terminarão Algum Dia?

O que é feito para iluminar tem de suportar ser consumido pelo fogo.

— Viktor Frankl

"Será que algum dia deixaremos de sofrer?"

"Algum dia chegaremos a ponto de não ter mais questões para trabalhar?

"Algum dia nossos relacionamentos deixarão de nos dar tanto trabalho?"

"Essa luta vai ter fim algum dia?"

"Posso ao menos ser feliz?"

A resposta a todas essas perguntas tão freqüentes é sim *e* não. Até que nos sintamos gratos pelas lições de crescimento espiritual que o relacionamento nos traz, continuaremos a encará-las como luta e dor. À medida que percebemos que nossos relacionamentos podem ser veículos para nos levar até a luz, contudo, as questões deixam de ser meramente dolorosas e se tornam meios para cura e crescimento. Até que tenhamos chegado a essa constatação e sentimento de gratidão, as questões e lutas parecerão fardos mais pesados do que realmente são. Quando resistimos a aprender nossas lições, perdemos oportunidades de crescimento, de cura, e de tornamo-nos mais belos e cheios de luz.

Há cerca de catorze anos atrás, eu e Barry estávamos enfrentado um período difícil em nosso relacionamento. Lembro-me da dor e da sensação de desesperança que já se instalava. Parecia que nada do que fizéssemos poderia nos ajudar a voltar à harmonia. Eu estava meditando e orando para pedir orientação. Uma parte de mim sentia que estávamos no fim de nosso relacionamento e que deveríamos simplesmente desistir.

Dia após dia, eu me sentava diante de uma pequena vela, e orava. Finalmente me veio a resposta, com clareza: *esse é o serviço que você presta ao mundo.*

Foi uma mensagem breve. Breve demais, pensei. Precisei de ainda alguns dias para compreendê-la. Nossa luta, e nossa persistência em levá-la a cabo, era o serviço que prestávamos ao mundo naquele momento.

Continuamos tentando, e finalmente uma cura profunda aconteceu. Começamos a sentir mais amor e devoção um pelo outro, e uma renovada força e compromisso em nossa união. Sabíamos que havíamos passado por uma das grandes iniciações de nosso relacionamento. Nosso amor fora iniciado numa luz maior.

Pouco depois dessa ocasião, eu estava sentada sozinha no bosque, enquanto nossa família estava no acampamento. De repente, dei-me conta de que estava só. Uma presença, uma energia veio até mim com tanta força que eu senti que poderia tocá-la com a mão. Em meu coração, eu ouvia as palavras: *vocês dois estão prontos agora. Eu gostaria de nascer*. Nossa segunda filha estava pedindo para vir à Terra.

Nessa mesma época, também recebemos a visão e a orientação para nosso primeiro livro. Agora eu entendo a finalidade das lutas iniciais por que eu e Barry passamos. O período de teste que precedeu essas dádivas valiosas, um novo bebê e um novo livro, embora difícil e doloroso, nos levara a um nível novo e mais elevado de nosso relacionamento. O nascimento de nossa segunda filha e a publicação de nosso primeiro livro ajudaram a cumprir nossa missão para o mundo. Esse trabalho com os outros não poderia ter sido tão profundo e realizador sem o período de testes e de luta — e sem a nossa vitória.

Após o nascimento de nossa primeira filha, Rami, passamos por um período considerável de ajuste, tornando-nos pais. Estávamos juntos há onze anos, sem filhos. Além de estarmos acostumados com a nossa rotina, tínhamos desenvolvido um egoísmo difícil de transpor. Na época em que nasceu Mira, a segunda filha, já tínhamos nos adaptado bem ao papel de pais. Ambos estávamos sentindo uma alegria imensa em criar as meninas. Tivemos vários anos de relativa calma em nossa vida familiar.

Então tivemos o nosso terceiro filho, que morreu antes de nascer. Isso trouxe à tona uma série inteiramente nova de questões e desafios. Algumas delas nós aceitávamos com serena gratidão. Com outras, lutávamos. E finalmente reinou a paz, e pudemos continuar nossa jornada.

Alguns anos depois, tivemos um menino. Já bem treinados como pai e mãe, pensamos que seria moleza, mas criar um filho é diferente de criar uma filha. Embora o amássemos e o adorássemos, John-Nuriel desafiava-nos de diversas maneiras.

Ser pais é definitivamente um de nossos desafios atualmente. E só pensar que John-Nuriel ou as garotas estão sob controle, e já surge outro desafio. Nossos filhos estão crescendo e mudando, e nós precisamos mudar com eles. E estamos fazendo isso. Nosso relacionamento está crescendo e mudando, e somos gratos por esse crescimento.

Estamos juntos por mais de trinta anos. Ainda há questões que trazem dor para o nosso relacionamento. Quando nos lembramos de ser gratos por esses desafios e gratos pelo crescimento que eles nos trazem, passamos por eles mais rapidamente. Quando nos ressentimos da ruptura em nossa vida normalmente pacata, ou quando nos acusamos, temos mais dor e mais lutas.

A natureza da vida, bem como do caminho espiritual, é a mudança. Com a mudança vem o desafio e a oportunidade para cura e crescimento. Jamais podemos esperar uma felicidade contínua em nosso relacionamento ou em nossa vida. Quando isso ocorre, trate-a como uma amiga querida e amada; mas, quando algum desafio ou questão entre vocês parece nublar sua felicidade, aprenda a ser grato. Lembre-se de que no fundo todo problema é uma dádiva, uma oportunidade de cura e crescimento mais profundos. Trabalhando essa questão, você terá mais alegria e felicidade. Alegria, amor e felicidade fluem na mesma proporção que os desafios. Encare com alegria cada desafio, e nem a felicidade nem o crescimento parecerão tão distantes.

Os desafios algum dia chegam ao fim? Provavelmente não. O sofrimento um dia cessará? Provavelmente não. Uma constante relacionada com a vida e com o relacionamento é a oportunidade sempre renovada de termos amor e harmonia mais profundos. Quando dois corações estão cheios de gratidão e apreço, não há limite para a quantidade de amor e realização que um relacionamento pode trazer. Essa é a chave para um amor duradouro.

BÊNÇÃOS OCULTAS

Sozinho ou com o seu parceiro, pense num desafio ou obstáculo específico, ou em algo que você tenha de superar em sua vida ou relacionamento. Lembre-se do quanto essa situação lhe pareceu difícil, dolorosa, ou mesmo irremediável na época. Agora você pode sentir as dádivas ou bênçãos que recebeu como um resultado direto desse desafio ou do fato de superá-lo? De que modo a sua vida ou relacionamento foram fortalecidos? O problema lhe deu uma oportunidade de pedir (e receber) ajuda? Proporcionou-lhe qualquer outra dádiva?

Se você estiver fazendo esse exercício com o parceiro, ajudem um ao outro a recordar e sentir as dádivas que estão por trás desse desafio.

Agora, faça o mesmo com um desafio atual, que esteja bem na sua frente. Veja se você pode descobrir bênçãos ocultas por trás desse desafio, dádivas que podem estar surgindo para você à medida que você vê o problema como uma oportunidade, em vez de resistir a ele, considerando-o uma preocupação ou um incômodo.

18

Sacrifícios Conscientes

O amor é uma fruta que dá em todas as estações, que está ao alcance de todas as mãos. Todos podem alcançá-lo, e nenhum limite é imposto. Todos podem chegar a esse amor por meio da meditação, do espírito de oração e sacrifício, por meio de uma intensa vida interior.

— Madre Teresa

Um tema sempre recorrente na literatura sagrada do mundo inteiro é o conceito do sacrifício consciente de um desejo pessoal. Esses sacrifícios, a renúncia a desejos pessoais em nome do amor e da doação, podem aprofundar tanto um relacionamento quando a capacidade de abrirmos nosso coração. Por outro lado, se os sacrifícios são feitos com ressentimento ou mesmo com um sentimento estóico de dever, eles podem prejudicar o relacionamento e por fim destruí-lo. Existe, então, uma grande diferença entre um sacrifício alegre ou consciente e o sacrifício que nega o eu de um modo nocivo (e talvez inconsciente).

Algumas pessoas fazem sacrifícios nocivos para se sentir amadas. Elas negam suas próprias necessidades num esforço de agradar o parceiro. Esse tipo de sacrifício é prejudicial ao relacionamento e à pessoa que o faz. Martha, uma mulher que freqüentou um de nossos seminários, tinha de trabalhar em período integral para ajudar a pagar o empréstimo do crédito educativo do marido. Ele afirmava que assim que o empréstimo fosse pago ela poderia parar de trabalhar. A promessa era muito importante para ela; eles tinham duas crianças pequenas que queriam a mãe perto delas. Depois de alguns anos, o empréstimo estava quase pago quando Martha engravidou novamente. Ela queria ficar em casa com o novo bebê. O marido, logo em seguida, resolveu comprar um barco de passeio muito caro. As altas parcelas mensais fizeram com que Martha continuasse a trabalhar, e ele ignorou o desejo dela de ficar em casa com o bebê e com os outros dois filhos, para satisfazer seu desejo de ter uma lancha. O sacrifício dela negava a sua própria necessidade e as necessidades de seus filhos. Martha precisava desenvolver a capacidade de dizer "não" e cuidar melhor de si mesma.

Por outro lado, há pessoas preocupadas demais em cuidar de si mesmas. O homem que comprou o barco estava mais interessado em satisfazer seu próprio desejo de sentir prazer do que em considerar sua mulher e seus filhos. Em nossa experiência com aconselhamento e seminários, temos ouvido comentários freqüentes que refletem uma atitude egoísta:

"Eu adoro estar com minha mulher. Só não quero ter crianças ao redor."

"Eu não deixaria meus amigos só porque o meu marido recebeu uma oferta de emprego em outra cidade."

"Eu não deixaria minha bela casa no campo para viver na cidade só porque os filhos de minha noiva estão na escola na cidade e precisam da mãe. Ela terá de morar onde eu moro."

E prosseguem as variações sobre esse tema. Quando as pessoas apegam-se a seu desejo pessoal, isso acaba com a intimidade entre o casal. Quando duas pessoas estão dispostas a sacrificar-se uma pela outra, o amor pode crescer e aprofundar-se.

Em 1972, eu e Barry vivíamos em Los Angeles. Barry estava terminando o quarto ano de medicina, e eu, há quatro anos, sustentava a casa. Durante três anos, tive empregos como enfermeira que não chegavam exatamente a me realizar. Na maior parte das vezes, eu fazia o meu trabalho com disposição e alegria, uma vez que ele era a nossa única fonte de rendimentos. Também voltei para a escola e concluí o meu mestrado.

Durante o quarto ano de Barry na escola de medicina, consegui um emprego maravilhoso — o de enfermeira-chefe encarregada de um programa novo de tratamento para garotos. As instalações ficavam num belo rancho de três mil acres, doado por Cecil B. DeMille, o famoso cineasta. Uma vez que parte da minha responsabilidade incluía a contratação da equipe, é claro que eu contratei muitos de meus amigos. A equipe de trinta pessoas tornou-se como uma família calorosa e amorosa não só com os garotos, mas comigo também. Eu jamais havia sentido tanta alegria num trabalho; jamais me dera conta que era possível rir e brincar no trabalho. Como Barry estava sempre trabalhando no hospital, eu passava cada vez mais horas no trabalho. Descobri que eu era mais feliz ali do que sozinha em casa.

Jamais esquecerei a noite em que eu cheguei em casa, depois de um dia verdadeiramente alegre no trabalho. Barry cumprimentou-me com um largo sorriso e disse: "Fui aceito para fazer minha residência na psiquiatria do Centro Médico da Universidade do Oregon, em Portland. Teremos de nos mudar em dois meses."

Meu coração quase parou. Pela primeira vez na vida eu estava realmente feliz com meu trabalho. Eu sentia que as pessoas tinham necessidade de mim, eu me sentia importante e amada. Eu sabia que a residência era importante para Barry, mas estava cansada de segui-lo pelo país inteiro, cansada de fazer todos os sacrifícios para que ele pudesse se formar. Eu não suportaria deixar o meu trabalho.

Eu explodi: "Não vou com você!"

Depois do choque inicial, um silêncio cheio de respeito e amor cercou-nos enquanto ambos ponderávamos sobre que decisão tomar. Falamos de nos visitarmos freqüentemente, e de Barry retornar para Los Angeles após os três anos da residência.

Duas semanas depois, voltei para casa do trabalho e encontrei Barry esperando por mim. Ele parecia em paz e resolvido quando falou: "Decidi desistir do programa de residência. É mais importante estar com você e continuar nosso relacionamento de um modo íntimo e próximo. Você é mais importante do que minha carreira."

Fiquei boquiaberta com o sacrifício que Barry acabara de oferecer ao nosso relacionamento. Tanto ele como eu sabíamos que, sem uma residência, a sua formação médica praticamente perdia o valor. Ele não só estava disposto a abrir mão de prosseguir em sua carreira, mas estava verdadeiramente disposto a abrir mão de seus anos na escola de medicina. Eu poderia dizer que esse sacrifício tinha vindo de um lugar profundo dentro dele. Ele estava em paz e eu senti um profundo respeito por ele.

Uma semana depois, minha própria decisão resultou de uma reflexão profunda. Passei a cumprir aviso-prévio no trabalho e preparei-me para atravessar cerca de 2400 km até Portland, Oregon. Ambos estávamos dispostos a sacrificar desejos pessoais, e nosso amor ficou fortalecido por causa disso.

Penso muito nessa fase de nosso casamento. Sem disposição de ambas as partes para sacrificar o que era importante para nós, nosso relacionamento poderia não ter sobrevivido. Nossa carreira já estava quase tendo prioridade sobre o nosso casamento. Nossa disposição em sacrificar nossa carreira pelo bem do relacionamento nos ajudou a estabelecer uma duradoura prioridade em nosso casamento e família.

Quando nos mudamos para o Oregon, fiquei um bom tempo sem encontrar um emprego que me satisfizesse. Vivíamos isolados no campo. Eu não tinha amigos. Estava sozinha enquanto Barry trabalhava por vezes setenta horas por semana ou mais. Pela primeira vez na minha vida, defrontei-me com meu pior inimigo — eu mesma. Durante os longos e dolorosos meses depois da mudança, percebi o quão pouco eu amava a mim mesma. Em vez de tomar o caminho mais fácil e arranjar um emprego fora, decidi assumir o trabalho de amar a mim mesma. Pouco a pouco fui aprendendo a ser feliz sendo eu mesma. Ali pelo final do ano, eu já sentia mais alegria e realização com o simples fato de estar sozinha, do que algum dia eu tivera com qualquer trabalho. Meu sacrifício pelo nosso relacionamento ao nos mudarmos para o Oregon fora realmente abençoado pelo meu próprio coração. Na verdade, meu sacrifício revelou-se não ser sacrifício nenhum! Foi muito mais um meio de ouvir a minha voz interior que estava me guiando para o passo seguinte em minha jornada espiritual.

Existe um sacrifício que você precise fazer para aprofundar o seu relacionamento? Se a renúncia a esse desejo pessoal vem de um lugar profundo e pacífico dentro de você, você se beneficiará de maneiras incomensuráveis e muitas vezes imprevistas.

SACRIFÍCIOS CONSCIENTES

Sente-se em silêncio, sozinho ou com o parceiro.

Reflita sobre as várias ocasiões em sua vida em que você fez sacrifícios, grandes e pequenos. Sinta se eles foram sacrifícios saudáveis ou nocivos. Eles foram feitos devido a um sentimento de culpa? Até que ponto você estava tentando satisfazer as expectativas de outra pessoa? Até que ponto você estava tentando ganhar o amor ou a aprovação dela? Se chegar à conclusão de que um sacrifício fez mal a você, tente visualizar os seus efeitos negativos no relacionamento. Em você mesmo. No parceiro.

Ou será que o sacrifício foi feito com um espírito do amor e doação? Em caso afirmativo, você consegue visualizar seus efeitos positivos no relacionamento, em você mesmo e em seu parceiro? Você consegue descobrir as dádivas que recebeu fazendo esse sacrifício? Você saiu ganhando ou perdendo?

19

Transições no Relacionamento

Não pense que você pode dirigir o curso do amor, pois o amor, se lhe parecer que você vale a pena, dirigirá o seu curso e o levará até ele.

— Kahlil Gibran

Depois de estudar os relacionamentos durante anos, Joyce e eu chegamos a uma importante conclusão: *os relacionamentos nunca acabam de fato. Depois que um coração se liga a outro, essa ligação é permanente.* O amor é para sempre. A comunhão entre duas pessoas pode durar um tempo limitado, mas a essência dessa comunhão, o amor, continua para sempre. Essas são as boas notícias.

Por outro lado, as palavras *separação* e *divórcio* evocam sentimentos dolorosos de fracasso em muitos de nós. A nossa sociedade, bem como muitas outras, parece reforçar esse conceito de fracasso. Isso não surpreende. Vivemos num mundo que glorifica tanto o lado físico e material da vida em geral que os relacionamentos tendem a ser julgados pelas suas características físicas ou exteriores. Os parceiros estão na mesma casa? Dormem na mesma cama? Fazem sexo? Têm filhos?

Sentimos, contudo, que existe somente um "fracasso" possível com relação aos relacionamentos. E ele não tem nenhuma relação com o fato de o casal viver junto, ser casado, ter um "bom" sexo, ou filhos, ou qualquer outro critério exterior de sucesso ou fracasso. O único fracasso verdadeiro por que podemos passar *é a incapacidade de ver o bem que existe dentro de outro ser humano. É impedir que o outro entre no seu coração.*

Fechar o seu coração para outra pessoa é, na verdade, um fracasso passageiro, já que é reversível. Não existe de fato uma coisa como o fracasso permanente. Sempre temos a oportunidade de abrir nosso coração novamente. Podemos fazer isso mais facilmente ao perceber que abrir o coração para o outro nada tem que ver com viver com essa pessoa ou mesmo estar na presença dela! É o processo inteiro que é o mais importante. Abrimos o nosso coração para o outro quando o aceitamos e respeitamos, quando simplesmente o deixamos ser quem ele é e o abençoamos em sua jornada. A verdade é que *essa pessoa está empreendendo a mesma jornada que nós, rumo ao amor*. O caminho dela para o amor pode ser diferente do nosso, mas ainda assim temos a capacidade de valorizar sua viagem única.

Muitas pessoas hoje em dia têm ex-mulheres ou ex-maridos. A maioria de nós tem ex-namorados. *Se pudéssemos simplesmente abraçar o bem que havia em cada relacionamento, em vez de nos preocuparmos só com a dor ou com a infelicidade, poderíamos manter viva a ligação com o coração.* Se pudéssemos ser gratos às lições de valor espiritual que aprendemos com nossos relacionamentos passados, essas lições poderiam abençoar nossos relacionamentos atuais e futuros. Não importando o quanto sejam amargos a separação ou o divórcio, nem o quanto você se sente emocionalmente distante de um antigo parceiro, nunca é tarde para meditar sobre o bem que havia ali ou dar graças pelo crescimento que poderia não ter sido possível sem esse relacionamento.

Dar um tempo

Para os casos em que o sofrimento é constante no relacionamento, às vezes a alternativa mais salutar é "dar um tempo". Os extremos da separação e do divórcio podem às vezes ser evitados pela concessão de curtos espaços de tempo, longe da presença física do outro. Aproveitar momentos de solidão, dando espaço para o outro na relação, pode ajudar o relacionamento a respirar e a recuperar a vivacidade. Precisamos estar dispostos a reivindicar a solidão na quantidade certa de que necessitamos, bem como ser sensíveis à necessidade de solidão de nosso parceiro. Da mesma forma, quando nosso parceiro precisa de espaço, isso não significa que ele está nos rejeitando. Precisamos compreender o valor dos momentos de solidão para cada parceiro. Se não valorizarmos a necessidade de solidão de nosso parceiro, nem a nossa própria, o relacionamento sofrerá.

Lembro-me de uma fase em que eu e Joyce ainda não tínhamos filhos e nos sentíamos particularmente "sufocados". Tamanha era a nossa dificuldade em apreciar a companhia um do outro que Joyce me pediu que eu saísse um pouco para que ela pudesse ter um tempo sozinha. Percebemos que ambos estávamos precisando de um pouco de solidão.

Foi com relutância que depositei minhas coisas em nossa van, deixei Joyce em casa e fui para as montanhas, algumas horas ao sul. Ambos estávamos em completa solidão, e sabíamos que naquele momento isso era importante para nós dois. Se eu tivesse saído de casa para ficar com um amigo, ou se Joyce tivesse visitado uma de suas amigas, poderíamos ter recebido apoio, mas a companhia também poderia nos desviar do objetivo que ambos guardávamos no coração. O objetivo era o de ver a beleza em nós mesmos, no outro e no relacionamento. Precisávamos reconsiderar a nossa ligação.

Ambos trabalhamos duro. Meditamos e oramos por ajuda. Sobretudo no primeiro e no segundo dia, lutei contra o entorpecimento e a inércia. Joyce lutou com a dor e com as lágrimas. No terceiro dia, uma mudança aconteceu. Deixei a inércia de lado e senti paz. Com essa paz, pude ver Joyce sob uma nova luz. Também pude ver que ela era humana — assim como eu, ela tinha bloqueios psicológicos para serem trabalhados —, mas esses bloqueios eram responsabilidade dela. As questões de Joyce não estavam atrapalhando ou bloqueando o meu crescimento. As minhas questões é que estavam fazendo isso, e às vezes o faziam muito bem.

Vi Joyce como a pessoa que ela é, fazendo e sendo o melhor que podia, a cada instante. Vi os olhos dela, olhos que olhavam através de mim até as profundezas de meu ser, olhos que viam o que eu estava sentindo, mesmo que eu não soubesse o que estava sentindo, olhos que me acariciavam muito mais ternamente do que as mãos algum dia puderam alcançar.

Agora que eu estava vendo Joyce e sentindo a paz da minha alma, eu ansiava pelo momento de voltar para ela. Ainda assim, em vez de pular imediatamente dentro do carro e seguir para casa, passei algumas horas a mais aprofundando minha nova consciência e paz. Eu queria torná-la uma parte mais permanente de minha consciência. Em vez de petiscar, o que eu queria era um banquete.

No final desse dia, desci a montanha até a cabine telefônica mais próxima. Liguei para Joyce e compartilhei com ela meus sentimentos e meu anseio de voltar para ela. Ela também estava pronta. Poucas horas depois, tivemos um encontro celestial.

Além de separações dolorosas e não-planejadas, eu e Joyce fizemos um esforço consciente para nos afastarmos um do outro, mais como uma medida preventiva e planejada para o nosso crescimento do que como uma medida paliativa. Essas ocasiões beneficiaram enormemente a nossa relação. Durante essas "separações" (ou melhor, esses "avanços"), usamos o tempo em que ficamos sozinhos para abençoar um ao outro, para visualizar o outro cercado de luz, para sentir o quanto somos privilegiados por estar nessa relação. Em nossos primeiros anos, tivemos certas vezes uma semana de solidão para alimentar nossa alma e abençoar o relacionamento. Agora, com três filhos e uma agenda lotada, não podemos nos dar a esse luxo. Mas ainda precisamos do equilíbrio que resulta do tempo que passamos separados um do outro. Descobrimos que vinte ou trinta minutos de meditação na individualidade de nossos próprios "locais de poder", pode ser uma doce sobremesa no decorrer do dia. E, se nesses períodos intencionais de separação, orarmos para ter mais amor em nosso casamento, ou visualizarmos a força e beleza do outro, então nosso relacionamento, bem como nossa vida particular, são extremamente beneficiados.

Relacionamentos não-resolvidos

Freqüentemente, por causa de um sofrimento prolongado e uma desarmonia no relacionamento, um parceiro decide que não consegue suportar tanto sofrimento e abandona a relação. O parceiro que fica, muitas vezes se sente chocado, abandonado, confuso demais para entender o que aconteceu.

Essa foi a história de Cass e Daniel. Um dia, inesperadamente, Cass anunciou que estava indo embora, arrumou suas coisas, e em algumas horas ela se foi. É verdade que, pouco tempo antes disso, eles haviam enfrentado uma série de dificuldades no relacionamento, mas Daniel sentia que eles estavam conseguindo lidar com os problemas. Enquanto Cass arrumava as coisas, Daniel implorava para que ela ficasse. Ambos resolveriam as coisas, iriam juntos a um conselheiro matrimonial, sairiam de férias — qualquer coisa!

Depois que ela se foi, Daniel conseguiu o telefone dela com um amigo em comum. Estava desesperado para encontrar algum tipo de solução para o relacionamento, mesmo que isso significasse o fim. Ele queria saber por que ela estava desistindo. Ligou para Cass muitas vezes. E todas as vezes, ela se recusou a falar com ele e também a ir com ele a um conselheiro. Disse-lhe que *não* queria resolver as coisas com ele. Tudo o que queria era ficar sozinha.

Então, o que Daniel tinha a fazer? Deveria continuar insistindo em comunicar-se com ela e em encontrar uma solução? Como ele poderia encontrar uma solução se Cass se recusava a falar com ele?

Essa não é uma situação incomum. Nesse exemplo é a mulher quem está indo embora. No entanto, eu e Joyce temos visto também muitos homens deixando a parceira de repente. E isso pode acontecer tanto em relacionamentos novos como nos mais antigos.

Tentamos mostrar a Daniel que ele não era, como imaginava, uma vítima inocente. Só porque ele não via ou não compreendia como contribuíra para essa situação, isso não significava que ele não tinha responsabilidade no rompimento. Ele tinha uma participação tão grande quanto a dela nessa dança. Quando Daniel nos procurou, sentindo-se irritado, magoado e impotente, ele se recusava a ver a situação de frente, ignorando os problemas do relacionamento, especialmente a contribuição que deu para que eles surgissem. Nós o ajudamos a ver que essa situação era um espelho para ele, que a verdadeira fonte de seu sofrimento vinha de dentro.

Daniel precisava aprender que ele não estava desamparado ou impotente nessa situação. Para que aprendesse a ver sua imagem no espelho, ele precisava entender que a ajuda teria de vir mais de dentro de si do que de uma comunicação aberta com Cass. Isso não significava que ele devia deixar de procurá-la. Explicamos-lhe que ele poderia fazer muito mais do que isso, muito embora se defrontasse com rejeição e abandono sempre que tentava abrir essa porta. Sua primeira prioridade, contudo, tinha a de ser abrir a porta de seu próprio coração, estabelecer uma comunicação consigo mesmo. Nesse reino, ele tinha pleno poder.

O fato de Cass não querer mais dançar com Daniel não significava que ele deixara de ser um dançarino. *Isso porque as soluções, num relacionamento, não dependem de ambos os parceiros. As soluções, como a realização, são algo que vem de dentro.* Encontrar uma solução para uma relação é um processo interior. Em vez de Daniel tentar persuadir Cass a freqüentar com ele nossas sessões de aconselhamento, ele precisava continuar vindo sozinho e observar cuidadosamente suas próprias questões. Ele precisava observar a *sua* parte na dança — o modo como ele contribuíra para a desarmonia, bem como para a harmonia e o amor que compartilhara com Cass. Quando ele conseguisse ver ambos esses aspectos — os lados luminosos bem como os sombrios de seus sentimentos, os modos pelos quais dava o seu amor e aqueles pelos quais se negava a fazê-lo — então, voltando ou não a ver Cass, a solução viria à tona.

Mas e quanto a Cass? E quanto a uma pessoa que simplesmente não quer mais dançar, que não quer se comunicar ou resolver as coisas com o parceiro? Ela precisava de um completo sentimento de distanciamento e de dar um tempo nesse relacionamento. Ela tinha a mesma oportunidade de resolução que Daniel, se optasse por receber ajuda. E, finalmente, ela precisaria se defrontar com todos os seus sentimentos, assim como Daniel fez. Precisava ficar na presença de Daniel, talvez num cenário estruturado como uma sessão de aconselhamento, e olhar com mais clareza para as questões difíceis entre eles, em especial para os modos pelos quais ela mesma contribuiu para criá-las. Em outras palavras, ela também teria de olhar para o espelho do relacionamento, se quisesse uma solução verdadeira, ou então estaria simplesmente fugindo de suas próprias questões. Caso ela viesse à sessão com Daniel, mesmo que só para discutirem, ela poderia precisar dizer algumas coisas para ele que fora incapaz de lhe dizer enquanto estavam juntos. E novamente, para que ela chegasse à mais elevada solução, precisaria sentir o amor que estava ali, o amor que os atraíra no início — o amor que sempre esteve ali, independentemente de voltarem a se ver ou permanecerem separados.

PULAR DE UM RELACIONAMENTO PARA OUTRO

Quando um relacionamento parece estar "naufragando", um parceiro pode ser tentado a pular para outro relacionamento que pareça prometer mais alegria e contentamento. Eu e Joyce recebemos a seguinte carta, que ilustra essa armadilha sedutora: "Há animosidade, ressentimento, às vezes até ódio em meu relacionamento. Sei que existe amor entre nós, mas sinto-o só raramente. Recentemente encontrei alguém por quem senti uma atração e simpatia que não me recordo de ter algum dia sentido em meu atual relacionamento. Isso significa que eu deveria ficar com essa outra pessoa?"

Essa carta poderia ter sido escrita por um homem ou por uma mulher, e referir-se a um relacionamento homo ou heterossexual. Na verdade, isso não importa. Querer deixar um relacionamento complicado faz parte do nosso instinto de sobrevivência. Ainda assim, com toda a honestidade, temos de responder "não" à pergunta dessa pessoa. Aqueles que têm estado numa situação parecida, precisam compreender que não é possível romper um relacionamento sem antes "terminá-lo". Além disso, você não pode terminar definitivamente um relacionamento se tiver sentimentos predominantemente negativos com relação ao seu parceiro. Enquanto cultiva esses sentimentos, você não está completamente livre para iniciar outra relação. Se tentar fazer isso, você simplesmente transferirá esses mesmos sentimentos para a nova relação. Nós entendemos que é grande a tentação de pular para um novo relacionamento. Contudo, a simpatia e a atração que você sentirá num primeiro momento por essa outra pessoa, serão afetados pelas questões não-resolvidas do seu relacionamento anterior.

Temos visto os efeitos destrutivos do hábito de pular de um relacionamento para outro com freqüência. Temos visto pessoas saindo de um relacionamento doloroso ou früstrante e começando outro relacionamento que parece prometer muito mais. Muitas vezes, essas pessoas são levadas a iniciar um novo relacionamento pelo desejo de estabelecer uma ligação espiritual mais elevada com o parceiro. No entanto, por mais espiritual que seja essa nova conexão, as questões não-resolvidas de todos os relacionamentos anteriores inevitavelmente virão à tona.

Como já explicamos, os relacionamentos passam por fases. A primeira, a fase "da lua-de-mel" é freqüentemente abençoada com alegria e leveza. Isso costuma se dever à falta de envolvimento do ego, à ausência dos lados obscuros das personalidades que ocorre no começo da maioria dos relacionamentos. Essa felicidade inicial pura e simplesmente não pode durar. As personalidades dos parceiros acabam, e precisam acabar, fazendo parte do relacionamento. E quando isso acontecer, as questões mal-resolvidas do antigo relacionamento começarão a afetar a nova relação e exigirão uma resolução.

Se você quiser paz e crescimento com o mínimo possível de dor e sofrimento, *sua maior prioridade será resolver os problemas de um relacionamento difícil.* E como você pode fazer isso? Você tem duas escolhas. Uma é permanecer junto ao parceiro e tentar chegar a um consenso, e a outra é dar um tempo ao relacionamento e tentar clarear as idéias longe do parceiro.

Vejamos, primeiramente, a opção de permanecer juntos. Pergunte-se: "Tenho feito tudo o que posso para melhorar esse relacionamento?" É claro que essa não é uma questão fácil de ser respondida. Para que um relacionamento dê certo, é preciso haver abertura e vulnerabilidade — de *ambas* as partes. Você expressou com sinceridade a sua necessidade de intimidade e amor, ou está mais voltado para as necessidades, carências e falhas do parceiro? É muito mais fácil fugir de nossos próprios medos e sentimentos de insegurança, e o caminho mais fácil para fazer isso é projetá-los no parceiro. Quando nos recusamos a assumir a responsabilidade pela nossa participação nos conflitos, sentimo-nos como uma vítima injustiçada.

Você assumiu o risco de ser absolutamente honesto com o parceiro? Ele sabe claramente o que não agrada a você? Se você acha que ele não ouve o que você fala, tente escrever uma carta pungente. Lembre-se de que qualquer acusação, qualquer projeção, qualquer tentativa de mudar essa pessoa será provavelmente recebida com resistência ou com uma atitude defensiva. A *vulnerabilidade é o mais elevado grau de honestidade* e requer que você olhe para o espelho que o parceiro segura à sua frente e descubra quem você realmente é nesse relacionamento e o que está sendo refletido de volta para você. Em outras palavras, converse sobre seus medos, sobre a sua dor, sobre a sua frustração por não ser capaz de atender às suas próprias necessidades, e não por achar que o parceiro não será capaz de atendê-las.

Você tentou buscar alguma ajuda profissional? Um bom conselheiro poderá ajudá-lo a deixar de lado acusações destrutivas do passado e tomar consciência de sua própria vulnerabilidade, ajudando-o a aprender as lições que você está evitando. Consultar um terapeuta pode ser útil mesmo se o seu parceiro optar por não ir com você. Qualquer constatação a que você chegar poderá beneficiar também seu parceiro. Em suma, faça tudo o que puder para reencontrar o amor que foi sepultado. Deixe que a vulnerabilidade de seu coração lhe guie sempre, em vez de se deixar governar pelo medo e pela mágoa.

Se depois de fazer um esforço *sincero* você não conseguir reavivar esse amor, então é tempo de considerar a segunda opção. Lembre-se de que o tempo de separação não é o objetivo — *a clareza de idéias é que é o objetivo.* O tempo de separação só será benéfico para o relacionamento se a sua intenção for encontrar soluções para melhorá-lo, como na história que contei da minha retirada para as montanhas. Mas tome cuidado: *o tempo de separação pode ser um meio de fugir da nossa própria vulnerabilidade, um meio de evitar as lições que precisamos aprender.* Uma vez que o relacionamento funciona como uma lente de aumento que destaca nossos piores defeitos, muitas vezes "fugimos" da intimidade na tentativa de evitar a dor que, na verdade, está em nós. E como você saberá se está fugindo de si mesmo? Se esse for o caso, você talvez perceba que está tentando preencher o tempo com todo o tipo de distração — com lugares, coisas e pessoas novas. E, o mais importante: criar intimidade com outra pessoa antes de deixar tudo às claras com o parceiro anterior costuma trazer ainda mais confusão e dor, e retardar o seu próprio processo de crescimento.

Como fazer para que esse tempo de separação traga resultados positivos? Temos aprendido que a verdadeira solidão pode tornar o crescimento mais rápido e assim trazer uma cura mais profunda para o seu relacionamento —, mas *só* se você estiver disposto a fazer o trabalho *interior* da cura. Isso significa ficar um tempo sozinho para refletir, acalentando o próprio coração e tentando encontrar ali o amor que você sempre sentiu pelo parceiro. Contudo, a missão mais elevada nesse tempo de separação será encontrar o seu melhor amigo, o seu amado interior, aquele ser radiante *que você é*, o eu mais elevado. O seu propósito mais elevado é ligar-se a esse eu verdadeiro.

"Estar apaixonado" por outra pessoa é uma ilusão. Na verdade, você só pode "estar apaixonado" por si mesmo. Fechar o coração para outra pessoa é um reflexo no espelho, revelando que você está fechando o coração para si mesmo. Mais uma vez, sentir amor pelo outro não significa necessariamente que precisamos passar nossa vida com essa pessoa. Mas o fluxo desimpedido do nosso amor, a valorização da bondade inata dessa pessoa nos dará clareza e sabedoria para sabermos o que fazer.

Assim, o seu relacionamento será curado durante o tempo em que vocês ficarem separados se você voltar seus pensamentos e sentimentos para o bem que existe no seu parceiro. Isso é uma coisa que o tempo de separação pode facilitar. Muitas vezes é mais fácil ver a beleza e a força do parceiro quando vocês estão longe da presença e do ambiente físico do outro. Mesmo se os seus pensamentos estiverem inundados de negatividade, tente encontrar mesmo coisas insignificantes para apreciar no parceiro, e deixe que esse apreço se expanda para incluir qualidades cada vez mais profundas. *Só quando o seu amor estiver fluindo, você terá lucidez suficiente para saber se vocês precisam ficar juntos ou não.*

Depois de um breve período de separação, quando vocês já começam a sentir ternura e carinho um pelo outro, é possível ceder à tentação de voltar para junto do parceiro. Muitas vezes a solidão é um fator decisivo, mas geralmente é um erro voltar para o parceiro só por causa do sentimento de solidão. É preciso verdadeira sensibilidade e honestidade para proporcionar ao relacionamento um tempo de separação suficiente para que a volta não seja prematura. Você pode não conhecer o verdadeiro motivo da volta. Talvez possa ser um desejo ardente e uma atração profunda pelo parceiro. Você pode não conhecer a verdadeira razão até estarem os dois juntos novamente. Se, depois de algum tempo juntos, vocês voltarem a adotar os mesmos velhos padrões de relacionamento, isso em geral significa que a volta foi prematura. Limite-se então a dar ao relacionamento um tempo maior de separação, e continue com o processo interior de amar.

Os relacionamentos precisam respirar. Para que sejam saudáveis, é preciso equilibrar os momentos passados juntos com os períodos de separação. O excesso de qualquer um dos dois trará desequilíbrio. Isso costuma ser uma lição difícil para os casais, mas é vital para que o relacionamento se torne um veículo verdadeiro para a transformação e o serviço pelo bem do planeta.

O MEDO DA SOLIDÃO

O desejo de encontrar um parceiro na vida é profundo. Tão profundo quanto o medo de ficar sozinho. Quando o nosso medo de ficar sozinho se mistura com o nosso desejo de estar com a nossa cara-metade, perdemos a lucidez e corremos o risco de armar dolorosas confusões no relacionamento. Aqui vai um exemplo:

Rhonda sentia que tinha encontrado o seu parceiro definitivo, Burt, quando descobriu que ele era casado. Apesar disso, ela manteve um relacionamento com ele por três anos. Ela sentia que ele realmente a amava e acreditava que ele não sentia nenhuma atração pela esposa, com quem ainda estava casado só porque amava os filhos. A decisão dele de continuar casado foi dolorosa para Rhonda, pois ela sentia que o relacionamento entre eles era especial. Ela estava magoada e desejava ardentemente uma ligação mais profunda quando conheceu Paul. Ela ficou eufórica por estar com um homem que, segundo ela dizia, não tinha nenhum outro compromisso. No entanto, apesar de ser muito bom estar com um homem que estava sempre ao seu lado, ela achou que não podia assumir nenhum compromisso enquanto Burt estivesse tão profundamente em seu coração. A dor de Rhonda estava se tornando insuportável, e ela clamou por ajuda.

A dor, seja física ou emocional, é um sinal de advertência a nos dizer que algo precisa mudar. Não fosse pela dor de Rhonda, ela teria deixado esses relacionamentos frustrantes arrastarem-se indefinidamente. Não havia compromisso profundo em nenhum relacionamento, e o compromisso é um pré-requisito para a profundidade e para a realização. A tentação de Rhonda pode ter sido a de fugir da dor que estava sentindo ou de encobri-la, mas a dor sempre serve a uma finalidade. Se ela se mantiver aberta e consciente dessa dor, acabará sentindo a providência que precisa tomar.

Vejamos a situação de Burt. Para Burt crescer, ele precisa resolver sua situação com a esposa. O mais provável é que ele tenha projetado nela algumas de suas próprias qualidades negativas, supondo que elas sejam exclusivamente dela. Ele precisa assumir a responsabilidade por essas qualidades nele mesmo. Para que possa crescer, ele precisa perceber que a esposa está oferecendo uma oportunidade para ele se ver mais claramente. Se ele não vir o próprio fracasso no casamento e então deixar a esposa, o mais provável será que essas mesmas qualidades sejam projetadas em Rhonda. Então, para que possa ser bem-sucedido em seus relacionamentos futuros e encontre a felicidade, convém que Burt se esforce para reencontrar dentro de si o amor que sente pela esposa. Pois o amor é apenas sepultado, ele nunca morre. O fato de abrir o coração para a esposa dará a Burt a lucidez de que ele precisa para decidir se acaba ou não com o casamento.

Burt estava num verdadeiro dilema. Por causa do seu envolvimento com Rhonda, e com a esposa, falta-lhe tanto momentos de solidão quanto um sentimento mais profundo de sua essência. Sua cura só se processará quando ele se encontrar consigo mesmo — um tempo sem se relacionar com nenhuma mulher, no qual ele possa sentir quem ele é de fato, independentemente de sua interação com as mulheres. Isso pode parecer assustador para Burt, pois significa abandonar toda a sua rede de segurança — Rhonda *e* a esposa. E não há garantias para ele de que uma dessas duas mulheres estará disposta a recebê-lo de volta no dia em que ele estiver novamente pronto para um relacionamento.

No entanto, ironicamente, se ele não se desligar de ambas e der um tempo suficiente para conhecer a si mesmo, sua segurança será apenas uma falsa sensação de segurança. Na verdade, ele não tem um relacionamento que o realize com nenhuma dessas mulheres.

E quanto tempo é preciso passar sozinho? Não há como definir esse tempo. Pode significar semanas, meses ou mesmo anos. Quando Burt conseguir enxergar a si mesmo como uma pessoa única, e não como parte de um casal, então terá se passado tempo suficiente.

E quanto à Rhonda? Lembre-se que dissemos que ela não deveria tentar fugir da dor causada pela situação? É evidente que seu envolvimento com outro homem, nesse caso Paul, é uma tentativa de fuga. A sua ligação profunda com Burt, e seu estado de completa vulnerabilidade, geram inevitavelmente o medo de que Burt opte pela família e abandone Rhonda. Assim como acontece com Burt e suas duas mulheres, é fácil ver que a pessoa que se sente insegura num relacionamento gravita em torno dele, protegendo-se com uma saída de emergência — o envolvimento com outra pessoa. De novo, essa é uma proteção falsa. A dor e a confusão na verdade aumentam.

Gostaríamos de dar a Rhonda o mesmo conselho que damos a Burt. Se estiver envolvida em dois relacionamentos, ela não terá a lucidez necessária para tomar uma atitude adequada. O risco de Rhonda (assim como o de Burt) é terminar com ambos os relacionamentos a tempo de recuperar o sentimento de que ela pode viver muito bem sozinha.

Terminar um relacionamento não é fácil. Somos uma sociedade amplamente dependente dos relacionamentos. A maioria das pessoas tem uma visão deturpada do seu valor como pessoa. A Madison Avenue e a mídia dizem-nos que só podemos ser felizes se tivermos um parceiro. Mas, *a não ser que antes encontremos a felicidade dentro de nós, a não ser que possamos nos comunicar com nosso próprio coração e com o nosso eu interior, como poderemos ser realmente felizes com outra pessoa?*

Mas Rhonda e Burt certamente estão com medo de ficar sozinhos. Temem a possibilidade de não ter um parceiro. E, para muitas pessoas, não ter um parceiro é simplesmente não existir. Elas vivem de acordo com a premissa "Amo outra pessoa, logo existo". Mas o inverso é que é verdadeiro. A verdade é a seguinte: *descobrir quem sou me dá a capacidade de amar outra pessoa*. Quando vencemos nosso medo da solidão, nosso medo de ficar sozinhos, aprendemos a apreciar quem somos como pessoa, e só então atrairemos para nossa vida um parceiro que seja disponível, inteiro e disposto a dar tudo de si mesmo.

Quando uma pessoa começa a cuidar de si mesma, todos os que estiverem se relacionando com ela são beneficiados. O fato de Rhonda ter rompido os dois relacionamentos não só lhe dará a lucidez de que necessita, mas também será uma dádiva tanto para Burt como para Paul. Ter saído da vida deles dará uma oportunidade a todos os três de confrontar-se com as próprias questões — de crescer do modo como precisam crescer. Burt pode melhorar o relacionamento com a esposa, fiquem eles juntos ou não. Paul pode compreender mais profundamente que ele estava se relacionando com alguém que não estava pronto para amá-lo. Manter esse relacionamento seria inevitavelmente destrutivo para a sua auto-estima. E, talvez o mais importante, esse tempo de solidão trará uma grande bênção para Rhonda — isso se ela fizer sua lição de casa. E qual é sua lição de casa? É reatar sua relação consigo mesma, ter um romance consigo mesma, cuidar de si, fazer aquelas coisas especiais que a tornam feliz. Significa dar um tempo para si mesma, tempo para meditação ou longas caminhadas em meio à natureza. Significa encontrar paz em sua solidão e um sentimento mais profundo de si mesma.

Terminar antes de começar

Terminar um relacionamento é um processo importante; custa-nos tempo e compreensão. Até que isso seja feito, os relacionamentos subseqüentes serão, muito provavelmente, confusos e dolorosos, como no exemplo a seguir:

Leslie e Ken assistiam a um de nossos seminários para casais, nas montanhas de Santa Cruz. Estavam obviamente apaixonados, mas pareciam carregar um pesado fardo. Revelou-se depois que Leslie havia acabado recentemente com um longo casamento para iniciar um relacionamento com Ken. Todos os casais estavam sentados perto uns dos outros, sobre o carpete, com majestosas sequóias do lado de fora da janela, quando Leslie nos contou que há muito tempo desejava terminar seu casamento, mas faltara-lhe coragem até apaixonar-se por Ken. Nesse momento, durante o seminário, e após vários meses de um romance feliz, o "período de lua-de-mel", Leslie percebeu com um peso no coração, que não poderia assumir completamente o relacionamento com Ken. Percebeu que estava precisando de um tempo longe dele para curar as feridas do casamento, e levar o relacionamento com o marido a termo. Era visível a tristeza e a frustração de Ken.

A situação de Leslie não é rara. É algo bastante característico em pessoas envolvidas em relacionamentos fracassados, que não tomaram consciência de que o relacionamento está fracassando ou que não têm coragem para tentar melhorá-lo ou para rompê-lo definitivamente. Essa consciência ou coragem muitas vezes só surge quando a pessoa se envolve com alguém que não é o parceiro. Contudo, esse novo relacionamento em geral não tem muito futuro, pois ainda restam questões inacabadas da relação anterior.

Sugerimos alguns passos importantes para resolver essas questões e para colocar um ponto final nesse relacionamento anterior. O primeiro passo, conforme já enfatizamos, é providenciar para que os parceiros passem algum tempo longe um do outro — o tempo que for preciso. Leslie contou que não ficava sozinho desde os tempos de colégio. Na verdade, faltava-lhe uma idéia precisa de quem ela era como pessoa. Toda a sua vida adulta e sua identidade haviam estado escondidas por seus relacionamentos com o sexo oposto. Agora ela percebia, pela primeira vez, que estava precisando se conhecer melhor —, mas não por meio de um reflexo de uma imagem refletida pelo parceiro. Ela teve de se defrontar com o fim do melhor relacionamento que ela já tivera com um homem, Ken.

Como dissemos, é preciso disposição para ficar sozinho, para dizer adeus a um antigo relacionamento, para permitir um fim de verdade. A maior parte das pessoas, nesse período de solidão, passa por momentos de intensa solidão. Novamente, queremos adverti-lo de que o envolvimento com um novo parceiro só servirá para impedir a cicatrização das feridas deixadas pelo relacionamento anterior. *Não tenha medo de sentir solidão*. Muitas pessoas nos contaram que poucas vezes haviam ficado sozinhas ao longo da vida, e que haviam pulado de um relacionamento para o outro. Conhecemos uma mulher que, desde os *16 anos*, só tivera um intervalo de *alguns dias* entre um relacionamento e outro. E agora ela estava com 28! Ela disse que não tinha a menor idéia de quem era como pessoa.

É sentindo solidão e dando vazão a todos os sentimentos que vêm à tona nesse período, sem tentar afastá-los, que você tem uma oportunidade maior de crescer. Ao confrontar-se com sua própria solidão, você tem a chance de ver a beleza de seu parceiro e descobrir o quanto ele significa para você, mas, o mais importante, é aceitar que a sua solidão lhe ensinará a apreciar sua própria companhia. Pois é justamente nos momentos de solidão que você terá a satisfação de saber quem você é, e por isso conhecer o seu relacionamento com sua própria alma.

Leslie planejou ficar um período longe de Ken, para dar um desfecho ao seu casamento. Ela compreendeu o risco que corria: Ken poderia não estar disponível quando ela terminasse esse processo. Ela temia essa possibilidade, mas sabia que precisava enfrentar o seu medo e assumir esse risco.

O segundo passo para concluir adequadamente o relacionamento é assimilar de maneira construtiva os sentimentos de frustração e as feridas causadas pelo relacionamento, incluindo as inevitáveis sensações de culpa e de fracasso que se infiltram insidiosamente. A oração e a meditação poderão ser úteis nesse período de solidão, mas muitas vezes é importante buscar ajuda externa, por meio de aconselhamento ou grupos de apoio. Tenha cuidado, no entanto, para que o auxílio parta de uma pessoa neutra, sem envolvimento com a situação. Um amigo ou uma amiga pode preferir poupá-lo do confronto com suas questões mais profundas, ou pode estar demasiadamente envolvido para ser neutro.

O passo final no desfecho de uma relação é sentir gratidão. Você precisa usar seu tempo de solidão para realizar um inventário cuidadoso de todo bem que o relacionamento lhe proporcionou. Reserve, diariamente, um tempo para agradecer interiormente ao seu antigo parceiro por todos os aspectos positivos do período em que passaram juntos. Esse é um processo interior que não depende de nenhuma comunicação exterior com essa pessoa. Contudo, uma conversa sincera ou uma carta podem ser um meio mais profundo de concluir o relacionamento.

Como você sabe que está pronto para um novo relacionamento? *Você está pronto quando, em seu coração, houver um fluxo de amor em direção ao antigo parceiro*. Esse amor não depende de essa pessoa amar você. Na verdade, o seu antigo parceiro pode ainda estar preso a mágoas, à raiva ou às acusações. Nem mesmo é necessário ter contato pessoal com essa pessoa. O importante é que você dê livre passagem ao *seu* amor.

A maior parte das pessoas tem medo de se abrir para os sentimentos de amor do ex-parceiro, achando que ficarão tentadas a reatar um relacionamento que não é o certo para elas. Mas, pelo contrário, é o amor que permitirá que você faça o melhor por todos os envolvidos, não importando o quanto isso possa parecer doloroso. Dê a si mesmo o tempo de solidão de que você precisa para que esse amor brote em seu coração.

Eu e Joyce descobrimos que essas ligações íntimas entre almas — o que chamamos de relacionamentos — têm um destino por si mesmas. Ao longo dos anos, temos visto pessoas passando de casamento em casamento, de divórcio em divórcio, e cada novo relacionamento trazendo mais crescimento e novas dádivas. Temos visto muitas pessoas aprender suas lições de alma, entregues em paz à sua solidão, e então por vezes encontrando o parceiro de seus sonhos, que causa uma reviravolta em seu mundo. Vimos uma mulher que estava divorciada há trinta anos e tinha dois outros divórcios voltar para o seu primeiro marido num relacionamento renovado em todos os aspectos.

As ocasiões em que eu e Joyce nos separamos também nos pareceram um processo de divórcio e reaproximação, morte e renascimento, o fechamento de um grande ciclo. Tudo isso tem nos proporcionado mais confiança na existência de um plano superior para nossa vida, mais confiança no destino dos relacionamentos. Essa confiança tem nos feito relaxar mais e apreciar a marcha da vida e dos relacionamentos.

Se o seu desejo no relacionamento é caminhar lado a lado com sua cara-metade nessa grande viagem da vida, aprenda a conviver com as pessoas, a ajudar a fazer deste planeta um lugar mais bonito, e assim você será levado a se aproximar do parceiro certo, no momento certo — mas não necessariamente no momento em que você deseja. Portanto, tenha paciência com o ritmo da vida. Aceite o tempo que você passa sozinho, sem tentar evitá-lo. Dê um desfecho adequado aos seus relacionamentos passados e fique em paz com eles. Quando você conseguir apreciar os seus períodos de solidão e receber as dádivas de seus relacionamentos passados, o seu coração será abençoado com a mais completa alegria.

DIVÓRCIO ENVOLVENDO CRIANÇAS

Quando o casal tem filhos, o divórcio provoca uma tristeza profunda em nosso coração de mãe ou pai. Em nossos aconselhamentos e seminários, Barry e eu vemos muitos casais que estão na iminência de se separarem. Fazemos tudo para mostrar a eles a possibilidade de melhora e crescimento. Algumas vezes, como fizemos com Rhonda e Burt, recomendamos um tempo de separação ou de retiro, caso as feridas ou o ressentimento sejam grandes demais.

O divórcio, especialmente em famílias com filhos, não devem ser tratados com leviandade. O divórcio não só afetará a vida do casal, mas também afetará dramaticamente a vida de cada um dos filhos. Ouvimos com freqüência adultos descrevendo-nos o dia mais triste de sua infância como sendo o dia em que seus pais lhes contaram que estavam se divorciando. A maior parte pode descrever com detalhes notáveis e pungentes tudo o que foi dito e feito nesse dia.

Os filhos são fruto de ambos os pais, portanto é natural que, desejem que a família permaneça unida. Muito depois do divórcio, as crianças ainda tentarão engendrar, em sua mente e coração um meio de reaproximar os pais. O pai ou a mãe pode estabelecer uma ligação mais afetuosa com outro parceiro. No coração de um filho, contudo, não há quem substitua um pai ou uma mãe ausente.

O divórcio pode trazer conseqüências imprevisíveis que estão muito além da dor original da perda. Com o divórcio, você está tirando de seus filhos o modelo de um relacionamento firme, que passaria incólume pelo teste do amor. Quando os filhos forem adultos e tiverem dificuldades em seus próprios relacionamentos, tenderão a seguir o seu exemplo.

Talvez estejamos pintando um quadro um tanto melancólico, mas muitas vezes vemos adultos escolhendo o caminho mais fácil no relacionamento, pensando em sua própria felicidade e em sua própria satisfação, sem considerar em profundidade o modo como essa atitude afetará a vida dos filhos. Se a sua mente começar a pensar no divórcio como uma saída para os seus problemas com o parceiro, recomendamos que você pare por um momento. Primeiro, imagine cada um dos seus filhos e sinta o quanto eles amam o pai ou a mãe, que você está querendo deixar, e o quanto precisam dele ou dela. Então pergunte a si mesmo: "Existe alguma coisa que eu ainda possa fazer por esse relacionamento? Eu poderia perdoar ou ser mais receptivo? Poderia tentar valorizar mais em vez de criticar? Tenho orado e pedido ajuda o suficiente? Eu poderia olhar mais profundamente e ver o eu mais elevado dessa pessoa? Tenho sido verdadeiramente honesto? Tenho tido a coragem de dizer "não" quando é realmente necessário?"

Às vezes nós resistimos a refletir mais sobre o relacionamento, em especial quando *percebemos* que nosso parceiro não está refletindo tanto quanto nós. Essa atitude é uma forma de nos enganarmos. Lembre-se, cada vez que tentamos amar e perdoar, na verdade estamos fazendo isso por nós mesmos, não por nosso parceiro. Viemos à Terra para crescer e aprender. Freqüentemente, essas dolorosas experiências de relacionamento catalisam nosso mais profundo crescimento e expansão. Em vez de se preocupar com o modo como o seu parceiro está arruinando o relacionamento, tente ver o que está refletido no espelho dos olhos dele e concentre-se nos meios pelos quais você poderia se esforçar mais.

Não estamos advogando uma co-dependência, isto é, que você se responsabilize pelo seu parceiro. Tampouco estamos recomendando que você enterre a sua cabeça nas areias da recusa. Em vez disso, achamos que você deve tomar uma distância extra e aprender com suas próprias lições.

Quando eu tinha 13 anos, voltávamos certa vez, eu e minha mãe, da mercearia para casa. Paramos na faixa de conversão à esquerda, quando mamãe de repente se virou para mim e disse:

— Estou pensando em deixar seu pai.

Lembro-me de cada detalhe da experiência. Senti um bolo no estômago.

— Então vou morar com a tia Almeda, porque não quero ter de escolher entre um de vocês — eu disse enfaticamente.

Mais tarde, minha mãe contou-me que meu comentário pôs o seu mundo de pernas para o ar. Ela percebeu que poderia perder também a *mim*, tanto quanto ao marido, se se divorciasse. Então ela fez um esforço extra para salvar o relacionamento, e também meu pai esforçou-se mais. Logo a ferida foi sendo curada, e ambos passaram a sentir novamente um sincero prazer com a companhia um do outro.

Tanto os pais de Barry quanto os meus ficaram casados por mais de cinqüenta anos. Hoje, em seus últimos anos, nossos pais são profundamente devotados um ao outro. Como filhos, eu e Barry olhamos para a luta de nossos pais e também vemos a força que tiveram para vencer seus obstáculos. Nossos pais têm sido modelos maravilhosos para nós e têm, muitas vezes nos ajudado como bons exemplos quando sentimos que estamos querendo desistir um do outro.

Suponhamos que você tenha feito todo o possível e ainda haja barreiras que você e seu parceiro não consigam vencer. O abuso das drogas ou do álcool pode ser uma dessas barreiras. O mesmo acontece com outros comportamentos compulsivos ou de dependência, ou violência física e emocional. Em seu coração, você sabe que precisa se separar, mesmo depois de considerar em profundidade o efeito que isso causará em seus filhos. E agora? Lembre-se, não importa o quanto seja difícil o relacionamento com o seu parceiro, *seus filhos ainda o amam e precisam da ligação tanto com a mãe como com o pai*. Esse vínculo de amor tem de ser, a todo custo, preservado, mesmo em meio a todos os acontecimentos que levem à separação e a sucedam. *Os filhos têm o direito de continuar estimando e valorizando ambos os pais*. Se você tem um sentimento negativo com relação ao pai ou à mãe de seus filhos, desabafe num momento apropriado, e *não diante de seus filhos*.

Em seu coração, você ainda pode tentar amar e valorizar seu parceiro mesmo sentindo-se distante dele. O modelo de uma família unida será tirado de seus filhos, mas você ainda pode dar a eles outro modelo importante para a vida; *o modelo de pais que se recusam a fechar o coração um para o outro*. Você pode dar a seus filhos o modelo de pais que continuam a se amar após o divórcio e que continuam a respeitar o laço de ternura que existe entre pais e filhos. Esse modelo terá um impacto poderoso sobre a vida deles.

20

Como Tornar a Encher a Taça do Amor

Vejo a verdade em ti, e o que está em ti está em mim, e eu sou o que eu sou.

— UPANISHADS

A carta a seguir, que eu e Barry recebemos, fala tão bem das lutas por que as pessoas passam em seus relacionamentos que poderia proceder de qualquer casal: "Nosso amor e atração eram fortes no começo do relacionamento. Hoje parece que perdemos a ligação. Queremos salvar nosso relacionamento, mas estamos perdendo a fé. Vocês acham possível que um casal volte a se amar?"

Em primeiro lugar, é importante que os casais compreendam que o amor e a atração que sentem um pelo outro jamais acabam. *Havendo um amor e uma ligação profunda entre duas pessoas, esse amor existirá para sempre.* Quando duas pessoas conhecem o sentimento do amor puro, o que freqüentemente acontece no início do relacionamento, ambos os corações estão abertos, e é como se a taça do amor que flui entre eles estivesse sempre cheia. Um erro que pode ser cometido pelos novos casais é achar que a taça do amor continuará cheia sem que precisem voltar a enchê-la e reconhecer de onde vem esse néctar divino. O casal bebe da taça, mas, a não ser que se lembrem conscientemente de enchê-la de novo, ela acabará por secar. Nesse momento, eles sentirão como se o amor tivesse acabado. Esquecem que ainda estão segurando a taça, que sempre existirá entre eles e que podem voltar a encher, até transbordar. Assim, a questão verdadeira não é saber se o casal pode voltar a se amar, mas se ele quer encher essa taça uma vez mais, e se está disposto a fazer tudo o que seja preciso.

Nessa altura de um relacionamento, muitas pessoas são tentadas a olhar para o parceiro e esperar que ele torne a encher a taça do amor. Pode ser evidente que a outra pessoa não esteja sendo amorosa o suficiente. Essa atitude, contudo, ignora o espelho do relacionamento, e certamente não surtirá efeito.

O modo mais eficaz de voltar a encher a taça do amor e de mantê-la cheia é lembrar da fonte desse amor, lembrar que o seu amor é uma dádiva do coração do universo, uma dádiva de Deus. Vá direto a essa fonte e peça para que Ele volte a encher sua taça, para que seu relacionamento seja curado, que o amor se torne forte e pleno mais uma vez. O caminho lhe será mostrado. Tudo o que você precisa fazer é pedir com sinceridade.

Eu e Barry freqüentemente oramos juntos para pedir força, lucidez e amor e compreensão profundos no nosso relacionamento. Nossa oração também expressa nossa gratidão e o desejo de continuar a servir neste planeta. Quando ouço a oração de Barry, fico sempre tocada pela sinceridade de suas palavras. Essa sinceridade me faz compreender de um modo mais completo a sua natureza interior. Sempre me sinto mais próxima de Barry depois de orarmos juntos.

Nos nossos retiros para casais, sempre pedimos aos casais que orem juntos quando se aproxima o final do nosso encontro. Sentimos que o lembrete mais importante que podemos dar aos casais é que precisam recorrer à sua fonte interior, em busca de ajuda e inspiração. Pedir e querer sentir a presença de Deus no relacionamento é um meio poderoso de intensificar o amor e a compreensão. Reconhecer que ambos têm a mesma fonte, a mesma grande luz dentro de si, traz paz e conforto ao relacionamento. E, lembre-se, vocês não precisam seguir a mesma religião para orar juntos — duas pessoas podem ser de religiões diferentes e, ainda assim, orar para a mesma fonte de amor.

Num recente seminário para casais, um deles estava passando por uma fase difícil no relacionamento. Esse seminário de fim de semana era uma tentativa final de salvar o casamento de doze anos. Eles haviam pedido ajuda a muitos consultores matrimoniais, sem muito sucesso. Notamos que o homem era particularmente resistente a todas as práticas e processos que passávamos aos participantes. Ele estava quase sempre sentado no fundo da sala, de braços cruzados, parecendo entediado. Até que finalmente, no final da meditação da manhã do último dia, pedimos aos casais que se sentassem e orassem juntos. De modo relutante, esse homem recostou a cabeça na da esposa. Oraram juntos pela primeira vez em seu relacionamento, cada qual pedindo ajuda para salvar o casamento. Depois de terem orado e ouvido as orações dos outros, rompeu-se a barragem do reservatório, e as lágrimas começaram a correr. Seus corações finalmente haviam se aberto um para o outro. Para esse casal, ainda havia um caminho a percorrer para encher a taça do amor, já que eles o haviam deixado seca durante muito tempo. Mas a oração trouxe as primeiras gotas de néctar e, com isso, esperança e inspiração para o futuro.

A oração é um meio poderoso de trazer mais harmonia para nossos relacionamentos. Por vezes, nos defrontamos com barreiras ou bloqueios que parecem nos impedir de amar uns aos outros tão plenamente quanto poderíamos. É claro que é importante conversar um com o outro. Contudo, conversar sobre os problemas pode às vezes ser algo difícil, que só faz com que nos apeguemos ainda mais às nossas próprias opiniões. É nessas ocasiões que o casal pode se sentar lado a lado e orar, pedindo a Deus, o Espírito Onipresente do Amor, que lhes dê uma introvisão e uma clareza renovadas. Pedir a amigos ou a um grupo para orar conosco pode tornar a experiência ainda mais poderosa. Dispondo-nos a pedir ajuda e orando com humildade podemos nos tornar receptivos a uma sabedoria mais elevada.

PARCEIROS NA ORAÇÃO

Sentem-se um de frente para o outro curvando a cabeça para a frente, de modo que as suas testas se toquem. Cada um de vocês pode reconhecer a sua fonte de amor e luz e lembrar que é o desejo do Criador que ambos conheçam o amor. Então simplesmente orem, expressando alternadamente o que lhes venha do coração, num tom de voz alto o suficiente para que o parceiro possa ouvir. Peçam pelo que necessitarem, tal como ajuda e orientação, agradecendo por tudo o que tem sido dado a vocês. Em seguida, façam alguns momentos de silêncio, em que receberão tudo o que pediram. É quando o néctar divino pode novamente fluir para a sua taça. Ele pode vir em forma de energia pura, de inspiração ou de orientação, como meios de perdoar, superar obstáculos ou apreciar alguém ou alguma coisa. Podemos obter muitas bênçãos se cultivarmos o hábito de orar na companhia um do outro e de reconhecer a fonte de nosso amor.

Outro poderoso meio de voltar a encher a nossa taça do amor é o contato com a natureza. Os relacionamentos podem receber enormes benefícios se recorrermos ao contato terapêutico com a Terra e com suas riquezas. A ligação com a natureza é como uma oração em si mesma. A maioria de nós se envolve facilmente com as preocupações mundanas — ganhar dinheiro, cumprir compromissos e ouvir todas as chamadas de nossa secretária eletrônica pode se tornar o foco principal de nossa vida. Nossos relacionamentos podem facilmente ficar em segundo plano. Mas estar em contato com a natureza e ficar mais perto da Terra é um meio poderoso de estabelecer prioridades e recuperar nossa ligação. Descobrimos, em nosso relacionamento, que a natureza sempre serviu como um de nossos maiores agentes de cura.

Em 1972, quando morávamos em Los Angeles, passamos por uma amarga separação de uma semana e sentimos poucas esperanças de algum dia voltar a viver juntos. A mágoa e a dor estavam entranhadas profundamente. Depois de muita hesitação, decidimos caminhar pela nossa trilha favorita nas montanhas. O caminho foi difícil, com um clima em que predominavam a raiva e o ressentimento. Decidimos caminhar em silêncio e nos concentrarmos no ambiente à nossa volta, em vez de tentarmos nos comunicar verbalmente.

Nos primeiros quinhentos metros estávamos pisando duro, chutando pedras e tudo que víamos pela frente. Até que ambos notamos que nosso ritmo ficou mais lento e a necessidade de chutar pedras desapareceu. Os pensamentos de raiva e separação desapareceram e foram substituídos pelo bem-estar que nos envolvia, ao percorrer aquela bela trilha.

Algumas horas depois, paramos para descansar junto a uma árvore. Pudemos olhar um para o outro sem raiva pela primeira vez, no que pareceu uma eternidade. Continuamos a caminhar e chegamos a uma bela campina repleta de laranjeiras e flores do campo amarelas. Deitamo-nos para descansar sob o sol e logo adormecemos. Quando acordamos, olhamos um para o outro, beijamo-nos e nos abraçamos. O contato físico parecia maravilhosamente bom, depois do longo período de isolamento. Era como se nossos corpos estivessem tentando dizer, "Esqueça esses pensamentos e esse rancor. Ouça minhas necessidades de toque e de intimidade".

Olhamos profundamente nos olhos um do outro. A natureza ajudara a erguer o véu da separação e revelou a nossa união. Tínhamos ainda um grande desafio, com anos de trabalho à nossa frente, para eliminar o medo e o ressentimento e para aprender a confiar mais uma vez. No entanto, a Mãe Natureza nos ajudara a recuperar a visão de nossa ligação original e do nosso compromisso com o amor, o que nos inspirou a continuar a cura de nosso relacionamento.

Hoje procuramos estar junto à natureza o máximo de tempo possível. Sabemos que um contato contínuo com a Terra, com as árvores, com os rios, com o oceano e com os lagos nos é revigorante e inspirador.

Jeffrey Golitz escreveu um livro intitulado *The Secret Life of Trees*, no qual explica que as árvores liberam uma energia que beneficia os seres humanos. Talvez, em vez ficar sentado em sua sala de estar, fosse melhor caminhar entre as árvores e receber os dons curativos da natureza. Passar algum tempo junto à natureza pode curar o coração, nos ajudar a estabelecer nossas prioridades e ajudar a restaurar a união e a visão.

COMO RECEBER AS DÁDIVAS DA NATUREZA

Planeje um dia inteiro junto à natureza, sozinho ou com seu parceiro. Prepare um lanche e tudo o mais que você precisar, e vá caminhar para longe da civilização e das pessoas. Descubra um lugar bonito que seja quieto e isolado — um lugar que tenha um certo poder. Sente-se ou deite-se no solo e fique imóvel. Deixe que as energias terapêuticas da natureza fluam para seu corpo. Ouça e sinta... Dê à sua mente um descanso, afastando-a dos muitos pensamentos, problemas e planos de sua vida. Esse é um tempo para ficar em silêncio e receber as dádivas da natureza.

Quando estiver pronto para deixar o local, agradeça à Terra e a toda a natureza por ajudá-lo.

Renovação das relações

Um meio poderoso e eficaz de cultivar um relacionamento é sempre trazer-lhe novidades. O amor é sepultado quando a vida se torna uma rotina monótona. Nossa alma precisa de frescor, entusiasmo e novidade, para continuar crescendo. A evolução é uma necessidade espiritual de todas as pessoas. Trazer novidade e crescimento para a nossa própria alma é algo que abençoará nosso relacionamento. Se renovarmos nosso relacionamento, nossa própria evolução espiritual será abençoada. Quando crescemos como pessoas, nosso relacionamento cresce. E, quando nosso relacionamento cresce, nós crescemos como pessoas.

Em maio de 1992, contratamos uma babá para olhar nossos dois filhos menores durante doze horas. Nessa época, nós não costumávamos nos afastar por muito tempo do nosso John-Nuriel, de 3 anos, a não ser que estivéssemos fora da cidade, mas sentíamos a necessidade de renovar nosso relacionamento. A construção de nossa casa e do centro, bem como nosso trabalho rotineiro de aconselhamento, nossos seminários, a criação dos filhos e a direção da nossa agência de publicidade nos deixaram exaustos e acabamos nos relacionando de maneira superficial, como se estivéssemos dirigindo um negócio.

Fomos para o litoral, estacionamos nosso carro e caminhamos cerca de três quilômetros até uma praia isolada. Almoçávamos a sós quando, olhando para cima, vimos uma tropa de escoteiros descendo a trilha do penhasco. Logo a praia se encheu com trinta jovens escoteiros gritando e berrando. Perdemos toda a privacidade.

Barry apontou para o fim da praia, onde havia um penhasco no qual as ondas batiam.

— É meio complicado — ele disse com um brilho nos olhos —, mas sei como atravessar esse penhasco.

Eu sabia que Barry, sendo aventureiro, já a atravessara muitas vezes. Eu preferia seguir um caminho mais fácil e seguro, mas nesse dia havíamos nos proposto a procurar novidades para o nosso relacionamento. Tirei meus sapatos de caminhada e disse:

— Confio em você, vamos!

Pela meia hora seguinte, desafiamos penhascos rochosos e ondas. A certa altura, nós nos seguramos numa pedra enquanto a água fria ensopava nossa cabeça. Depois das provações do frio e da água, uma das mais belas cenas descortinou-se diante de nós. Estávamos a sós numa extensão de cerca de oitocentos metros de praia selvagem. Tiramos nossas roupas e aquecemos nossos corpos nus. Brincamos e dançamos e fizemos amor sob o sol. Ambos nos sentíamos transportados para um novo reino. A experiência foi romântica, inspiradora e expansiva, e fez com que sentíssemos a nossa própria essência mágica e a do outro. Durante horas, ficamos nesse paraíso físico e espiritual e então saímos para ver o pôr-do-sol.

No dia seguinte, lá estava o mesmo *stress* com a construção da casa, com os negócios e com a família. Mergulhamos de cabeça no trabalho. Às vezes, nos deixávamos envolver novamente pela agitação de nossas atividades, mas então nos lembrávamos de nossa experiência na praia, dávamos um tempo para nos abraçarmos e beijarmos, e deixávamos que emergisse uma parte mais profunda de nosso ser. Nosso dia juntos nos fez lembrar da alegria sempre renovada de nosso relacionamento — e da possibilidade de trazer essa alegria para nossos afazeres diários.

As novidades vêm de muitas formas. O pré-requisito mais importante é a disposição para crescer juntos e se expandir. Participar de um seminário para casais num fim de semana ou de grupos de apoio é um meio excelente para mudar e buscar, juntos, uma inspiração. O casal também pode optar por trabalhar em conjunto num projeto novo e interessante, que ajudará outras pessoas. Ajudar os outros é algo que tende a fortalecer e elevar o relacionamento. Cultivar um *hobby* em conjunto também pode adicionar interesse e crescimento. Para algumas pessoas, pode ser jardinagem ou caminhadas. Para as mais aventureiras, o *skydiving* ou o *rafting* por corredeiras. Não importa o que você faça. Mesmo atividades diárias, como irem juntos à mercearia, imaginando um meio de tornar o percurso mais divertido, podem ser vistas como uma oportunidade para estarem juntos e renovar o amor entre vocês.

Meus pais, Louise e Henry, têm hoje 78 e 84 anos, respectivamente. Parte de suas vidas foi passada na rotina de exames de sangue semanais e consultas médicas. Meu pai perdeu a audição quase completamente, o que torna limitadas as conversas com minha mãe. Apesar de suas próprias limitações físicas, os dois decidiram fazer juntos algo desafiador. Todas as semanas eles ajudam a preparar uma refeição para catorze indigentes. Eles vão à igreja para servir as refeições e oferecer encorajamento e esperança. Para muitas dessas pessoas, meu pai e minha mãe são como uma família amorosa que eles gostariam de ter. Sua gratidão e amor por meus pais está sempre presente. Para meus pais, esse ato de caridade traz novidade e inspiração para suas vidas e para seu relacionamento.

Os pais de Barry, Helen e Michael, estão ambos com quase 80 anos. A exemplo do que ocorre com meus pais, indisposições físicas demandam freqüentes visitas ao médico. No entanto, justamente quando o resto da família está pensando que Vovó e Vovô não conseguirão fazer nada além de ficar em seu *trailer* e descansar, eles anunciam que estão embarcando num cruzeiro. Alguns de nós podem protestar, "Mas, e o diabetes? E os problemas de coração?" Eles sempre respondem da mesma maneira: "Nós ainda queremos nos divertir!" Os cruzeiros, as viagens, as aventuras, tudo traz um sentimento de novidade e alegria para suas vidas, o que imediatamente contagia o seu relacionamento.

Em 1974, decidimos não ter filhos. Simplesmente sentíamos que nossa vida mudaria demais, e estávamos satisfeitos com a vida que levávamos. Onze anos depois, finalmente havíamos chegado a um ponto em que nosso relacionamento estava fácil. Alcançamos um daqueles patamares de crescimento em que sentíamos que queríamos um descanso. Havíamos aprendido a nos comunicar com mais eficácia, a dar mais liberdade um ao outro. Meditávamos longos períodos a cada dia e sentíamos paz. Estávamos convencidos de que uma criança acabaria com a nossa paz.

Um mestre espiritual que estava morando nas proximidades, Baba Hari Dass, ajudou-nos demais nesse campo. Cada vez que nos via, ele perguntava: "Quando é que vocês vão ter filhos?" E, cada vez, pacientemente lhe explicávamos que não queríamos mudar nossa vida convidando uma criança a fazer parte dela. Finalmente, após ouvir muitas de nossas desculpas, ele sabiamente explicou: "A natureza da vida é a mudança. Vocês não podem pará-la."

Um mês depois, assumimos o risco, e eu fiquei grávida. Nove meses depois, dei à luz em casa a uma bela menina. Nossos filhos, Rami, Mira e John-Nuriel, mudaram nossa vida e nosso relacionamento de formas positivas. Em vez de meditar por longos períodos e concentrar-nos tão exclusivamente em nosso relacionamento, fomos agraciados com corações sempre em expansão, humildes e gratos. Por meio do amor de nossos filhos, nosso amor um pelo outro ampliou-se também.

Busque meios de trazer novidades para o seu relacionamento. Assuma, às vezes, o risco de sair da rotina de sempre. Faça algo diferente e veja o seu relacionamento expandir-se e crescer.

21

O Caminho do Serviço

O caminho mais seguro para viver com dignidade neste mundo é ser realmente o que parecemos ser.

— Sócrates

Conforme explicamos no capítulo 1, preferimos ver o relacionamento como uma jornada de três fases, comparáveis às fases do crescimento espiritual. A primeira fase é o "vislumbre do paraíso", o apaixonar-se, a abertura total dos corações. É a fase da "lua-de-mel", o gosto do amor incondicional que nos estimula a querer mais desse néctar.

A segunda fase da jornada do relacionamento é a união do casal numa ligação sólida, a resolução de questões que se interpõem no caminho do amor, o estabelecimento de um verdadeiro compromisso com o amor e um com o outro. Cada dificuldade vencida, cada noite escura que encontra o alvorecer, cada pensamento inflamado que transformamos num pensamento amável e gentil, é um passo em direção ao amor incondicional.

A terceira fase é o serviço, o oferecimento da união como dádiva para o mundo, a disposição de compartilhar os frutos do relacionamento com os outros. Os casais podem facilmente parar na segunda fase, no processo de resolução das questões de relacionamento e na empolgação de passar por muitas lições. Mas, para o nosso crescimento espiritual, é importante que cheguemos à terceira fase. No final do nosso segundo ano de viagem e estudo espiritual, lembro-me de que eu e Joyce visitamos uma senhora idosa que nos perguntou o que estávamos fazendo da vida. Contamos-lhe sobre nossa viagem de descoberta, e sobre o quanto estávamos aprendendo sobre nós mesmos e nosso relacionamento. Ela perguntou muito claramente: "Mas o que vocês estão fazendo pelos outros?"

Eu disse que isso podia esperar, pois naquele momento havia tanto que descobrir e aprender.

Ela nos olhou com tristeza e disse: "Vocês dois são como o mar Morto. Rios fluem para ele, mas nada flui a partir dele. Por causa disso, nada pode viver em suas águas. Está estagnado, morto."

Percebemos a verdade de suas palavras. Era preciso ensinar os outros o que havíamos aprendido, amar os outros tal como fôramos amados, oferecer as dádivas que tínhamos para oferecer aqui na Terra. Servindo aos outros, as águas de nosso mar interior poderiam encontrar uma saída, e poderiam recuperar a vida.

Ao contemplarmos a natureza do serviço, pudemos ver que ele tinha um aspecto interior e outro exterior.

Serviço interior

Depois que a união do casal ocorreu no coração de ambos, essa união é, em si mesma, um dádiva para o mundo. Na verdade, sempre percebemos quando duas pessoas rompem as barreiras do ego e aprendem a amar uma à outra, o que em si mesmo é um modo de servir ao mundo. Pois o amor é como um perfume que torna o mundo um pouco mais fragrante.

Num retiro de fim de semana que eu e Joyce fizemos há pouco tempo, contamos a um grupo de casais que gostaríamos de passar um tempo longe de casa, do escritório e dos filhos — um tempo para ficarmos junto à natureza, e que consagraríamos ao nosso amor. Diante desses casais, comprometemo-nos a fazer isso uma vez por semana, não importando o quanto estivéssemos ocupados. Uma mulher sentada perto de nós tomou nossas mãos nas suas como que para ter certeza de que receberíamos sua mensagem. E disse com clareza e ponderação: "Muitas pessoas precisam que vocês dois reservem esse tempo para cultivar o seu relacionamento."

Ela estava certa, e eu e Joyce estávamos precisando ouvir essa verdade. Mesmo depois de todos esses anos juntos, ainda precisávamos reservar um tempo para ficarmos a sós e cultivar o nosso amor. E esse período que reservávamos para o nosso amor tinha um efeito de longo alcance que nenhum de nós estava pronto para reconhecer. Era preciso aceitar que estávamos beneficiando outras pessoas quando abríamos nosso coração um para o outro. Por isso, reabastecer de amor o nosso próprio relacionamento é reabastecer o mundo de amor. E sabemos que isso se aplica a todos os casais.

O serviço interior está relacionado ao *ser*, mais do que ao fazer. O que somos como pessoas, casais e famílias é algo que fala mais alto do que aquilo que fazemos ou deixamos de fazer. Em nossos seminários e retiros, as pessoas sempre nos contam que aprenderam mais com o exemplo de quem somos, como casal ou família do que com o que ensinamos com nossas palavras. Um casal nos disse que aprenderam mais ao não ouvir uma palavra do que dizíamos. Em vez disso, olhavam para nós como se estivessem assistindo televisão sem som. Eles olhavam os movimentos de nossas mãos, as expressões em nosso rosto, o modo como nos olhávamos. Percebiam como nos amávamos e nos respeitávamos nas pequenas coisas, e também no modo como "trabalhávamos" as coisas, decidindo, numa íntima parceria, quem diria o que e quando cada qual falaria. Gostamos de pensar que o que temos a dizer também tem valor, mas apreciamos de verdade o modo como esse casal nos vê. Eu e Joyce fazemos a mesma coisa com os casais que admiramos.

SERVIÇO EXTERIOR

O serviço interior, no entanto, não é suficiente. Para que nossos relacionamentos se tornem plenos do modo mais elevado, temos de encontrar um meio de ajudar aos outros. Amar é fundamental, mas dar amor também é necessário. Esse é o *serviço exterior*, que inclui coisas como ouvir um amigo necessitado, passar um tempo com filhos de pais ou mães solteiros, limpar a casa de uma pessoa doente, ou outras ações de auxílio ao próximo.

Ao fazer esse serviço exterior, é preciso sempre lembrar que o importante não é *o que* fazemos, mas *como* fazemos. Madre Teresa gostava de dizer, "Coisas pequenas feitas por amor a Deus tornam-se grandes coisas". Quando nossa motivação para o serviço é simplesmente ajudar, em vez de *conseguir* reconhecimento ou qualquer outra coisa, cada ato de serviço é importante.

Todo relacionamento precisa que o casal compartilhe bons momentos juntos, para manter o amor fluindo. Da mesma forma, todo casal precisa compartilhar bons momentos juntos, para servir, tendo em vista a realização espiritual. Qualidade, em vez de quantidade, é o fator importante. Conhecemos um casal que uma noite por semana, oferecia sopa para indigentes. Esse serviço fazia bem a eles, como casal, tanto quanto fazia bem a outras pessoas. Eles esperavam ansiosamente por essas noites, quando se sentiam felizes por dar um pouco de amor a outras pessoas.

É claro que servir ao próximo é sempre algo que nos dá alegria. Mas quando fazemos isso ao lado da pessoa que amamos, o relacionamento também se aprofunda. Temos visto casais com graves problemas de relacionamento, restaurarem a harmonia em sua vida conjugal depois de começarem a ajudar os outros. Quando as pessoas procuram Joyce ou a mim, ficamos impressionados como suas questões são parecidas com as nossas. Quando as ajudamos a resolver seus problemas, fica mais fácil resolver os nossos próprios. O ato de oferecer nosso amor e ajuda aos outros é algo que parece ter um "efeito bumerangue". Esse bem volta direto para nós, permitindo que haja mais amor e cura em nosso próprio relacionamento.

Esse serviço pode assumir muitas formas diferentes. O serviço compartilhado por um casal pode significar também criatividade compartilhada. Ser criativos juntos é dar uma dádiva única ao mundo. Um casal que conhecemos, Jenny e Ted, acalentou no coração, durante muitos anos, o sonho de cantarem juntos. Sentiam que não eram bons o suficiente e tornaram-se hábeis em dar desculpas. Seus corações, contudo, estavam transbordando de talento para a música. Até que finalmente deram um "basta" para suas inseguranças e começar a gravar uma fita. Pouco antes de terminarem, Ted faleceu súbita e tragicamente. Amigos com o mesmo talento para a música uniram-se e ajudaram a terminar a fita.

A dor de Jenny era profunda; contudo, mesmo essa pequena dádiva compartilhada com o mundo a ajudou em sua dor e a levou a dar continuidade ao seu serviço. Imagine como não seria maior a sua dor se eles nada tivessem feito com relação à sua inspiração.

Criar e manter uma família amorosa é também um ato muito especial de serviço. Criar os filhos e ampará-los em seu crescimento é algo que traz muito mais bênçãos para as pessoas do que à própria família. Cada gota de amor e carinho que você dá às crianças, sejam elas suas ou de outra pessoa, é um meio de ajudar a melhorar o futuro deste mundo.

Há uma necessidade premente no mundo de hoje por exemplos de relacionamentos e famílias amorosas. Casais que trabalham juntos para servir aos outros, para fazer do mundo um lugar mais belo, para manifestar a sua própria visão única do amor, estão oferecendo ao mundo um modelo de relacionamento sagrado e de uma família realmente harmoniosa.

SERVIR JUNTOS

Há algum meio, por menor que seja, pelo qual você e quem você ama possam servir juntos? Existe um meio de vocês ajudarem a fazer deste planeta um lugar melhor? Um lugar mais bonito?

Lembre-se, vocês tanto podem ajudar os outros quanto criar mais beleza. Lembre-se também de que servir juntos é um meio de enriquecer o próprio relacionamento. Faça isso sem demora.

22

O Amor é Para Sempre

Senhor, sois o meu amante, a minha aspiração, o meu doce raio de luz, o meu sol, e eu sou o vosso reflexo.

— MECHTILD DE MAGDEBURG

Uma verdade fundamental parece embasar a maior parte das tradições espirituais: nós, seres humanos somos mais do que um corpo físico, mente e emoções. Temos uma natureza mais profunda, mais essencial, que transcende o tempo e o espaço. Dependendo da tradição, essa parte de nós é chamada alma, psique, coração, corpo de luz, eu superior ou muitos outros termos. O amor, a mais poderosa força para o bem, emana desse local mais profundo. E como o amor vem de uma parte de nós que é eterna, o amor em si mesmo é eterno. A morte não pode pôr fim ao amor. No fundo da minha alma, sinto que sempre estive com Barry e ele comigo.

Foi para aprender o quanto isso é verdade que, há muitos anos, eu e Barry começamos a exercitar o que chamamos de "praticar a presença do outro". Vamos descrever essa prática a seguir.

PRATICAR A PRESENÇA UM DO OUTRO

Isole-se num cômodo de modo que você fique totalmente separado da pessoa que ama, ou espere por um momento em que você esteja só.

Feche os olhos e visualize essa pessoa. Em especial, tente sentir quem essa pessoa realmente é. Sinta gratidão e apreço por todo o bem que ela tem trazido para a sua vida. Sinta as qualidades da alma dela que têm enriquecido a sua vida. Abra o seu coração para a preciosidade que é o amor entre vocês.

Em meio a esse sentimento de amor e ligação, pergunte-se: "Para onde pode ir meu(minha) amado(a)?" Procure ver o quanto essa união é duradoura. A morte não pode separar sua alma da de quem você ama. O relacionamento físico pode mudar, mas não a união de seus corações.

Eu e Barry temos praticado esse exercício na maior parte do tempo em que estamos casados. Está ficando claro para nós que jamais poderemos nos separar de fato. Nosso amor um pelo outro é para sempre. Sentimos que a prática constante desse exercício, na ausência física um do outro, nos ajudará quando a morte chegar para um de nós. Cada um de nós espera praticar esse exercício enquanto durar o nosso tempo aqui na Terra.

A morte de um ente querido é inevitável e irremediável. Trazer essa realidade para a consciência será benéfico para ambos os parceiros. Achar que a morte jamais acontecerá a você e a seu parceiro é viver na negação, tornando assim mais difícil um compromisso profundo e verdadeiro. Ao mesmo tempo, viver com medo ou obcecado com a idéia de que seu parceiro um dia morrerá pode bloquear as energias criativas de um relacionamento. A possibilidade da morte precisa se tornar consciente, é preciso que vocês conversem sobre ela com sensibilidade e abertura. A aceitação da possibilidade da morte pode aproximar o casal e permitir que sintam mais apreço um pelo outro.

Elisabeth Kübler-Ross fala sobre as "pequenas mortes" que nos preparam para a "grande morte", a morte de nosso corpo e de nossos entes queridos. Ela nos recomenda que aumentemos nossa consciência dessas pequenas mortes: as perdas por que estamos sempre passando no curso da vida. Toda perda que soframos com o coração aberto está nos preparando para aceitarmos a grande morte com o coração aberto. Em nossos relacionamentos, podemos nos preparar para a perda de um parceiro aceitando de coração as pequenas perdas diárias que sofremos.

Há alguns anos, eu e Barry estávamos conduzindo um retiro no Havaí. A semana estava transcorrendo calmamente, mais calmamente do que em qualquer outro retiro. As pessoas estavam abertas, entusiasmadas e amorosas. O tempo estava perfeito; a comida, deliciosa. Tudo estava caminhando perfeitamente, como se nós todos estivéssemos sendo preparados para algo importante. Então aconteceu uma coisa que afetou profundamente a todos nós. Nosso grupo foi avisado de que um homem estava perdido num túnel de lava subterrâneo. O homem, Richard, não fazia parte de nosso grupo, mas era um convidado do centro de retiros onde estávamos hospedados. Ele e sua esposa, Karen, haviam entrado numa das saídas de vapor do local, usadas pelos havaianos em suas cerimônias. Karen sentiu muito calor e deixou Richard com um amigo na caverna, que mais parecia uma sauna. Esperou por ele do lado de fora. Richard nunca mais voltou. Enquanto seguia o amigo em direção à saída do túnel, ele acabou se desviando para uma câmara lateral. Horas mais tarde, seu corpo foi encontrado. Ele estava morto, provavelmente de hipertemia e falta de oxigênio.

Todo o nosso grupo ficou triste com a notícia, e nossos corações voltaram-se para Karen. Comunicamos à equipe do centro de retiros que gostaríamos de ajudar no que fosse possível. Na manhã seguinte, avisaram-nos que a viúva de Richard, catorze horas depois da morte do marido, gostaria de acompanhar nosso grupo numa meditação. Não sabíamos o que esperar. Estaria ela aberta para a dimensão espiritual da vida que estávamos ensinando? Seria receptiva ao nosso apoio?

Ficamos sabendo que Karen havia lido nossos livros e sentira profunda simpatia pelo nosso trabalho. Nessa manhã, providenciamos um lugar seguro e revigorante para que Karen iniciasse seu período de luto, bem como uma abertura para ligar-se a Richard de um modo novo. Ela participou do grupo todo o tempo durante dois dias, e nós a amparamos enquanto o corpo de seu marido era cremado.

Mas Karen nos ofereceu ainda mais! Com incrível sabedoria, lucidez e profundidade, ela disse ao nosso grupo: "*Vocês nunca saberão quando chegará a hora da pessoa que você ama. Não pensem jamais que estarão juntos nestes corpos por muito tempo. Não tomem um ao outro por algo garantido. É hora de valorizar e expressar o amor que vocês sentem um pelo outro.*"

Karen contou que ela e Richard haviam meditado juntos por mais de dez anos. Eram tão íntimos que estavam constantemente lendo os pensamentos um do outro. Por causa dessa profunda sintonia de alma, eles sempre acharam que saberiam caso um deles estivesse para morrer. Mesmo nos últimos dias antes da morte de Richard, Karen fora incapaz de ler esses pensamentos, incapaz de ter uma ligação sensível e profunda com ele. Sentia-se de algum modo bloqueada no que dissesse respeito à aproximação da morte de Richard. De modo que foi uma total surpresa para Karen quando ele morreu. Normalmente, ela teria tentado evitar que Richard entrasse num lugar tão perigoso, mas fora tão clara a determinação dele que ela não ofereceu resistência.

Volta e meia, Karen olhava de maneira profunda para nosso grupo e insistia: "Vocês nunca sabem. Não desperdicem um momento sequer. Não deixem o amor para o dia de amanhã." Esse foi um tema que impregnou a atmosfera desse retiro e hoje continua vivo dentro de nós, em todos os dias de nossa vida.

Ficar consciente da possibilidade da morte pode nos ajudar a sentir um fluxo constante de apreço pelo parceiro e gratidão por ele. Se você soubesse que seu parceiro fosse morrer amanhã, você desperdiçaria um minuto que fosse ignorando-o ou tomando-o por garantido? É claro que não! Já que não sabemos a hora da morte da pessoa que amamos, é tempo de demonstrar-lhe apreço e gratidão.

Dois dias antes da morte de Richard, eu e Barry recepcionáramos as pessoas na noite de abertura do retiro, convidando membros da comunidade local e outros convidados do centro de retiros. Richard e Karen compareceram. Fizéramos uma de nossas coisas favoritas: um exercício em que as pessoas formavam pares e diziam palavras de gratidão e apreço uma para a outra. Karen nos contou que ela e Richard sentiam apreço um pelo outro como jamais haviam sentido antes. Eles trocaram palavras de terno amor. No final do exercício, alguns notaram o quanto eles pareciam felizes e tiraram uma foto do casal. A foto é hoje para Karen um lembrete constante de seus votos finais de amor e gratidão. Aquelas palavras de apreço fazem parte do tesouro de suas lembranças.

Temos visto pessoas tentando se proteger da dor da morte mantendo distância do parceiro. Imaginam que, se nunca *amarem plenamente* o parceiro, a morte dessa pessoa não será algo tão devastador. Contudo, essa forma de encarar a perda provoca uma dor ainda maior. Uma pessoa que chora a perda do ente amado não chora pelo tanto de amor que lhe deu. Em vez disso, chora por não ter conseguido expressar plenamente o seu amor. Se você tiver amado plenamente o seu parceiro, será mais fácil chorar a ausência dele do que quando se você desperdiçou energia protegendo-se da perda. É tempo de amar plenamente, sabendo que essa é a única proteção verdadeira.

No final comovente do filme *Ghost*, o parceiro morto de Molly, Sam, tenta em vão encontrar um meio de atravessar a cortina da morte, em parte para proteger a amada, mas também para fazer com que ela soubesse que ele ainda estava com ela. Até que a cortina entre os dois mundos se abre e ela consegue vê-lo. Vale a pena recordar a mensagem de Sam: "*Molly, é impressionante! O amor que se tem dentro de si — você o leva com você.*"

MOMENTOS PARA FAZER UM BALANÇO

Eu passei recentemente por uma situação que parecia me testar, em todas as fibras do meu ser. Meus pais haviam vendido sua casa na costa leste havia alguns anos, para poder morar perto de nossa família, em nossa casa de hóspedes, seis meses por ano, e perto de meu irmão, em Minnesota, nos outros seis meses. Na tarde de 3 de abril de 1994, um domingo de Páscoa, minha mãe apareceu correndo, pedindo socorro. Havia algo de errado com meu pai. Eu e Barry corremos para a casa de hóspedes. Logo percebemos a gravidade da situação. Meu pai, um homem de 82 anos, mas que sempre fora ativo e independente, estava quase morto. Seu rosto tinha uma coloração acinzentada, e ele respirava com extrema dificuldade. Barry, como médico, fez tudo o que pôde, enquanto minha mãe ligava para o serviço de emergência. Fiquei sentada segurando as mãos de meu pai. Sem nenhum tipo de aviso, a hora da morte parecia ter chegado para ele. Ele sabia disso, e eu também. Olhei nos olhos dele, pensando que seria a última vez.

— Amo você, pai — eu disse.

Sem poder falar, e ofegando, ele ainda piscou em resposta. Foi um breve instante, alguns poucos segundos, que no entanto me testaram até o âmago de meu ser. Eu precisava de um acesso instantâneo a todo o trabalho que eu tinha feito para perdoar, esquecer e aceitar meu pai. Nesse momento, percebi o quanto o amava, e senti uma profunda gratidão por conseguir expressar esse amor no decorrer dos anos. Embora chocada com o acontecimento repentino, eu agradeci pelo poder do amor que me varria, graças a meu pai. Mesmo que eu jamais tornasse a vê-lo, o que importava é que eu senti o amor que fluía entre nós nesse instante. Os erros, os mal-entendidos, os desentendimentos foram todos perdoados. Nesse instante só havia amor.

Os paramédicos logo chegaram e lhe administraram oxigênio. Um enorme coágulo sangüíneo em seus pulmões poderia ter tirado a vida de meu pai em poucos minutos. Corremos com ele para o hospital. Seu estado era crítico, mas ele conseguiria superá-lo.

Refleti longamente sobre esse momento em que a morte parecia tão próxima. Ainda que totalmente inesperado, ele invadiu a nossa vida com incrível poder. Quando um instante como esse vem até nós, não podemos ignorá-lo. Quantas vezes vivemos o dia-a-dia ignorando a possibilidade desses momentos? Dizemos uma palavra áspera à pessoa que amamos e desligamos o telefone. E a raiva fica à espera de uma resolução. A disposição interior para se aproximar do outro é ignorada. Por constrangimento, pela negligência ou pressa, o amor não é expressado. E, no entanto, o momento da morte de uma pessoa que amamos chega de repente e nos pega desprevenidos. Nós simplesmente não podemos assumir o risco de deixar a raiva por resolver e não podemos ignorar a disposição para amar. A hora é agora. Terapeutas especializados em perdas contam que a lembrança do amor que foi expresso traz consolo, ao passo que a lembrança de sentimentos não-resolvidos ou não-expressos traz arrependimento. Agora é a hora de se aproximar da pessoa amada e expressar seu carinho e amor. Nenhum de nós pode assumir o risco de esperar.

Há um telefonema a fazer ou uma carta que você precisa escrever hoje? Há um abraço que você precise dar ou um elogio a fazer? Faça-o agora! Você jamais se arrependerá por expressar esse amor.

23

A Realização do Nosso Desígnio

Rir é correr o risco de parecer tolo.
Chorar é correr o risco de parecer sentimental.
Aproximar-se do outro é correr o risco de se envolver.
Expressar sentimentos é correr o risco de expor o seu verdadeiro eu.
Esperar é correr o risco de se desesperar.
Tentar é correr o risco de falhar.
Viver é correr o risco de morrer.

— Anônimo

É grande a tentação de querer tirar umas férias dos desafios da vida — tirar férias do próprio crescimento. Talvez você tenha ficado sozinho durante um longo tempo e agora esteja finalmente se relacionando. Você até consegue fazer uma idéia das questões que precisa trabalhar e, mesmo assim prefere deixar as coisas como estão? Você talvez seja casado e saiba como tornar a ligação com o parceiro, e consigo mesmo, mais profunda, mas para que se incomodar com isso?

Anos atrás, quando eu e Joyce estávamos no início de um intenso período de dois anos de convivência (na verdade, de aconselhamento) com Ram Dass, ele nos disse algo muito profundo — e um pouco assustador: "Vocês vêm até mim com um carrinho arrumado, todo cheio de maçãs muito bem ordenadas. Vou ajudá-los a descarregar o carrinho de qualquer jeito e espalhar as maçãs por toda a parte."

Com o tempo, acabamos compreendendo o que ele quis dizer. Aprendemos que as maçãs no alto de nosso carrinho eram grandes, lustrosas, as mais bonitas e agradáveis aos olhos. Logo abaixo estavam as maçãs menores e malformadas, não tão agradáveis aos olhos; todas elas eram boas e importantes.

Em nossa vida, nós, seres humanos, logo aprendemos a encobrir os lados mais sombrios de nossa personalidade, ou seja, as maçãs imperfeitas. Aprendemos a criar uma aparência ou imagem exterior mais aceitável para os outros. A mágoa de não ter sido valorizado ou compreendido quando criança é forte demais para suportar, e por isso aprendemos a ocultar nossos sentimentos mais profundos.

Mas agora essa falsa imagem está trabalhando contra nós. Ela nos mantém encerrados numa concha, numa prisão que mantém trancafiados os sentimentos. Para realmente crescermos, precisamos aceitar tudo o que vem de nós mesmos, nossos sentimentos ternos e vulneráveis, nossa dor, nossa mágoa, nosso medo, nossa raiva, nosso bom humor, nossa alegria, nossa força e nosso amor — tudo isso faz parte de nosso ser. Cada sentimento, cada aspecto de nossa personalidade tem seu caráter único, sua própria bondade e beleza.

Como podemos, então, conhecermo-nos melhor? Assumindo riscos em nossa vida, vivendo intensamente cada momento. Isso é viver com o coração. Helen Keller disse certa vez que "A vida é uma ousada aventura, ou então não é nada!"

Em meu relacionamento com Joyce, eu arrisquei quando decidi casar, dando um salto de fé em direção ao compromisso. E arrisco sempre que compartilho meus sentimentos vulneráveis com ela, sempre que meu eu egóico me avisa para permanecer fechado e "protegido". Também arrisco quando passo algum tempo em silêncio, sentindo meu amor e gratidão pela vida, pois nos dias de hoje minha mente muitas vezes corre desenfreadamente. Meu risco é persistir meditando silenciosamente, até que meus pensamentos desconexos sejam substituídos pela paz, e nessa paz meu coração se enche de amor e gratidão.

Então, o que impede o nosso crescimento espiritual? Nosso medo e nossos sentimentos de desvalorização. Achamos que não merecemos viver nossa vida com todo o nosso potencial de amor. Temos aprendido ou ensinado a nós mesmos que somos garotos ou garotas *más*, e que não servimos para dar e receber amor, exceto talvez por um breve momento.

Em vez de persistir nesses sentimentos de autodesvalorização, imagine por um instante que você simplesmente não nasceu no seio da sua família por acaso. Imagine que você veio até aqui com uma missão definida, com um desígnio claro e com um propósito específico. Eu e Joyce sentimos que todas as pessoas vêm a este mundo para realizar um importante desígnio: *aprender a amar e a ser amado do modo mais pleno possível*. Não precisamos nos contentar com um amor pequeno, com um relacionamento superficialmente confortável, com uma vida ocupada cheia de objetivos materiais "importantes" — um carrinho de maçãs ordenado e arrumado. Uma de nossas canções favoritas, escrita por nosso amigo John Astin, põe essa questão em termos simples:

Por que você veio à Terra?
Você se lembra?
Por que você nasceu?

Por que você está aqui?
Para amar... servir... e recordar.

Todos estamos aqui para descobrir as muitas facetas de nós mesmos. Estamos aqui para fazer deste mundo um lugar melhor, oferecer as dádivas que só nós podemos oferecer, pois cada um de nós é um ser único. Permitir que nosso relacionamento alcance seu mais elevado potencial é oferecer uma dádiva poderosa ao mundo.

Estamos aqui para lembrar quem realmente somos, para descobrir que somos almas muito mais profundas do que nosso corpo e nossa personalidade. Somos seres amantes, seres de luminosidade radiante, deuses e deusas que compartilham a substância e a inteligência da vida com toda a criação. Somos criadores e criatura, doadores e receptores de amor, seres divinos e ao mesmo tempo humanos.

Quando me dou um tempo para olhar profundamente nos olhos de Joyce, posso ver um rosto por trás de seu rosto. É como se um rosto mais exterior se tornasse translúcido, e então consigo ver o que está mais no fundo. É sempre o mesmo rosto. Ele não envelhece. Permanece jovem, levemente banhado em luz, magnificente em sua beleza e profundamente em paz. Reconheço esse rosto como a verdadeira Joyce. E o mais instigante é reconhecer que eu também estou olhando num espelho, refletindo uma imagem de meu próprio rosto e ser eterno. Se, nesses momentos mágicos, Joyce é uma deusa divina, então eu sou um deus divino.

Sei que isso tem de ser verdade. É simplesmente tão maravilhoso contemplar a deusa fora de mim mesmo, que posso entrar em transe com ela e com sua beleza. Às vezes, quase preciso me sacudir para sair desse transe, para poder sentir aquele que vê toda essa beleza. *Aquele que vê é o Deus de mim.* Talvez o trabalho mais elevado que eu já tenha feito comigo mesmo tenha sido o de interromper esse transe exterior e direcionar o foco para o *interior* do ser divino que só vê bondade e beleza. É quando assumo a responsabilidade de ser um espelho de alma em vez de simplesmente olhar para um. E posso ver que a deusa que tenho diante de mim está contemplando um deus. Vejo-a olhando no espelho de meu coração. Juntos, somos o equilíbrio de uma totalidade.

Cada um de nós tem o incrível privilégio de fazer emergir esse deus no outro. A contemplação dessa beleza perfeita no outro confere-lhe realidade e a traz à superfície. Demonstrar verbalmente o apreço pelo que vemos é valorizar essa beleza, o que também a torna visível. Deixar que a pessoa amada nos veja, mostrando nossa vulnerabilidade, é algo que atrai o divino em ambos.

Às vezes fico impressionado com o poder de uma frase simples e gentil que dirijo a Joyce. O seu rosto pode se iluminar de alegria com umas poucas palavras de amor. Se quero lhe dar um grande presente, imagino meios de expressar a beleza que vejo em sua alma a qualquer momento, ou então é com humildade que peço a sua ajuda para lidar com algo que está me incomodando. Por um lado, sou um deus dando de si para uma deusa. Por outro, sou um deus abrindo-se para receber de uma deusa. Amando, somos todos deuses e deusas. Amando, abraçamos, juntos, o divino.

Eu e Joyce queremos viver e amar o mais plenamente possível e sinceramente esperamos jamais sucumbir à tentação de parar num estágio de crescimento confortável, porém inacabado. Comprometemo-nos a aceitar o espelho da alma, dentro e fora, a unir nossos corações na perfeição do amor e a permitir que essa união e amor abençoe outras pessoas. Queremos encorajá-los, cada um de vocês, a viver e amar o mais plenamente possível — e viver com o coração.

Lista de Práticas

Agradecimentos

Nossa família e nossos amigos nos incentivaram em cada passo desta jornada, desde a redação e publicação deste livro. E somos imensamente gratos por esse apoio.

Queremos expressar nossa gratidão também às seguintes pessoas, sem a ajuda das quais este livro não teria sido possível:

Nossos mais profundos agradecimentos a Pat Stacey, editora-chefe, que dá fôrma a livros a partir da matéria-prima bruta. Sua dedicação permitiu que "vivesse" este livro, trabalhasse nele dia e noite e despertasse no meio da noite com uma idéia para melhorá-lo.

Também a Mary Jane Ryan e à dedicada equipe da Conari Press, cuja sabedoria para um mundo melhor permeia cada página deste e de qualquer livro por eles publicado.

Agradecemos a nossos outros editores, que se ofereceram para nos ajudar a melhorar este livro, e o fizeram durante longas horas: Jim Lipson, Paul e May Dawes, Lunaea Weatherstone Hougland, Bernadette e Robert Pambianco-Fudge e Devayani Smith.

Somos gratos ao nosso assistente, Paris Morgan, que digitou as partes manuscritas no computador e cuidou da rotina do escritório para que tivéssemos tempo livre para trabalhar neste livro.